FACULTÉ DE DROIT DE PARIS.

DU

PAIEMENT AVEC SUBROGATION

SES ORIGINES

En droit romain

SA NATURE ET SES EFFETS

Dans le droit français.

THÈSE POUR LE DOCTORAT

PRÉSENTÉE PAR

Paul-Victor BEAUREGARD,

Lauréat de la Faculté de Paris

———◦◦◦———

PARIS

IMPRIMERIE DE A. PARENT,

RUE MONSIEUR LE-PRINCE, 31.

1876

DU

PAIEMENT AVEC SUBROGATION

SES ORIGINES

En droit romain

SA NATURE ET SES EFFETS

Dans le droit français.

THÈSE POUR LE DOCTORAT

PRÉSENTÉE PAR

Paul-Victor **BEAUREGARD**,

Lauréat de la Faculté de Paris.

*L'acte public sur les matières ci après sera soutenu
le Jeudi 16 Mars 1876, à 1 heure et demie.*

PRÉSIDENT :	M. LABBÉ,	Professeur.
SUFFRAGANTS :	MM. DUVERGER, BUFNOIR.	Professeurs.
	GIDE, GARSONNET, LYON CAEN,	Agrégés.

*Le candidat répondra, en outre, aux questions qui lui seront faites
sur les autres matières de l'enseignement.*

PARIS

IMPRIMERIE DE A. PARENT,

RUE MONSIEUR-LE-PRINCE, 31.

—

1876

INTRODUCTION.

La première difficulté que l'on rencontre lorsque l'on étudie le paiement avec subrogation, est de définir cette institution d'une manière suffisamment précise en restant à l'abri de la controverse. Nous croyons cependant pouvoir donner de la subrogation personnelle une idée assez exacte en la définissant : un bénéfice concédé à certaines personnes à l'occasion d'un paiement qu'elles ont fait, bénéfice dont le but est de les aider à recourir contre le débiteur libéré par elles, et qui consiste à leur accorder dans une plus ou moins grande mesure les droits qu'avait le créancier payé contre ce débiteur.

De cette définition, si vague qu'elle soit encore, deux caractères se dégagent immédiatement : 1° Simple moyen de recours, la subrogation ne permet pas au subrogé de réclamer du débiteur plus qu'il n'a payé lui-même ; 2° Pur bénéfice, elle ne doit être concédée que s'il n'en résulte aucun dommage pour le créancier.

Telle est l'institution que nous nous proposons d'étudier, et pour le faire avec fruit nous avons pensé que le plus sûr moyen était d'en chercher la nature et les éléments tout à la fois dans le droit romain et dans le droit français. Le code en effet est plus que laconique sur cette matière intéressante, le droit français ancien l'a laissée dans la plus grande obscurité ; c'est donc à sa source même qu'il faut remonter pour s'en former une

idée juste, et cette source elle est dans le droit romain :
« La subrogation, nous dit Renusson, (1) a tout son fondement dans la raison et dans l'équité, et comme les
Romains ont eu grand soin de rechercher les règles de
bien administrer la justice et qu'il y a eu de grands per-
sonnages, pendant le cours de leur empire, qui se sont
appliqués à l'étude de la droiture, il n'y a presque point
de choses qui puissent servir à la société civile et au
commerce des hommes, sur quoi ils n'aient fait quelques
règles et donné quelques lois. »

Il paraît, cependant, être de tradition de rejeter en
notre matière le patronage de nos maîtres habituels.
Renusson déjà, malgré le passage que nous venons de
citer, déclarait que les Romains avaient à peine « ébau-
ché notre sujet » (2), et de nos jours encore l'un des
jurisconsultes les plus autorisés (3) affirme que « c'est
surtout dans notre ancien droit français que la théorie
du paiement avec subrogation commença à recevoir une
organisation scientifique. »

Il nous semble qu'il y a là tout au moins exagération ;
nous espérons montrer dans le cours de ce travail, que
les Romains, s'ils ne connaissaient pas le mot de subrogation, avaient très-habilement analysé les caractères et
les effets de l'institution, et que c'est à eux, quoiqu'on en
dise, que nous avons emprunté presque toutes les règles
de cette matière. Notre vrai rôle a été ce qu'il est tou-

(1) Renusson, Subrogation, ch. I, § 15.
(2) Subrogation. Discours préliminaire
(3) Demolombe. Traité des contrats. t. IV, p. 253, n° 301, *in fine*.
— Joindre Mourlon, Nature et effets de la subrogation, p. 1. —
M. Gauthier, Subrogation des personnes, ch. 1ᵉʳ, paraît mieux
rendre justice aux Romains.

jours vis à-vis des Romains : Réunir par la synthèse les résultats que leur avait procurés l'analyse ; ici par exemple, nous avons fait une institution spéciale de ce qui n'était, chez eux, que le développement naturel et équitable de deux institutions plus générales.

Nous verrons, en effet, que l'origine de notre subrogation est double : elle se trouve à la fois dans le bénéfice de cession d'actions, simple développement de la théorie de la cession de créance, et dans la *successio in locum* (1), simple branche de la théorie des droits de préférence. Le génie peu synthétique des Romains explique aisément qu'ils n'aient pas remarqué l'analogie frappante de ces deux matières, ou même que, l'ayant aperçue, ils ne s'en soient pas préoccupés ; cette analogie ne pouvait, au contraire, échapper à nos vieux auteurs, et vers le XVIe siècle les jurisconsultes fondirent les deux théories en une seule qu'ils appelèrent « *subrogation* » (2). Dumoulin, Renusson et Pothier étaient à la tête de ce mouvement.

Au reste, il ne faudrait pas croire qu'en s'unifiant la matière de la subrogation ait fait de grands progrès vers la clarté ; sous le Code Napoléon comme dans l'ancien droit on peut lui appliquer les épithètes peu engageantes que lui prodiguaient les anciens auteurs :

---

(1) Cette expression est évidemment très-imparfaite, car elle s'appliquerait aussi bien au cas de cession forcée qu'aux hypothèses pour lesquelles on l'emploie ; mais les textes n'en autorisent pas d'autre.

(2) Renusson, ch. I, n° 8, nous apprend que ce nom fut emprunté au Droit canonique, où il avait déjà, en matière bénéficiale, un sens analogue à celui qu'il reçut en droit civil.

« Epineuse » (1), « faisant de la peine aux avocats (2) qui la traitent de » « *difficilis et intricata* » (3).

Nous allons, pour étudier les origines de la subrogation, nous occuper successivement des deux institutions romaines dont elle a été tirée :

1° Du bénéfice de cession d'actions, appelé aussi plus simplement par les textes : *sessio actionum*.

2° De la *successio in locum*.

(1) Renusson, *loc. cit.*, ch. I, n° 14.

(2) Renusson, *loc. cit.*, n° 15. Ajoutons aujourd'hui « et aux notaires. » M. Gauthier cite l'exemple de l'un de ces officiers ministériels auquel une erreur, dans une question de subrogation causa un préjudice de 1.200.000 francs. (Gauthier, préface, n° 1).

(3) Chassanée. Cout. de Bourgogne, au titre : Des droits appartenant à gens mariés. Rub., IV, § 2.

DROIT ROMAIN

ORIGINES DU PAIEMENT AVEC SUBROGATION

PREMIÈRE PARTIE

Du Beneficium cedendarum actionum.

Les Romains n'ont jamais autorisé la cession de créance (1) (Gaius c. II § 38), parceque, disaient-ils, une créance consiste dans un rapport entre le créancier et le débiteur, supprimer un des termes de ce rapport, c'est l'anéantir lui-même. La novation fut, il est vrai,

(1) Nous regrettons vivement d'être obligé de passer, sans nous y arrêter, sur un point devenu si intéressant depuis la controverse soulevée en France par l'un de nos savants maîtres, M. Gide (Revue de législation franç. et étr., 1874, p. 93 et suiv.). Mais la question ne se rattache que trop accessoirement à notre sujet pour que nous puissions entrer dans une discussion qui demanderait de longs détails.

admise comme correctif à cette rigueur, mais elle présentait un défaut capital, car elle exigeait le concours du débiteur à l'opération.

La créance ne pouvant être transférée, on dut songer à en céder tout au moins l'utilité, et, au début, le seul moyen d'y arriver était que le créancier s'engageât à remettre au cessionnaire tout ce que l'exercice de son action lui ferait obtenir : moyen bien imparfait encore puisqu'il mettait l'une des parties à la merci de l'autre.

Un progrès était nécessaire, voici comment il eut lieu :

Tant que dura le système des actions de la loi, les parties furent obligées de soutenir elles mêmes leurs procès (1); mais l'introduction de la procédure formulaire amena, sous les noms de *cognitores et de procuratores*, l'institution de mandataires à l'effet de plaider pour autrui dans un procès. Cela toutefois ne permettait pas encore à un créancier de céder l'exercice de sa créance, les principes s'opposant à ce qu'il fut donné un mandat dans l'intérêt du mandataire seul (Inst. Just. *de mandato*, L. 3, t. 26, pr.). Mais la nécessité finit par l'emporter sur les principes, et Gaius nous dit sans hésiter (C. ii, § 39), que ne pouvant acquérir mon droit de créance : « Debes « ex persona mea, quasi cognitor aut procurator meus,

---

(1) Les *vades* eux-mêmes n'étaient pas des représentants en justice ; ils prenaient l'affaire pour eux-mêmes. Nous devons cependant signaler quatre cas où, par extraordinaire, la représentation était admise. C'était dans les actions *pro populo, pro libertate, pro tutela* et *pro furti* (quand le *furtum* avait lieu au préjudice d'une personne captive ou absente pour le service de la république, ou au préjudice du pupille de cette personne). Gaius, ch. IV, § 82, et Inst. Jus., l. IV, t. 10, *pr.*

« experiri. » Le cessionnaire prit le nom de *procurator in rem suam*, il était dispensé de rendre compte.

Cette réforme accomplie, la prohibition de la cession de créance ne fut plus qu'un mot, les Romains se trouvèrent en possession d'un moyen de transfert sérieux et se prêtant à toutes les améliorations que pourraient réclamer les principes ou l'équité : les jurisconsultes ne manquèrent pas à cette tâche, et c'est à la seconde série de leurs développements, à ceux qui reposent sur l'équité, que nous devons rattacher l'introduction du *Beneficium cedendarum actionum.*

Supposons que Tertius se soit engagé comme fidéjusseur pour garantir la dette contractée par *Secundus* envers *Primus* : actionné par le créancier, il le désintéresse, puis se retourne vers *Secundus* pour être indemnisé à son tour ; mais celui-ci est insolvable, tout au plus offre-t il à ses créanciers chirographaires un faible dividende, et *Tertius* qui rendait un service ne s'est pas fait concéder d'hypothèque, ou celle qu'il a reçue a perdu sa valeur par suite d'une circonstance quelconque. On comprend combien il lui serait avantageux de jouir de la créance de *Primus* contre *Secundus*, créance garantie peut-être par une hypothèque ou par d'autres fidéjusseurs : ce que son intérêt privé réclame, l'intérêt public le veut aussi, comme encouragement au crédit, et l'équité ne s'y refuse pas ; qu'importe en effet au créancier ce que devient son droit, puisqu'il est payé? Les prudents ne pouvaient repousser une réforme aussi bien motivée, ils permirent donc au fidéjusseur d'exiger du créancier principal la cession de ses actions. Par eux elle était devenue possible, ils la rendirent dans certains cas forcée. « Fidejussoribus succurri solet, ut stipulator *compellatur*

« ei qui solidum solvere paratus est, vendere cæterorum nomina (L. 17, D. l. 46, t. 1, *de fid.*). De ce texte il résulte que dans certains cas (celui du fidéjusseur ne doit être cité qu'à titre d'exemple), lorsqu'une personne payait la dette d'une autre, on lui accordait le droit de réclamer les actions du créancier, à la condition que ce bénéfice ne pût nuire à ce dernier *(ei qui solidum solvere paratus est)* (1). Ainsi défini, il est aisé de voir que le bénéfice de cession d'actions n'est autre chose que notre subrogation personnelle ; le but est identique, le moyen employé est analogue et quant aux deux caractères que nous avons indiqués comme essentiels à la subrogation, l'un résulte du texte même de la l. 17, *de fid.*, qui ne permet d'exiger la cession qu'à la condition de désintéresser complètement le créancier, l'autre se déduit nécessairement des diverses lois qui nous présentent le bénéfice de cession comme fondé sur l'équité seule. Permettre en effet au cessionnaire, au fidéjusseur par exemple, de réclamer du débiteur principal plus qu'il n'aurait payé lui-même, ce serait se mettre en contradiction évidente avec l'idée première de notre Institution, idée si bien indiquée par ces expressions de la l. 17, *de fid.* : « fidejussoribus succurri solet... » (2).

Le bénéfice de cession d'actions nous offre donc sûrement, dans une mesure plus ou moins complète, et que nous aurons à déterminer, l'origine de notre subrogation personnelle : nous allons. pour l'étudier en détail, examiner successivement :

(1) Aj. dans le même sens la l. 2, C. *de fid.* liv. VIII, t. 41.

(2) Cette idée ne se trouve pas expressément indiquée dans les textes, parce que les Romains supposent toujours que le créancier réclame son paiement total.

I. Quelle était la nature de ce bénéfice.

II. Qui pouvait l'invoquer.

III. A quelles conditions l'exercice en était soumis.

IV. Quelles en étaient les formes.

V. Quels en étaient les effets.

CHAPITRE PREMIER.

DE LA NATURE DU BÉNÉFICE DE CESSION D'ACTIONS.

Nous avons déjà dit que le bénéfice de cession d'actions ne repose que sur l'équité, mais les Romains, même lorsqu'ils dérogent aux principes juridiques, aiment à mettre d'accord, au moins en apparence, leur innovation avec ces principes. Or, une objection se dressait contre l'introduction de la cession forcée : on se demandait comment celui qui était payé pouvait céder ses actions ! « Poterit quidem dici : nullas jam esse ac-« tiones, cum suum perceperit creditor. » (l. 26 D., *de fid.* 46, 1). On répondit en imaginant une fiction, l'argent payé fut regardé comme le prix de la cession : « Non creditor in solutum accepit, sed quodam modo nomen debitoris vendidit. » (L. L. 36 *in fine* et 76 D. *de sol.* 46.3 ; 21 D. *de rut. et rat.* 27.3 ; 5 *de cens.* D. 50, 15).

De cette explication donnée par les jurisconsultes Romains, il était facile d'arriver à conclure, que la subrogation à Rome n'était pas une institution spéciale, mais simplement la cession d'actions ordinaire rendue obligatoire dans certains cas. On n'y a pas manqué, et on a déduit de là des conséquences importantes, telles que : l'obligation pour le créancier de garantir l'existence de la créance, et la nécessité pour le cessionnaire d'engager la *litis contestatio* ou de dénoncer la cession au cédé pour désaisir le créancier de ses actions. Les par-

tisans de cette doctrine ont naturellement invoqué la
l. 36 D. *de fid.* et quelques autres textes qui nous présentent le créancier comme cédant ses actions (v. par
ex : la l. 17, D. *de fid.*).

Nous ne pouvons nous rattacher à cette manière de
voir. Comment comprendre en effet que la loi oblige le
créancier à accepter la situation de cédant ordinaire
alors qu'il a le droit d'exiger un paiement; lui imposer ainsi l'obligation de garantie au lieu de ne le soumettre qu'à la *condictio indebiti*, en cas d'inexistence de
la créance, n'est-ce pas manquer au principe que la
cession forcée ne doit pas nuire au créancier? Et d'ailleurs, comment expliquer dans ce système que les
Romains aient recouru à une fiction pour rendre l'opération possible? Si au paiement ils avaient substitué un
contrat de cession, aucune fiction n'était nécessaire,
toute objection tombait, les termes des lois que nous
avons citées : « Creditor suum recepit... fiscus pecu-
« niam suam recuperavit... », ces termes deviendraient
inexplicables. Et quant aux textes que l'on invoque, il
est bien vrai qu'ils présentent le créancier comme cédant
ses actions, mais c'est toujours à l'aide d'une fiction ;
ils ne disent pas : « creditor nomen vendidit » mais « cre-
« ditor *quodammodo* nomen vendidit. »

Mais il ne faut pas se porter vers l'excès contraire, et
prétendre comme on l'a fait, que la cession forcée n'a
pas, même à l'égard du cessionnaire, les effets d'une
cession ordinaire. On a soutenu, en effet, que celui qui
exerçait notre bénéfice n'acquérait pas la créance même,
mais seulement les garanties accessoires : priviléges et
hypothèques, qui se séparaient de la créance primitive
pour venir se rattacher à celle que le payant avait de son

chef contre le débiteur. On (1) a invoqué en ce sens les lois : 2 C. *de his. qui in pr. cred.*, L. 8, t. 19 ; 12 § 8 D. *qui pot.*, L. 20, t. 4 ; et 2, et 11 C. *de fid.* L. 8, t. 41. Toutes ces lois, dit-on, indiquent nettement que le cessionnaire n'a droit qu'à la cession des « jura pignorum. »

Nous repoussons cette opinion comme la précédente, car elle rencontre des objections décisives : Elle est en effet en contradiction absolue avec la loi 17, D. *de fid.* dans laquelle nous lisons que le fidéjusseur forcé de payer peut réclamer la céssion contre ses co-fidéjusseurs, car les fidéjusseurs n'ayant de leur chef aucune action les uns contre les autres on ne voit pas quelle pourrait être l'utilité d'une cession de droits hypothécaires, puisque ces droits ne pourraient se rattacher à rien. Il y a plns, si on admet le système que nous combattons, il faut reconnaître que la fiction inventée par les Romains est absolument impuissante à expliquer l'opération. Que nous dit-on en effet ? « Les actions peuvent être cédées malgré le paiement, parceque ce paiement ne les éteint pas, l'argent payé étant regardé comme le prix de la cession », or si ce raisonnement ne doit être appliqué qu'aux droits hypothécaires, le paiement éteignant l'action principale, l'action accessoire ne peut survivre à cette action principale ! Qu'importe qu'on regarde l'hypothèque comme cédée : La vente d'un droit d'hypothèque n'a jamais empêché que ce droit suivît la condition du droit principal auquel il se rattache et pérît avec lui ! Il faudrait donc reconnaître que les Romains ont créé une fiction sans portée, ce qui est inadmissible.

(1) M⁰ Grappe, à propos d'un procès célèbre rapporté par Merlin dans ses *Questions de Droit.* V⁰ Subrog., § 1.

Quant aux textes que l'on invoque, les deux premiers
(L. L. 2, C. 8, 19 et 12, § 8, D. 20, 4) n'ont aucune valeur
et ne sont évidemment cités ici que pár suite d'une confusion, dont nous retrouverons souvent les traces, entre
le beneficiun cedendarum actionum et la successio in
locum. Les lois 2 et 11 C. *de fid.* sont plus sérieuses,
mais que peuvent ces deux textes isolés contre la théorie
d'ensemble qui se dégage de tant d'autres lois, qui toutes, à l'exemple de la l. 3, D. *de fid.*, déclarent que le
créancier doit céder tous ses droits : « *creditor tenetur ut
vræstet actiones* » (1). (Joindre les lois : 17 D. *eod* ; 5 *de
Cens.* D. 50, 15; 21 D. 27, 3 et 19 D. 20, 4).

Ces deux opinions repoussées, quelle nature recon-
naîtrons-nous donc au paiement avec bénéfice de cession
d'actions en droit Romain? Les jurisconsultes avaient,
selon nous, conçu de cette opération une idée toute spéciale ; cession à l'égard du débiteur qui payait, elle restait un paiement à l'égard du créancier payé. Cette
théorie qui répond parfaitement à la façon dont s'est
introduite la cession forcée, qui seule respecte l'intention des parties, et seule aussi nous rend un compte
satisfaisant de la fiction imaginée par les Romains, cette
théorie nous paraît résulter formellement de la L. 21 D.
de tut. et *rat. dist.* 27, 3. Papinien, en effet, supposant plusieurs tuteurs tenus *in solidum* des comptes de la tutelle,
nous dit que, si le pupille fait condamner l'un d'eux pour
le tout, il doit lui céder ses actions contre les autres, et

---

(1) La loi 2, C. *de fid.* s'explique d'ailleurs aisément : le jurisconsulte visant le cas où une dette est garantie tout à la fois par un
fidéjusseur et par une hypothèque, est naturellement amené à dire
que le fidéjusseur forcé de payer succédera au droit d'hypothèque
du créancier, et pourra poursuivre le tiers détenteur.

cela, dit–il, est possible car : Pro parte condemnati tu-
« toris, non tutela reddita, sed nominis pretium solu-
« tum videtur. » Ce que nous traduisons : « A l'égard
du tuteur condamné (et qui à payé), il n'y a pas paiement du compte de tutelle, mais achat de la créance. » (1)
La fiction n'a donc lieu qu'à l'égard du tuteur, vis-à vis
du pupille l'acte est resté un paiement.

(1) C'est ainsi que M. Theil (Dictionnaire latin français) traduit
les mots : *pro parte mea* par « quant à moi. » (Verbo : Pro). V. Id.
Freund.

Nous devons dire, toutefois, que Cujas n'explique pas ainsi notre
loi. Il propose de la corriger et de lire : « Pro parte *non* condemnati tutoris,... » « Pour la part du tuteur non condamné... » (Cujas,
in lib. I, Defin. Pap. ad leg. 21 de tut. et rat. dist.); mais rien ne
nous paraît justifier cette altération du texte. (M. Demangeat ac
cepte la correction proposée par Cujas. Oblig. Sol., p. 235: n. 1).

CHAPITRE II.

QUI AVAIT DROIT AU BÉNÉFICE DE CESSION D'ACTIONS.

On comprend que le *beneficium cedendarum actionum* ne peut être accordé à quiconque offre de payer la dette d'autrui, car bien qu'il ne nuise pas au créancier, ce bénéfice n'en constitue pas moins une dérogation à la règle : *nemo rem suam vendere cogitur*, et il est naturel d'exiger la preuve d'un intérêt sérieux de la part de celui qui prétend porter cette atteinte à la liberté du créancier. D'ailleurs, permettre au premier venu de forcer le créancier à recevoir paiement en lui cédant ses droits, ce serait précisément se mettre en contradiction avec le principe que le *beneficium cedendarum actionum* ne doit pas nuire au créancier, puisqu'on encouragerait ainsi les tiers à le dépouiller d'un droit qu'il désire peut-être conserver.

Aussi les Romains n'ont-ils accordé notre bénéfice qu'à trois classes de personnes :

1° A la caution ;

2° Au tiers détenteur ;

3° Au co-débiteur principal.

Or, il est facile de remarquer qu'un lien commun unit ces trois personnes : elles ont toutes intérêt à payer la dette, *parce qu'elles peuvent y être contraintes ;* et si à cela on ajoute que ce sont les seules qui soient dans cette situation, on verra aisément que le *beneficium cedenda-rum actionum* est l'origine directe de notre article 1251.

3° : « La subrogation a lieu... au profit de celui qui, étant tenu avec d'autres ou pour d'autres au paiement de la dette, avait intérêt à l'acquitter. » Ici encore nous avons réuni par une formule synthétique les applications diverses que les Romains s'étaient contentés d'énumérer.

§ 1er. *Bénéfice de cession accordé à la caution.*

De toutes les personnes auxquelles est accordé ce bénéfice, aucune n'en était plus digne que la caution : elle ne s'est, en effet, obligée que pour rendre service à autrui, et le législateur romain forcé, par l'intérêt du crédit public, d'user de rigueur envers elle, était heureux de la secourir lorsqu'il pouvait, sans nuire à cet intérêt de premier ordre, l'aider dans son recours contre le débiteur principal. Aussi est-il probable que ce fut en faveur de la caution que le *beneficium cedendarum actionum* fut pour la première fois établi.

Les textes nous le montrent exercé par le fidéjusseur (LL. 17, 36 D. *de fid.*, etc.), et par le *Mandator credendæ pecuniæ* (LL. 95, § 10 D. *de sol.* 46, 3 et 28 D. *Mandati,* 17 1), mais ne disent rien des trois autres cas de cautionnement. Cependant quand il s'agit de celui qui a garanti la dette au moyen d'un pacte de constitut *pro alio*, il n'est guère douteux qu'on lui ait accordé le bénéfice de cession d'actions, de même que Justinien lui permit d'invoquer ceux de division (L. 3 *C. de const. pec.*, 4-18,) et de discussion (nov. 4). Aux trois bénéfices, en effet, s'applique également ce que dit Justinien dans la l. 3

C. de const. pec. : « Æquitatis ratio diversas species ac-
« tionis excludere nullo modo debet. »

Mais en ce qui concerne les *sponsores* et les *fidepro
missores*, le doute se concevrait beaucoup mieux. Outre
le silence des textes, on pourrait faire remarquer que la
situation de ces cautions était bien moins rigoureuse que
celle des fidéjusseurs : la loi Apuleia, en effet, avait
établi entre eux une espèce d'association, afin que si
l'un d'eux payait plus que sa part, il eut un recours
contre les autres ; et plus tard la loi Furia les avait mieux
protégés encore en divisant, de plein droit, la dette entre
eux, qu'ils fussent ou non solvables. (Gaius, c. III,
§§ 121 et 122). Ces bénéfices, on le sait, n'avaient pas
été étendus au fidéjusseurs, et il paraîtrait naturel qu'on
n'eût pas non plus accordé aux *sponsores* et *fidepromis-
sures* les bénéfices créés pour la fidéjussion.

Cette exclusion est pourtant peu probable. Les Romains, en effet, n'ont pas étendu au fidéjusseur les lois
portées sur les *sponsores* et *fidepromissores*, par cette
excellente raison que la fidéjussion fut précisément in
troduite pour échapper à ces lois très-gênantes pour la
plupart (1) ; mais on peut remarquer qu'ils ont constamment appliqué les lois nouvelles à tous les genres de
cautionnement existant au moment où ils les portaient.
C'est ainsi que la loi Furia fut commune à la *sponsio* et

(1) La loi Furia, par exemple, si injuste dans sa décision, expo-
sait en outre le créancier, s'il demandait trop à l'un des *adpromis
sores*, à la terrible sanction de la *manus injectio* (Gaius, C. IV,
§ 22).
Nous empruntons l'argument que nous venons de présenter, au
magnifique exposé historique de la matière du cautionnement développé à son cours par notre excellent maître, M. Labbé.

et à la *fidepromissio*, et que le bénéfice de division fut accordé par Hadrien tant aux fidéjusseurs qu'aux *mandatores credendæ pecuniæ* (1). Il y a plus, la loi Cornelia nous offre un exemple de décisions applicables aux trois premiers modes d'*adpromissio* (2). Le silence des textes s'explique d'ailleurs aisément par ce fait que la *sponsio* et la *fidepromissio* étaient complètement tombées en désuétude à l'époque classique (3). Et quant à l'existence d'une société, et plus tard d'une division de plein droit de la dette entre les *sponsores* et les *fidepromissores*, cette remarque explique tout au plus le retard qu'éprouva l'introduction du bénéfice de cession d'actions, mais, ce bénéfice une fois établi, n'était-ce pas assez pour le leur faire accorder que les services considérables qu'il pouvait rendre à ces deux classes d'*adpromissores* dans l'exercice de leur recours contre le débiteur principal ?

La caution jouissait donc du *beneficium cedendarum actionum*, de quelque façon qu'elle se fût engagée : mais dans quelle mesure pouvait elle l'exercer ?

Il est certain qu'elle pouvait réclamer les actions du

---

(1) Le pacte de constitut n'avait probablement pas encore été employé comme mode de cautionnement, et quant aux *sponsores* et *fidepromissores*, la loi Furia les protégeait déjà plus efficacement que le bénéfice d'Hadrien.

(2) Gaius, C. III, § 124. « Beneficium legis Corneliæ omnibus « commune est. » Cette loi Cornelia défendait de s'obliger dans la même année envers une même personne et au profit du même débiteur, pour plus 20.000 sesterces.

(3) Gaius, le seul auteur, peut-être, parmi ceux dont nous possédons les œuvres, qui ait écrit au moment où la *sponsio* et la *fidejussio* co-existaient, ne parle précisément pas de la cession d'actions (C. III, § 110 et suiv.).

créancier contre le débiteur principal, afin de profiter de toutes les sûretés qui pouvaient la garantir : nous n'excepterons que le cas où la caution était en réalité seule intéressée dans l'affaire, et celui où elle avait agi *animo donandi*. Mais si nous supposons que la caution réclame la cession des actions du créancier contre les autres *adpromissores*, nous trouvons plus de difficulté : M. de Savigny (1) refuse ce droit au fidéjusseur contre ses cofidéjusseurs. L'illustre auteur établit sa doctrine sur quatre textes : les §§ 4 Inst. Jus. *de fid.*, (3-20) et 112 Gaius C. 3, et les lois 39 D. *de fid.* et 11 C. eod. Ces quatre fragments, en effet, refusent toute action entre fidéjusseurs : « Si creditor, dit Gaius, ab uno tantum « consecutus fuerit, hujus solius detrimentum erit, scili- « cet si is pro quo fidejusseit solvendo non sit. » Les deux lois citées parlent bien, il est vrai, d'actions cédées, mais, dit M. de Savigny, rien n'indique dans la loi 39 que le fidéjusseur puisse exiger cette cession, et dans la loi 11, il est question de la cession d'un *jus pignoris*, ce qui ne peut viser que la cession des actions du créancier contre le débiteur principal. Au reste, ajoute-t-on dans ce système, ce résultat est tout naturel, car il n'existe aucun lien entre les cofidéjusseurs, qui le plus souvent ignoreront leur existence mutuelle.

Si on admet ce système, il faut évidemment l'appliquer dans les rapports des *mandatores credendæ pecuniæ*, ou de ceux qui auraient garanti la dette par des pactes de consti- tut *pro alio*, car il n'existe pas plus de lien juridique entre eux qu'entre les fidéjusseurs. Vis-à-vis des *sponsores* et

---

(1) M. de Savigny, Obligations, t. I, n° 25, p. 302 et suiv. de la tradnction de MM. Gérardin et Jozon.

des *fidepromissores*, l'extension de la théorie de M. de
Savigny deviendrait au contraire fort hasardée, parce
qu'une loi obligeait le créancier à faire connaître à chacun d'eux le nombre de ceux qui s'étaient déjà engagés
au même titre (Gaius, c. III, § 124).

Quoi qu'il en soit, nous repoussons la doctrine de
M. de Savigny, parce qu'elle ne tient pas compte des
termes généraux et absolus dans lesquels les lois 17 et
36 D. *de fid.* posent le principe de la cession forcée. Il y
plus : la loi 17 nous semble imposer formellement au
créancier la cession de ses actions contre les fidéjusseurs, lorsqu'elle permet à celui d'entre eux qui est prêt
à payer toute la dette, de réclamer : *Cæterum nomina* (1).
Les textes cités par M. de Savigny perdent d'ailleurs
toute portée quand on les rapproche du § 122, c. III de
Gaius. Ce jurisconsulte, en effet, lorsqu'il déclare que
celui qui a payé toute la dette devra supporter seul l'insolvabilité du débiteur principal, ne fait que commenter
ces mots qu'il vient d'écrire : « Ad fidejussores lex Apu-
« leia non pertinet. » Il refuse donc aux fidéjusseurs le
droit d'exercer entre eux l'action *pro socio*, mais il ne
songe nullement au bénéfice de cession d'actions. Cette
remarque, en expliquant les autres textes, leur enlève
toute la portée qu'on prétend leur donner dans l'opinion
contraire. Quant à ce fait qu'il n'existe aucun lien entre
les fidéjusseurs, il explique bien l'absence d'un recours
direct, mais ne saurait conduire à refuser un bénéfice
fondé sur l'équité.

On peut enfin supposer que la caution réclame la

____

(1) Tel est le sens dans lequel Cujas entend ces mots (Cujas, *in lib.*
90, D. Salv. Jul., *ad leg.* 17 *de fid.*). V. dans le même sens M. Demangeat, Oblig. sol., p. 248.

cession des actions du créancier contre les tiers déten
teurs ; le peut elle?

Avant Justinien, on n'en peut guère douter en présence des termes généraux de la loi 36 D. *de fid.* et surtout
de la loi 14, C. 8 41. Mais Justinien ayant dans sa *Novelle*, 5, cap. II, permis au tiers détenteur de réclamer la
discussion préalable de tous ceux qui étaient tenus personnellement de la dette, il est probable que la caution
perdit le bénéfice de cession à l'encontre de ces tiers
détenteurs.

Disons en terminant ce paragraphe, que nous
croyons devoir assimiler la caution réelle à la caution
personnelle, et non pas au tiers détenteur. On sent
en effet, qu'ayant hypothéqué elle même son immeuble à la dette, elle doit être traitée comme celui qui
s'est volontairement engagée à la payer. Cette solution offre un grand intérêt pratique quand il s'agit de
régler la part contributoire que chacun des cooobligés
accessoires doit supporter définitivement, le débiteur
principal étant insolvable. Nous déciderons en effet que
la caution réelle, avant comme après la Nov. 4 de Justinien, pourra : ou voir le fidéjusseur, qui aura payé toute
la dette, exercer contre elle les actions mandées, ou, si
c'est elle-même qui a désintéressé le créancier, les réclamer contre les fidéjusseurs ; et dans les deux cas le
résultat sera de la faire contribuer proportionnellement
à la valeur de l'immeuble engagé ; cet immeuble ne
pouvant du reste, à ce point de vue, être compté pour
une valeur supérieure à la dette (1).

---

(1) Si, par exemple, la dette est de 55.000 francs, et que Primus
ait engagé un immeuble de 100,000 francs, Secundus, le fidéjus-

Il y aura toujours du reste entre la caution réelle et la caution personnelle cette différence, que la première ces sera de pouvoir être poursuivie dès qu'elle ne détiendra plus l'immeuble ; et il va sans dire que nous traiterons le nouvel acquéreur comme tout tiers détenteur ordinaire.

§ 2. *Bénéfice de cession accordé au tiers détenteur.*

Le bénéfice de cession d'actions n'était pas accordé au tiers détenteur dans tous les cas où un créancier hypothécaire était payé de ses deniers, car dans deux hypothèses c'était à l'aide d'un autre bénéfice qu'il était protégé. Nous verrons en effet que lorsque le tiers acquéreur d'un immeuble prenait le soin de remettre lui-même ou de faire remettre par le vendeur le montant de son prix aux premiers créanciers hypothécaires, les Romains lui accordaient la *successio in locum* qui le mettait, vis-à-vis des créanciers hypothécaires non payés, à la place de ceux qu'il venait de rembourser (1).

Dans tous les autres cas, au contraire, c'est à-dire

seur, ne pourra faire supporter à la caution réelle que la moitié de la dette. Si, au contraire, l'immeuble ne valait que 13.750 francs, soit le quart du montant de la dette, il faudrait diviser la dette entre Primus et Secundus dans la proportion de 1 à 4. Primus sup porterait donc un cinquième, soit 11.000 francs, et Secundus quatre cinquièmes, soit 44.000 francs.

(1) Le tiers détenteur ne pouvait donc avoir d'autre protection que le bénéfice de la cession d'actions, toutes les fois qu'il détenait l'immeuble en vertu d'une autre cause que la vente ; par exemple : par suite d'une succession, d'un fidéicommis (l. 57, D. *de leg.* 1° l. 30), ou à titre de dot. Notre remarque s'appliquerait même au cas d'échange, car on ne peut obliger les créanciers hypothécaires à recevoir une dation en paiement.

chaque fois que le tiers détenteur étaint contraint de payer un créancier hypothécaire de deniers autres que ceux constituant son prix d'achat, comme il n'avait plus le bénéfice de la *successio in locum*, il pouvait demander la cession d'actions.

On pourrait cependant être tenté de lui refuser ce béfice dans les cas où il aurait acquis l'immeuble à titre gratuit ; les mêmes raisons qui empêchent qu'on ne lui accorde en pareil cas un recours en garantie, paraîtraient s'opposer à ce qu'on lui concédât un recours indirect au moyen de la cession d'actions. Il n'en était pourtant pas ainsi, car la loi 57 *de leg.* 1°, qu'il faut évidemment généraliser, permet au fidéicommissaire de réclamer la cession d'actions contre les héritiers du testateur, à moins que celui-ci n'ait *expressément* exonéré ces derniers de toute responsabilité.

A bien plus forte raison n'hésiterions-nous pas à donner au tiers détenteur le bénéfice de cession d'actions contre le vendeur, dans tous les cas où il aurait déjà de son chef un recours en garantie ; la loi 19 D., 1. 20 t. 4 *Qui pot.*, ne laisse aucun doute sur ce point (1).

(1) On a invoqué aussi dans ce sens (Troplong, Cautionnement, p. 507) la loi 5, D. *de censibus* (50, 15), mais nous n'oserions le faire parce que cette loi vise une hypothèse toute spéciale. Il s'agit, en effet, du cas où le fisc « *expediendi negotii causa* » réclame à l'un de ses tributaires la totalité de l'impôt dû par les propriétaires d'une certaine portion de territoire (*in uno vico vel territorio*, dit Cujas). Le fisc doit alors céder à ce tributaire ses actions contre les autres ; or il est bien évident, dit-on, qu'il n'est tenu *in solidum* que comme tiers détenteur, son immeuble étant hypothéqué pour le total de l'impôt. Mais il y a là pour le fisc un droit tellement exorbitant, qu'on s'expliquerait aisément l'existence en ce cas du bénéfice de cession d'actions, alors que le tiers détenteur ordinaire n'y aurait

Le tiers détenteur forcé de payer la dette pourrait-il, le vendeur étant insolvable, demander la cession des actions du créancier contre d'autres détenteurs d'immeubles hypothéqués à la même dette, afin de faire répartir entre eux et lui le poids de cette insolvabilité ? L'équité paraît bien l'exiger, mais les textes restent muets sur la question.

Quant aux rapports du tiers détenteur et de la caution, nous trouvons ici la contre-partie de ce que nous avons vu au paragraphe précédent : Avant Justinien, le tiers détenteur ne pouvait se faire céder des actions contre sa caution, depuis la Nov. 4, tout porte à croire que cela lui fut permis.

§ 3. *Bénéfice de cession accordé au débiteur principal.*

Nous avons à examiner dans ce paragraphe deux situations distinctes :

1° La solidarité (1) ;

2° La corréalité.

I. *Solidarité*. Les cas de solidarité sont nombreux : tous présentent ce caractère commun que plusieurs personnes sont tenues d'une même dette indépendamment de leur volonté ; chacune d'elles peut être poursuivie pour tout le montant de la dette, mais le paiement fait

pas droit. On peut, au surplus, consulter sur ce point curieux : Cujas, Resp. Papin, *ad leg.* 5, *de cens.*

(1) Nous désignons par le mot solidarité ce que les textes appellent obligation *in solidum.* On sait que cette situation se distingue en droit classique de la corréalité, en ce que le créancier a autant d'actions qu'il y a de débiteurs ; de sorte que l'un étant poursuivi, les autres ne sont libérés que *lorsqu'il a payé.*

par l'une éteint l'obligation à l'égard des autres. Il était juste que celui des coobligés sur lequel le choix arbitraire du créancier a fait tomber le poids de l'obligation, pût appeler à son aide ses coobligés et les contraindre à supporter une part du fardeau; aussi les Romains n'hésitèrent-ils pas à étendre à cette hypothèse le *beneficium cedendarum actionum*. Les textes, il est vrai, ne nous présentent pas à ce sujet de formule générale, mais tout nous autorise à généraliser les solutions que nous rencontrons à propos de l'obligation des cotuteurs (L. 1, § 13, et L. 21 D. *de tut. et rat.*, 27-3).

Dans un cas, cependant, la cession d'actions ne pouvait avoir lieu, c'était quand l'obligation résultait d'un dol commis par plusieurs délinquants. La loi 1, § 14 de *tut. et rat.*, motive en effet sa décision sur ce point en termes absolument généraux : « Nec enim ulla societas « maleficiorum, vel communicatio justa damni ex male- « ficio est. »

Nous ne chercherons pas, d'ailleurs, à justifier cette décision tout à la fois rigoureuse et peu morale, puisqu'elle aboutit à frapper un coupable en laissant les autres impunis. Disons seulement que les Romains avaient si bien compris l'imperfection d'un tel résultat, qu'ils saisissaient tous les moyens d'y échapper, fussent ils absurdes : « Quod si quis, *absurde* a nobis hæc constitui « putaverit, cogitet *longe absurdius* constitui, neutrum « lege Aquilia teneri, *aut alterum potius* » (1).

(1) C'est ainsi que Julien justifie la décision d'après laquelle on peut obtenir, par l'action *damni injuriæ*, autant de condamnations qu'il y a de coupables (L. 51, § 2, D. *ad leg.* 9, 2). Le jurisconsulte condamne du même coup la solution de la l. 1, § 14, D. 27, 3, car ce texte décide précisément ce que Julien déclare « *longe absurdius constitui...* »

Ces raisons nous auraient suffi pour ne pas étendre la disposition de la loi 1, § 14 de *tut. et rat.* au cas de simple faute, alors même que la loi 4 D. de *his qui effud.* (9 3) n'aurait pas accordé dans cette hypothèse à celui qui a payé toute la dette l'action *pro socio*, soit directe, si les personnes responsables sont en état de société, soit utile, dans le cas contraire.

II. *Corréalité.* Le *beneficium cedendarum actionum* existe-t-il au profit des *correi debendi*? L'affirmative ne fait pas de doute si la corréalité résulte d'un contrat de bonne foi, d'une vente par exemple, ou d'un louage (L. 47 D. *locati* 19,2 (1), et L. 13 C. *loc. cond.*, 4 65). Mais la question est, au contraire, vivement controversée quand l'obligation repose sur un contrat de droit strict.

Une première opinion, après avoir rappelé le caractère spécialement rigoureux de ce genre de contrats, invoque, pour refuser le bénéfice de cession au débiteur corréal, la loi 62 D. *ad leg. Falc.* 35, 2. Ce texte s'occupe de la façon dont on doit faire le calcul des legs pour savoir, s'il y a lieu d'appliquer la loi Falcidie. Julien se demandait pour quelle valeur il fallait compter soit à l'actif, soit au passif, la créance ou la dette corréale de 100 qu'avait pu laisser le défunt. Si, disait-il, les deux *rei* sont *socii*, la créance ou la dette doit figurer pour 50 dans la succession; au cas contraire, l'événement seul

---

(1) Quelques auteurs (notamment M. Demangeat, Oblig. soli., p. 193 et suiv.) voient dans l'hypothèse de la l. 47, D. *locati*, un cas d'obligation *in solidum*. Nous pensons, au contraire, qu'il s'agit dans cn texte d'un cas de corréalité, car le texte fonde sa décision sur l'intention des parties : « *Cum apparebit...*, etc. » V., du reste, la l. 9 D. *de duobus reis const.*, 45, 2.

pourra indiquer si « la créance devra être considérée comme ayant été pour le tout dans la succession du testateur, ou, au contraire, comme y ayant été complètement étrangère » (1). Or, il est aisé de voir, dit-on, que la dette devrait toujours être comptée pour 50 dans le passif de la succession, si le *beneficium cedendarum actionum* suppléait à l'absence de société.

Nous croyons cependant préférable de reconnaître au *correi debendi* l'exercice du bénéfice de cession. Il n'existe, en effet, aucune raison plausible pour le leur refuser : on objecte bien qu'ils sont tenus, en vertu d'un contrat de droit strict, mais les fidéjusseurs ne sont-ils pas liés par un contrat de même nature, plus rigoureux même, puisque, ainsi que le remarque M. de Savigny, ils ne connaissent le plus souvent pas leur existence mutuelle (2)? L'autorité de la loi 62, *ad. leg. Falc.* est d'ailleurs fortement ébranlée, si l'on remarque qu'il s'y agit à la fois de la dette corréale et de la créance corréale, car le *beneficium cedendarum actionum*, n'existant évidemment pas au profit des *rei stipulandi*, il était difficile que le jurisconsulte parlât de ce bénéfice. Enfin, il n'est pas rare que les jurisconsultes romains, dans leurs traités, exposent les règles du droit civil, sans s'occuper des réformes prétoriennes qui ont pu les modifier. C'est ainsi, pour n'en citer qu'un exemple, que Gaïus (§ 122, C. 3), imité en cela par Justinien (§ 4 Inst. *de fid.* l. 3,

___

(1) Nous empruntons à M. Demangeat (*op. cit.*, p. 269) cette traduction, qui est parfaitement dans l'esprit du texte, mais qui s'écarte notablement de ses termes.

(2) Aussi, M. de Savigny qui, nous l'avons vu, refuse le bénéfice de cession aux fidéjusseurs les uns contre les autres, l'accorde-t-il aux *correi debendi*.

t. 20), déclare que celui des fidéjusseurs qui paie toute la dette, au lieu d'invoquer le bénéfice de division, supportera seul les conséquences de l'insolvabilité du débiteur principal, alors cependant que la l. 17 D. *de fid.* lui accorde expressément en ce cas la cession d'actions contre les autres fidéjusseurs (1).

La portée de la loi 62, *ad leg. falc.*, nous paraît donc fort douteuse, et dès lors nous devons conserver toute sa valeur à un texte dans lequel il est fait une allusion incontestable à l'exercice du *beneficium cedendarum actionum* par les *correi debendi*. Papinien, en effet, supposant que deux cohéritiers se sont engagés *ex stipulatu* (*pro partibus hereditariis spoponderunt*), et que l'un d'eux a été poursuivi par la faute de l'autre, refuse au premier le droit d'exiger la cession des actions du créancier contre le second; et cela, dit-il, parce qu'ils ne sont pas des débiteurs corréaux! « Nec remedio locus esse vide- « batur ut per doli exceptionem actiones ei qui pecuniam « creditori dedit præstarentur : *quia non duo rei facti* « *proponerentur.* » (L. 65, D. *de Evict.*, 21, 2.)

(1) M. Machelard propose de la loi 62 une autre explication, qui nous paraît extrêmement ingénieuse : On s'explique aisément, dit il, la distinction établie par le texte entre le cas où les *correi promittendi* sont en état de société, et le cas où ils ne sont pas *socii*. Dans cette seconde hypothèse, en effet, un doute peut s'élever sur le véritable rôle joué dans l'affaire par ces deux individus non associés. Ont-ils partagé le profit procuré par l'obligation contractée en commun? L'un d'eux n'a-t-il été que la caution de l'autre.... C'est un point qui ne s'éclaircira qu'autant qu'on aura eu le loisir d'examiner à quelle occasion le contrat aura été conclu... En attendant, on se comportera comme s'il y avait une dette conditionnelle, qui peut grever entièrement ou ne pas grever du tout l'hérédité. La solution finale restera *in pendenti.* (V. M. Machelard, Observations sur la corréalité. Revue historique, année 1875.)

Cette première opinion repoussée, nous devons en examiner une seconde, qui consiste à distinguer, selon que les *correi promittendi* sont ou non *socii*. D'après M. Accarias (Précis de Droit romain, t. II, p. 323), en effet, les *correi debendi socii* jouiraient seuls du bénéfice de cession d'actions.

Le savant auteur établit son système sur les deux arguments suivants : 1° Il faut, dit-il, pour être fondé à exiger une cession d'actions, « s'autoriser d'un droit antérieur, soit contre celui auquel elles appartiennent aujourd'hui, soit contre ceux qui en sont tenus. » Or, le *correus promittendi*, s'il n'est point *socius*, n'est dans aucune de ces deux situations; 2° Cette doctrine ressort évidemment, selon M. Accarias, de la loi 62 pr. *ad leg. falc.*; car, autrement, Ulpien ne pourrait évidemment nous dire qu'étant donnés deux *correi promittendi* non associés, on ne sait pas d'avance quel est celui dont le patrimoine est grevé (1).

Nous ne nous rattacherons pas à cette doctrine. Nous avons déjà répondu par avance (pp. 27 et 28, texte et note) à l'argument qu'elle prétend tirer de la loi 62, et, quant au principe d'après lequel celui-là seul pourrait réclamer la cession des actions qui peut s'autoriser d'un droit antérieur contre celui auquel elles appartiennent ou contre

---

(1) M. Accarias répond, du reste, péremptoirement, selon nous, aux objections qu'on pourrait prétendre tirer contre lui des lois 65, D., *de evict.*, et 2 C. *de duab. reis*, en faisant remarquer que rien n'empêche de supposer que ces deux textes se placent exclusivement dans une hypothèse de société. M. Machelard ne nous paraît pas avoir réussi à renverser sur ces deux points les raisonnements de son adversaire (V. M. Accarias, p. 324, n° 3 et 325, n° 1, et M. Machelard, *loc. cit.*, p. 45 et 46.)

ceux qui en sont tenus, il nous paraît en contradiction absolue avec les règles que nous trouvons dans les textes à propos des fidéjusseurs. Nous avons, en effet, montré que la loi 36 *de fid.* autorise celui de plusieurs co-fidujusseurs qui a payé la dette à se faire céder *cæterorum nomina*, et cependant, comme le dit fort bien M. Marchand (*loc. cit.*), leur situation était « analogue au point de vue qui nous occupe, à celle du *correus* proprement dit. Le fidéjusseur est lié vis à-vis le créancier par un contrat unilatéral, où il joue le rôle de débiteur. D'un autre côté, on n'avait pas admis, entre les cofidéjusseurs un rapport de société, dont la loi Apuléia n'avait parlé qu'à l'occasion des « *sponsores* et des *fidepromissores*. »

Nous croyons donc que, dans tous les cas, le bénéfice de cession d'action était accordé au *correus promittendi* qui payait le créancier.

Nous avons toujours supposé, jusqu'ici, qu'il s'agit d'un débiteur principal demandant la cession d'actions à l'encontre d'autres débiteurs tenus au même titre que lui. Mais d'autres hypothèses peuvent se présenter : Il est évident que nous ne permettrions pas au débiteur principal de réclamer la cession contre sa propre caution, ou contre le tiers détenteur de l'immeuble qu'il aurait hypothéqué à la dette. Mais si l'on supposait que, de plusieurs *correi debendi*, l'un, Primus, ait fourni une caution ou hypothéqué un immeuble à la dette, les autres pourraient certainement poursuivre cette caution ou le tiers détenteur de cet immeuble, comme ils pourraient poursuivre Primus lui-même, c'est à-dire, comme nous le verrons, pour la part virile de Primus. Par contre, la caution ou le tiers détenteur, qui aurait été forcé de payer toute la dette au créancier, serait en droit de se faire céder les actions de ce créancier, et de réclamer : à celui pour lequel il s'est engagé, toute la dette ; à l'un quelconque des autres *correi debendi*, le tout déduction faite de la part de Primus » (1).

(1) V. *contra* Gauthier (Sub. pp. 474 et suiv.), qui leur permet de réclamer à chacun des autres *correi debendi* toute la dette. Mais cette solution nous paraît contredire celle que nous avons présentée plus haut, et d'après laquelle celui des *correi debendi*, qui a payé toute la dette peut réclamer à la caution ou au tiers détenteur la part virile de Primus dans la dette.

CHAPITRE III

DES CONDITIONS AUXQUELLES ÉTAIT SOUMIS L'EXERCICE
DU BENEFICIUM CEDENDARIUM ACTIONUM.

1° La première condition imposée à ceux qui réclament la cession des actions du créancier, est de désintérsser complètement ce créancier. (L. 17, D. *de fid.*, LL. 2 et 11, C. eod.). On ne peut pas, en effet, contraindre le créancier à se dénantir de moyens de coercition dont il a encore besoin, et les Romains ne paraissent pas avoir prévu l'hypothèse d'un paiement partiel accepté par le créancier (aussi ne trouvons-nous rien dans leurs écrits qui se rapproche de la solution de notre article 1252, C. c.).

Le principe était juste, mais l'application était un peu étroite ; on ne voit pas, par exemple, pourquoi les Romains refusaient à la caution le droit d'exercer à la fois les deux bénéfices de division et de cession d'actions (1).

Mais les Romains ont été plus loin, et, dans un cas au moins, le paiement intégral de la dette cautionnée ne suffisait pas pour donner au fidéjusseur droit au *beneficium cedendarum actionum*. Nous voyons, en effet, dans la l. 2, C. *de fid.,* que le fidéjusseur qui réclamait la cession de

---

(1) Le Code civil a donc été heureusement inspiré en autorisant le cumul de ces deux bénéfices. Mais, faisons remarquer que l'article 1252 est le complément *indispensable* de ce système.

l'hypothèque du créancier sur un bien du débiteur principal, devait payer, non-seulement la dette qu'il avait cautionnée, mais encore le montant de toutes les autres créances pour lesquelles le créancier avait hypothèque sur les mêmes immeubles (1). Le motif de cette décision se devine aisément : Le créancier, quand le fidéjusseur ne lui offre que le paiement de la dette par lui caution née, est intéressé à ce que l'hypothèque qu'il avait reçue en même temps que l'engagement du fidéjusseur s'étei gne par le paiement, puisqu'il verra ainsi s'augmenter les chances qu'il peut avoir d'être remboursé du montant de ses droits hypothécaires postérieurs; on n'avait pas cru pouvoir le contraindre à une cession qui porterait un préjudice aussi grave à ses intérêts, et l'on avait placé le fidéjusseur dans cette rigoureuse alternative : payer toutes dettes pour lesquelles le créancier a des droits sur l'immeuble, ou renoncer au bénéfice de cession d'actions.

Nous ne pensons pas qu'on doive approuver cette solution. Outre qu'elle viole ce principe de bon sens que les effets de deux hypothèques de rang différent ne doivent pas changer parce que ces hypothèques se trouvent réunies dans la même main (2), elle ne nous paraît pas conforme à l'intention des parties; le créancier, en effet, n'a eu d'autre but, en réclamant à la fois une hypothèque et un fidéjusseur, que de se prémunir contre les éven-

(1) Il faut sans doute supposer, malgré le silence du texte sur ce point, que les autres créances sont garanties par des hypothèques inférieures en rang à celle dont on réclame la cession.

(2) Nous ne pouvons mieux faire que de renvoyer aux remar quables développements de ce principe, présentés par notre savant maître, M. Labbé, sur l'arrêt Fontaine (Dev. 1861, 1, 25).

tualités qui pourraient faire perdre à l'hypothèque son efficacité, et c'est détourner l'opération de son véritable sens que de permettre au créancier d'actionner de préférence le fidéjusseur dans le dessein d'augmenter la valeur de droits hypothécaires acquis postérieurement.

Malgré cette critique, et bien que la l. 2. C. *de fid.* ne parle que des fidéjusseurs, nous n'hésiterons pas à étendre sa disposition aux autres cautions, car il n'y a aucune raison de distinguer à ce point de vue la fidéjussion des autres modes *d'adpromissio*. Mais nous n'irons pas plus loin, et nous ne consentirons pas à appliquer la solution de notre texte à d'autres situations, quelle que soit leur analogie avec celle que prévoit la loi 2. C'est ainsi que nous n'autoriserions pas le créancier qui aurait] reçu l'engagement de deux fidéjusseurs, à refuser à celui des deux qui offrirait de payer toute la dette la cession de son action contre l'autre, sous prétexte qu'il a contre cet autre une seconde créance chirographaire.

2° La deuxième condition à remplir pour exercer utilement le bénéfice de cession d'actions, est de l'exercer à temps ; il faut donc le réclamer avant que les actions soient éteintes ; or, deux causes peuvent en amener l'extinction : le paiement et la *litis contestatio*.

Étudions rapidement, à ce point de vue, les divers cas où le bénéfice de cession d'actions est accordé.

a) Qnand il s'agit de *sponsores*, de *fidepromissores*, de *fidejussores* ou de *correi debendi*, le créancier n'ayant qu'une seule action, celui des *adpromissores* ou des débiteurs corréaux qui voudra réclamer la cession d'action, devra renoncer à discuter la dette et réclamer la cession avant d'effectuer le paiement.

b) Les cautions engagées par des pactes de constitut

pro alio, les débiteurs tenus *in solidum* d'une même dette et le tiers détenteur d'un immeuble hypothéqué à la dette sont plus favorisés. Le créancier ayant autant d'actions que de débiteurs, ils pourront laisser le procès s'engager, mais ils ne devront pas payer sans avoir réclamé la cession, puisque le paiement éteindrait toutes les actions. (L. 76 D. *de sol.* 46, 3.) (1).

c) Dans l'hypothèse de la *fidejussio indemnitatis*, celui des fidéjusseurs qui paie toute la dette peut laisser s'engager la *litis contestatio* s'il ne réclame que la cession de l'action du créancier contre le débiteur principal; mais, s'il veut en outre se faire céder l'action unique du créan cier contre tous les *fidejussores indemnitatis*, il doit re noncer au procès. Dans les deux cas, d'ailleurs, un paiement antérieur à la cession serait fatal au *fidejussor indemnitatis*.

d) Enfin, lorsqu'il s'agit de *co-mandatores credendæ pe cuniæ*, la *litis contestatio* (L. 31, § 1, D. *de fid.*), et même le paiement, peuvent avoir lieu sans nuire à la cession d'actions. Les Romains disaient qu'en ce cas le *mandator* payait, non pas pour éteindre la dette, mais pour ré pondre à ses obligations de mandant (L. 95, § 10. D. *de sol.* 46, 3). La dette subsistait donc, et les actions pouvaient encore être cédées.

Il était évidemment très-rigoureux d'exiger des *fidejus sores*, des *correi debendi*...., etc., qu'ils renonçassent ou au procès, ou à la cession forcée. Justinien supprima cet état

(1) *Nec obstat lex* 95, § 10 *in fine*, D. *de sol.* (46, 3). Cette loi vise, en effet, un cas tout spécial, où il y a en réalité deux dettes parfaitement distinctes; elle doit s'expliquer par une raison semblable à celle que nous indiquerons au texte sous la lettre *d,* à propos des *mandatores credendæ pecuniæ.*

de choses en accordant au créancier autant d'actions qu'il avait de fidéjusseurs ou de *rei debendi* (L. 28, C. *de fid.*, 8, 41). Dès lors, dans tous les cas, la cession put avoir lieu, pourvu qu'on la réclamât avant de juger, et même après le paiement effectué dans le cas spécial des *mandatores credendæ pecuniæ*.

CHAPITRE IV.

FORMES DU BÉNÉFICE DE CESSION D'ACTIONS.

Nous étudierons successivement dans ce chapitre:
1° Les formes de la cession forcée à son origine ; 2° les
modifications qui furent par la suite apportées dans ces
formes.

§ Ier *Formes du bénéfice de cession à son origine.*

Le bénéfice de cession d'actions, à son origine, n'agissait jamais de plein droit; on a, il est vrai, prétendu
qu'il était fait exception à ce principe en ce qui concer
nait le tiers détenteur (on s'est fondé pour le soutenir
sur lois 3 C. *qui Pot*, et 17 D. eod.) mais c'est une erreur
sur laquelle nous reviendrons en étudiant la *successio in
locum.*

Nous devons donc chercher : 1° Comment le débiteur
pouvait forcer le créancier à lui céder ses actions ;
2° comment s'opérait cette translation.

1° *Moyens de contrainte accordés au débiteur contre le
créancier.* — Le moyen le plus ordinaire était l'insertion
dans la formule d'une *exceptio doli* (L. 65 *de Evict.* D. 21,
2 et L. 18 § 5, D. *fam. erc.* 10, 2), moyen violent, car
il amenait l'acquittement du défendeur pourvu que
celui-ci établît l'injustice du refus du créancier. Il est
même probable que, si son droit à la cession était évi-

dent, le magistrat pouvait refuser de délivrer au demandeur la formule du procès.

Le *mandator credendæ pecuniæ* seul pouvait réclamer la cession par voie d'action quand il avait payé sans user de l'exceptien de dol. Cette cession, en effet, il y avait droit, non pas seulement à titre de bénéfice accordé par la loi, mais à raison de sa situation de mandant vis-à-vis du créancier. Il exerçait pour l'obtenir l'action *mandati contraria* : au reste, cette action ne lui faisait évidemment pas obtenir directement la cession des actions qu'il réclamait, car toutes les condamnations étaient pécuniaires à Rome ; mais elle aboutissait à lui faire restituer par le créancier l'équivalent de ce qu'il avait payé à ce dernier et l'on comprend que le créancier, menacé d'une pareille condamnation, ne pouvait guère s'obstiner dans son refus (1).

Malgré leur énergie, ces moyens pouvaient, dans certains cas, devenir impuissants : il se pouvait que le créancier eût un intérêt légitime à discuter la prétention du défendeur qui réclamait la cession d'actions, et il semble bien alors que délivrer la formule, même avec l'*exceptio doli*, eût été sacrifier le défendeur puisque le créancier ne commettait aucun dol. Les Romains avaient dû se préoccuper de cette situation, et voici probablement quelques-uns des moyens qu'ils employaient en pareil cas.

(1) Nous ne croyons pas que l'*arbitrium* du juge dans les actions réelles ait pu fournir, comme on l'a dit (M. Gosset, De la subrog. légale, thèse de doctorat, p. 30), un moyen de forcer le créancier à céder ses actions. Le *jussus*, en effet, ne pourrait s'adresser qu'au défendeur ; nous ne connaissons à ce principe d'autre exception que le cas de l'action *de eo quod certo loco* (**L.** 2, **D.** *de eo quod*..... 13, 4).

Si l'on se trouvait dans une des hypothèses où nous avons dit que la *litis contestatio* laissait subsister une partie des actions, le magistrat pouvait sans inconvénient, délivrer la formule, sauf au juge, en condamnant le défendeur à lui permettre d'exiger la cession. Ce n'était pas en effet condamner le demandeur puisque la cession ne pouvait lui nuire, c'était seulement limiter la condamnation du défendeur. Et peut-être pourrait-on maintenir cette solution même s'il s'agissait d'une action de droit strict par *a fortiori* de ce que nous allons voir dans un instant.

La loi 2, D. *de distr. pign.* (L. 20, t. 5) faisait plus, en effet : Elle permettait au juge, dans une action de droit strict, de soumettre la condamnation du défendeur à la condition que le demandeur lui vendrait les objets qu'il pouvait avoir en gage. Ce texte, très-intéressant, mérite de nous arrêter quelques instants. En voici les termes :

« Fidejussor conventus, officio judicis adsecutus est,
« ut emptionis titulo prædium creditori pignori datum
« susciperet : nihilhominus alteri creditori, qui postea
« sub eodem pignore contraxit, offerendæ pecuniæ, quam
« fidejussor dependit, cum usuris medii temporis, facul-
« tas erit : nam hujusmodi venditio transferendi pignoris
« causa, necessitate juris fieri solet. »

Papinien se plaçait dans l'hypothèse suivante : Primus a reçu, pour sûreté de la même dette, un gage et un fidé-jusseur ; à l'échéance il dirige son action contre le fidé-jusseur, et le juge, forcé de condamner celui-ci, met à la condamnation cette restriction, que le créancier devra vendre son gage au fidéjusseur (1). Le jurisconsulte

(1) C'est bien ainsi que Cujas, invoquant l'autorité de la glose,

donne alors une décision qui ne nous intéresse pas pour le moment, et la motive ainsi : cette vente n'a eu d'autre but que de donner au fidéjusseur un droit de gage.

Comment expliquer cette loi? Pourquoi le juge ne se contente-t-il pas d'ordonner au créancier de céder son droit d'hypothèque au lieu de recourir à ce moyen indirect de la vente du gage? Cujas se borne à nous dire que le fidéjusseur peut réclamer du juge cette faveur, parce qu'il est de son devoir de conserver le gage au débiteur en le faisant mettre en possession, mais encore, ne voit-on pas pourquoi ce résultat ne serait pas atteint par la mise en possession du fidéjusseur à titre de créancier gagiste.

Voici, pensons-nous, l'explication de ce texte : Le juge est obligé d'ordonner la vente, parce que la simple cession du droit de gage serait sans effet pour le fidéjusseur.

Que s'est-il en effet passé? La *litio constestatio* a éteint l'action unique du créancier contre le débiteur principal et le fidéjusseur, à cette action en a succédé une autre qui oblige le fidéjusseur à suivre le procès et qui plus tard fera place à l'action *Judicati* par laquelle il sera tenu d'exécuter la condamnation. Par une exception bien connue aux principes de la novation, l'hypothèque s'est rattachée à ces diverses actions et finalement est venue sanctionner l'action *Judicati* dont, nous le rappelons, *le fidécesseur est seul tenu*. Si le fidéjusseur réclame la cession du droit hypothécaire et paie ensuite le mon-

interprète les mots *necessitate juris :* « Non est aliter quicquam la-
« turus prior creditor a fidejussore, » dit-il, «quam si jus pignoris ei
« vendiderit et transcripsit, ut glossa recte interpretatur illa verba
« necessitate juris. (In lib. ii, Resp. Pap., *ad leg. 2, de distr. pign.*)

tant de la condamnation, la seconde de ces deux opérations détruira la première, car éteignant l'action du créancier contre le fidéjusseur elle éteindra par voie de conséquence l'action hypothécaire qui s'y rattache. Et la fiction d'après laquelle le paiement est regardé comme le prix de la cession des actions (ici de l'action *Judicati*) est impuissante à prévenir ce résultat parce que le fidéjusseur ne peut acquérir une action contre lui-même.

Un seul moyen restait donc : Ordonner au créancier de vendre l'objet au fidéjusseur en regardant le montant de la condamnation comme le prix de la vente ; les Romains permirent au juge d'user de ce procédé, alors même que le fidéjusseur serait tenu en vertu d'un con trat de droit strict.

Enfin, si les divers moyens que nous venons d'indiquer faisaient défaut, M. Accarias estime, et nous pensons comme lui, que l'on devait pouvoir sortir de la difficulté « par une cession conditionnelle faite avant la délivrance de la formule, la condition consistant dans le paiement intégral des droits du demandeur, tels qu'il seraient liquidés par le juge. » (M. Accarias, *Précis de droit romain,* t. II. p. 558 n° 565).

II°. *Par quel procédé s'opérait la cession d'actions.* — Nous avons déjà dit que le moyen imaginé par les Romains et connu sous le nom de *Procuratio in rem suam,* consistait de la part du créancier à donner au débiteur ces sionnaire un mandat judiciaire dont ce dernier n'avait pas à rendre compte. Ce procédé présentait de sérieux inconvénients parce que les jurisconsultes, avec leur logique habituelle, lui avaient appliqué tous les principes du mandat. Ils avaient en conséquence déclaré que la *procuratio in rem suam* serait révocable au gré du cédant, intransmissible aux héritiers du cessionnaire, et s'étein drait à la mort du cédant. Seule la *litis contestatio* faisait disparaître ces nombreux dangers parce qu'elle opérait novation et rendait le cessionnaire « *dominus litis.* »

Deux réformes successives atténuèrent les imperfections de la *procuratio in rem suam* 1° le prêteur accorda au cédé une exception de dol pour repousser le cédant qui prétendrait révoquer le mandat et le poursuivre en paiement, et une exception *in factum* dans le même but contre les héritiers du cédant. 2° Justinien rendit le droit transmissible aux héritiers du cessionnaire.

Les Romains avaient encore appliqué, mais en la tempérant beaucoup, une autre conséquence de ce que la *procuratio in rem suam* est un mandataire. Toute personne, en effet, n'était pas capable de plaider pour autrui : et sans parler des *infantes*, des esclaves, des sourds muets et des fous qui ne pouvaient pas même ester en justice pour eux mêmes, il aurait fallu, si on s'en était strictement tenu au principe que la *procuratio in rem suam* est un mandat, refuser l'exercice du bénéfice de cession d'actions aux militaires, aux prêtres (1), aux infâmes, aux aveugles, aux femmes et aux mineurs de 17 ans (2). Mais les Romains avaient compris qu'il y aurait eu là une exagération, car ainsi que le dit Donneau (3) « Si dans la subtilité du droit la *Procuratio in rem suam*

(1) Sous Justinien seulement (nov. 23, cap. 6).

(2) V. LL. 54, et 51 Dig. *de Proc. et def.* 3, 2. — 31 C. de loc. et cond., 4, 65. — Nov., 123, cap. 60. Inst. J., § 11, *de except.* 4, 13.

(3) Donneau, *De jure civili*, lib. XVIII, cap. XI, v.

plaide pour autrui, *re vera et effectu actiones sunt ejus.* »
Aussi avait-on levé la plupart des incapacités que nous
venons de signaler quand il s'agissait d'une *procuratio
in rem suam* (LL. 9 et 4 C. *de Proc.* 2. 13).

Seuls les infâmes et les prêtres ue jouissaient pas de
cette faveur, et restaient dès lors incapables de jouir
du bénéfice de cession d'actions.

Sous Justinien, l'incapacité du prêtre est la seule qui
subsiste. Les incapacités que nous venons de signaler
s'exercaient en effet au moyen des exceptions « Cogni
torio et procuratorio nomine », exceptions dilatoires qui
devaient être proposées avant la *litis contestatio,* parce que
autrement le *procurator* devenu *dominus litis* se serait
trouvé plaider *suo nomine*, ce dont il était parfaitement
capable. Or Justinien (Inst. L. 4, t. XIII. § 11) nous apprend qu'il a supprimé ces exceptions en ce qui regarde
l'infâme. Des auteurs il est vrai ont soutenu que l'empereur avait seulement voulu éviter les lenteurs d'un débat
préliminaire sur l'exception (1) et que le juge n'en devait
pas moins proposer d'office l'incapacité de l'infâme ;
mais il nous semble bien résulter de la suite des idées
contenues au § 11 que l'incapacité même est supprimée.
Justinien en effet motive sa décision sur ce qu'il a remarqué qu'on n'usait pas de l'exception. « Cum in judi-
ciis frequentari nullo modo perspeximus. » (§ 11).

---

(1) Cette doctrine se fonde sur les termes suivants du § 11 : « Ne
« dum de his altercatur, ipsius negotii disceptatio proteletur. »

§ 2. *Modifications apportées par les Romains dans les formes de la cession forcée.*

Les nombreux inconvénients que nous avons fait remarquer dans l'emploi de la *procuratio in rem suam*, inconvénients qui n'ont été corrigés que très tard, ont donné aux interprètes du droit Romain l'idée première d'une théorie d'après laquelle la cession d'actions forcée se serait opérée légalement par la voix d'une action utile.

Nous aurons à revenir dans un instant sur cette théorie, mais en supposant qu'elle soit vraie nous voulons nous demander d'abord si les Romains n'auraient pas été amenés à cette conception large par une suite de réformes intermédiaires?

Voici à ce sujet la théorie qui s'était formée dans notre esprit et dont nous allons rendre compte parce que nous trouverons, en la réfutant, l'occasion d'expliquer quelques textes obscurs et de combattre les opinions de quelques auteurs sur des points spéciaux.

Nous avions pensé que les Romains touchés des imperfections que présentait l'*exceptio doli* comme moyen de contraindre le créancier à la cession, avaient permis au juge de prononcer le transfert, et la loi 7 C. *de priv. fisc.* (7-73) nous confirmait dans cette idée. Ce texte en effet s'exprime ainsi : « Si in te jus fisci, cum reliqua solveres debitoris, pro quo satisfacienbas, tibi competens judex adscripsit, et transtulit etc... » Il paraît en résulter que le juge pouvait déclarer le débiteur payant investi des actions, pourvu sans doute qu'il en eût réclamé la cession avant le paiement.

Ce premier pas fait, les Romains auraient effectué un second progrès en déclarant opérée de plein droit, sans même qu'il fût besoin de la demander, la cession des actions *personnelles* du créancier. Tel est bien en effet l'opinion que Renusson (Subr. Ch. III. § 34, 60 etc.) exprime formellement et à plusieurs reprises : «Par le droit Romain, dit-il, toute personne, même un étranger qui payait un créancier personnel était subrogée de plein droit à celui-ci » (1). Renusson pour le soutenir invoquait deux textes : les lois 24 § 3 D. *De rebus Auct. Jud. Poss.* (42,5) et 2 *de Cess. Bon.* (42,3). La première, disait-il, accorde la subrogation de plein droit aux privilèges du créancier, la seconde fait plus, elle subroge légalement à toute action personnelle de ce créancier : « In Personalibus actionibus, qui postea quidem contraxerunt, verum ut pecunia eorum ad priores perveniat, in locum eorum succedunt. » Et Cujas paraît bien être du même avis dans son Lib. XVIII, Cap. x. *Observationum,* car il cite constamment la loi 2 *de cess. bon.* en même temps que la loi 24 § 3 *de rebus. auct. jud. poss.*

Ceci admis, il était aisé de conclure que les Romains, comprenant combien il était puéril de distinguer entre l'action personnelle et l'action hypothécaire, avaient dû finir par généraliser leur réforme et par rendre légale toute cession forcée, au moyen d'une action utile.

(1) Renusson ajoutait, il est vrai : « S'il s'agit d'un créancier personnel non privilégié, c'était une subrogation vaine et inutile qui ne donnait pas d'avantage. » Mais il faut se rappeler que dans notre ancien droit tout fidéjusseur, tout débiteur solidaire qui payait la dette avait une action (*negotiorum gestorum* ou *pro socio*) utile contre ses côfidéjusseurs ou codébiteurs (Pothier, Oblig., nos 445 et 282). En droit romain, au contraire, l'absence de cette voie de recours eût donné une importance considérable à la théorie de Renusson.

La simplicité et la logique de cette idée nous avaient d'abord séduit, mais quelques observations de notre excellent maître M. Labbé, dont les conseils nous ont été si précieux dans tout le cours de ce travail, nous ayant porté à étudier plus attentivement les textes, nous nous sommes aperçu que, malgré l'autorité des noms que nous venons de citer, nous faisions fausse route, et nous n'avons plus songé à notre première idée que pour la combattre.

Nous allons en effet montrer que la cession d'actions n'a jamais été prononcée par le juge, et que la subrogation du débiteur aux actions personnelles du créancier n'a jamais eu lieu de plein droit.

Et d'abord, la loi 7 C. *de Priv. fisci* dont les termes paraissent établir si nettement la cession judiciaire trouve une toute autre explication, si on applique ses termes « *Competens judex* » au *procurator Cæsaris*. Il résulte en effet des lois 1 C. *de Pedaneis judic.* (III, 3). 1 C *de Jurisd. omn.* (III. 13). et 2 C. *Si advers. fis.* (II. 37) que le *procurator Cæsaris* était un véritable juge administratif (1). Il avait, dit Donneau (*De jure civili.* L. XVII, Cap. x.) la juridiction « inter fiscum et alias personas ». Nous ne devons donc pas nous étonner que ce personnage, unissant aux fonctions de juge celles de procureur et capable à ce dernier titre de céder les actions, soit désigné par le mot de *judex* dans un cas ou cependant il agit comme *procurator* (2).

(1) Juge subalterne. du reste, puisqu'il en est parlé au titre de *Pedaneis judicibus.*

(2) On a coutume d'invoquer dans l'opinion que nous venons de repousser les lois 56 D. de leg. 1º et 23 pr. D. de Pec. leg. 33.8. (V. Renusson, Ch. II, nᵒˢ 17 et 18. — Toullier, T. VII, nº 105.—

Quant à la théorie de Renusson sur la subrogation de plein droit aux actions personnelles elle repose, croyons-nous sur une confusion et sur une fausse interprétation de la loi 2 D. *de cess. bon.*

Sur une confusion, car Renusson en citant à l'appui de sa doctrine la loi 24 § 3 *de rebus auct. jud.* se trouve invoquer en matière de cession de créance une loi qui a trait à un cas de *successio in locum.*

M. Larombière, Oblig., T. III, art. 1250, n° 18, n. 2). Nous ne croyons pas que ces deux textes soient probants.

Le premier s'exprime ainsi : « Quod si testator eo animo fuit, ut quanquam liberandorum prædiorum onus ad heredes suos noluerit, non tamen aperte utique de his liberandis senserit : poterit fidei commissarius per doli exceptionem, a creditoribus, qui hypothecariam secum agerent, consequi, ut actiones sibi exhiberentur *quod quanquam suo tempore non fecerit, tamen per jurisdictionem præsidis provinciæ id ei præstabitur.* » De ces derniers mots on conclut que le magistrat peut prononcer la cession d'actions.

Nous ne croyons pas que cette conséquence ressorte nécessairement du texte, et nous voyons deux autres façons d'en expliquer les termes : 1° On peut d'abord penser que le jurisconsulte fait allusion à une *Restitutio in integrum* accordée par le præses provinciæ en considération de l'erreur du fidéicommissaire ; 2° On peut croire aussi que le fidéicommissaire, après avoir payé les créanciers hypothécaires, était en droit d'aller trouver le præses provinciæ (le prætor fideicommissarius, à Rome), et de lui dire : « le fidéicommis n'a pas été exécuté complètement, donnez moi une action pour recourir contre les héritiers. » On sait, en effet, que le prætor fideicommissarius, à Rome, et le præses, en province, étaient chargés d'assurer, par les moyens qui leur paraissaient équitables, l'éxécution des fidéicommis.

Quant à la loi 23 pr. D. 33.8, il suffit de la lire pour se convaincre qu'elle ne fournit à nos adversaires aucun argument sérieux. Ce texte dit bien, en effet, que dans une certaine hypothèse : « hæredes patroni ex causa fideicommissi, compellendi sunt actiones præstare. » Mais il ne résulte pas de là qu'on puisse se passer du consentement des héritiers. On n'a d'ailleurs jamais songé à tirer une pareille conséquence de la loi 17 D. de fid. (46.1), qui s'exprime cependant de la même manière.

Sur une faüsse interprétation de la loi |2 *de cess. bon.*
car cette loi vise une hypothèse toute spéciale (et
c'est encore un cas de *Successio in locum*). Il s'agit d'un
débiteur tombé en déconfiture et qui a opéré la cession
de ses biens à ses créanciers. Un créancier postérieur à
cette cession et n'ayant dès lors aucun droit sur les biens
cédés, paie un des créanciers personnels antérieurs et la
loi décide que, pour la créanco qui résulte de ce paiement,
il obtiendra la place du payé, c'est à dire un droit sur
les biens cédés. On comprend aisément que la loi ne
ne parle ici que des actions personnelles, car les actions
hypothécaires étant garanties par des sûretés réelles on
s'expliquerait moins bien pour elles l'opération que le
texte prévoit.

Nous repoussons donc l'idée de ces progrès intermédiaires : selon nous si les Romains ont admis la cession
légale c'est directement et sans passer par la filière de
réformes que nous venons d'indiquer. Mais cette cession
de plein droit l'ont-ils connue?

Un point est certain, c'est que les inconvénients attachés à la *procuratio in rem suam* amenèrent l'introduction
d'une action utile, le cessionnaire étant autorisé à exercer *suo nomine* sans cession préalable et sous forme d'action utile l'action de la créance cédée : les lois 33 C. 8,54
de donat. et 1 C. *de obl. et act.* (4,10) nous présentent
nettement cette innovation comme ayant pour but d'assurer la transmissibilité de l'action aux héritiers du cessionnaire. La première idée de l'action utile vint d'An-
toine le Pieux qui l'introduisit dans un cas où elle
devait être tout spécialement nécessaire, le cas de vente
d'une hérédité. (L. 16 D. *de pactis* 2,14), et elle fut successivement étendue : au cas où une créance avait été

donnée en gage, par Alexandre Sevère (L. 4 C. *Quæ res
pignori oblig. poss.* 8,17), au cas de cession à titre onéreux dès avant Dioclétien (1,2 C. *de obl. et act.* 4,10) (1),
enfin à la cession à titre gratuit par Justinien (L. 33 C.
8,54).

Mais cette théorie de l'action utile fut elle étendue
aux divers cas de cession forcée?

Cette question n'est pas nouvelle. Dumoulin dans
la première des leçons solennelles qu'il fit à Dôle cher-
cha le premier à établir que l'action utile avait été éten
due par les Romains à tous les cas où la cession était
forcée, et cela disait il sans même qu'il fût besoin de la
requérir (2). La base de son système était la loi 1 § 13
Dig. 27,2 dont voici les termes : « Et si forte quis ex
facto alterius tutoris condemnatus præstiterit, vel ex
communi gestu, nec ei mandatæ sunt actiones, consti
tutum est a divo Pio et ab Imperatore nostro, et divo
patre ejus, utilem actionem tutoris adversus contutorem
dandam » (3). Dumoulin faisant remarquer les avantages
incontestables de cette décision, n'hésitait pas à la généraliser, mais il se trouvait alors en présence d'objections graves tirées des textes et était réduit à proposer de ces textes des explications plus subtiles que
vraisemblables.

Aussi Pothier (Oblig. n° 280) nous dit-il que cette
opinion n'a pas prévalu et qu'on a continué d'enseigner

(1) La loi 2 C. 4, 10, que nous citons, est, en effet, une constitution de Valère et Gallien renduc en 261, et encore ses auteurs ne
paraissent ils pas innover. Dioclétien n'a donc fait que confirmer
ce qui existait déjà (LL. 8 C. 4, 39 et 5 C. *Quando fiscus*, 4, 15).

(2) Nous laissons pour le moment de côté ce deuxième point, sur
lequel nous reviendrons.

(3) Ajouter dans le même sens la loi 2 C. *de cont. jud. tut.*, 5, 58.

dans les écoles et de pratiquer au barreau qu'un co-dé
biteur solidaire, de même que les cautions et tous ceux
qui payaient ce qu'ils devaient avec d'autres ou pour
d'autres, n'étaient subrogés aux actions du créancier
que lorsqu'ils avaient requis la subrogation. »C'est en ce
sens que se prononçait aussi Renusson. (Subr. Ch. 9 n° 7.).
Dans cette doctrine on pensait que les deux lois 1 § 13,
D. 27,2 et 2. C. 5,50 indiquaient seulement l'existence
de l'action *negotiorum gestorum utilis* qui aurait fini par
être accordée aux tuteurs contre ses cotuteurs après une
vive controverse, controverse fondée sur ce qu'une telle
action paraissait aller contre les principes, car le tuteur
« non cotutoris, sed magis proprium negotium gessisse
videbatur. »

De Dumoulin et de Pothier lequel avait raison? Probablement ni l'un ni l'autre. Le premier allait trop loin
quand il généralisait la décision de nos deux textes, le
second ne donnait pas à ces lois leur véritable sens. Il
paraît impossible en effet d'expliquer la loi § 13 D. 27,3
par l'existence d'une action utile de gestion d'affaire
quand on remarque qu'elle est écrite par Ulpien c'est à-
dire ou milieu de l'évolution que nous avons précédemment exposée et qui a abouti à remplacer la *procuratio
in rem suam* par l'action utile dans la matière de la cession d'actions volontaire ; bien plus, Ulpien cite comme
premier auteur de l'action utile dont il parle, ce même
Antonin le Pieux qui fut le premier promoteur de cette
évolution. Enfin les expressions de la loi 2 C. 5, 58 qui
donnent au cotuteur le choix entre *mandatum desiderare*
ou *utili actione uti,* présentent une analogie trop frappante
avec celles de la loi 8 C. 4,39 dans laquelle Dioclétien
accorde le même choix à l'acheteur de la créance, pour

qu'il soit permis dé ne pas donner le même sens à ces
deux textes

Restreinte aux rapports des cotuteurs, la doctrine de
Dumoulin était donc vraie, mais il avait tort d'étendre
l'action utile à tous les cas de cession forcée.Deux textes
en effet paraissent bien contraires à sa théorie.

La loi 76 D. *de sol.* s'exprime ainsi : « Si post solutum
sine ullo pacto, omne quod ex causa tutelæ debeatur,
actiones post aliquod intervallum cessæ sint, nihil ea
cessione actum cum nulla actio superfuerit. » (1) La
solution de ce texte, disait on, serait sans utilité prati
que si l'action utile eût pu remplacer la cession devenue
impossible ! Argument d'autant plus sérieux que cette
loi est tirée du *Responsa* de Modestin c'est-à dire d'un ouvrage essentiellement pratique. La loi 29 D. *de fis.* est
plus formelle encore : « Ut fidejussor adversus confide
jussorem suum agat danda actio non est : ideoque si, ex
duobus fidejussoribus ejusdem quantitatis cum alter elec-
tus a creditore totum exsolvet, nec ei cessæ sint actiones,
alter nec a creditore, nec a confidejussore convenietur.

. Et nous ferons remarquer que ces deux textes sont
d'une importance considérable parce qu'ils sont écrits
par Modestin le disciple d'Ulpien, c'est à dire de celui là
même que nous venons de voir accorder l'action utile au
tuteur ! Il n'y avait donc pas à prétendre que leur auteur
n'avait pas connu la théorie de l'action utile.

Dumoulin ne paraît pas s'être préoccupé du second
de nos deux textes ; quant à la loi 76 voici comment il

____

(1) Il est aisé de voir que ce texte contredit non-seulement la
doctrine de Dumoulin, mais même la théorie de l'action utile res
treinte aux rapports des cotuteurs. Nous aurons tout à l'heure à
l'envisager sous ce rapport.

l'expliquait : Le Jurisconsulte raisonnait, selon lui, dans l'hypothèse où c'est un tiers qui, *sponte sua*, paie pour le tuteur ; ce tiers n'ayant pas le droit d'exiger la cession (L. 5 C. du *sol. et lib.* 8,43) ne pouvait évidemment prétendre à l'action utile. Cette explication avait paru arbitraire et peu vraisemblable.

Aussi les jurisconsultes modernes qui ont repris la thèse de Dumoulin ont-ils compris qu'il fallait établir des distinctions et faire à chaque texte sa part.

De là trois sytèmes que nous allons exposer :

Les deux premiers se rencontrent en trois points; tous deux admettent :

1° Que l'action utile est acquise de plein droit dans les cas où elle existe.

2° Que les codébiteurs solidaires jouissent tous de cette faveur, pourvu qu'ils n'aient payé que sur une condamnation (on fait ainsi la part de la loi, 76 D. qui, dit-on, vise le cas d'un tuteur qui paie toute la dette de son plein gré).

3° Que les fidéjusseurs peuvent user de l'action utile quand il s'agit, pour eux, de recourir contre le débiteur principal. Aucune raison, dit on, ne motiverait le refus de cet avantage aux fidéjusseurs. Probablement, d'ailleurs, faudrait il, ici encore, exiger que celui qui reclame l'action utile n'eut payé que sur une condamnation.

Mais quand il s'agit d'assurer les recours des *correi debendi* et des cofidéjusseurs entre eux, les deux doctrines se divisent.

M. de Savigny assimile les premiers aux codébiteurs solidaires, et refuse, au contraire, l'action utile aux seconds. Cette distinction ne doit, du reste, pas étonner, puisque nous avons déjà vu que l'illustre auteur refusait au fidéjusseur jusqu'au droit d'exiger la cession des actions du créancier contre ses cofidéjusseurs. M. de Savigny, pour étendre l'action utile aux *correi debendi*, n'invoque aucun argument de texte; il repousse même, nous le verrons, ceux qui ont été proposés, et se contente de faire remarquer qu'il n'existe, à ce point de vue, auaucun motif de différence entre les *correi* et les débiteurs solidaires.

M. Demangeat (*Oblig. solid.*, p. 244 et suiv.), repousse toute distinction entre les *correi* et les fidéjusseurs : aux uns comme aux autres il refuse l'action utile, au moins pendant le droit classique. A la loi 39, D. *de fid.* dont nous avons déjà parlé, le savant auteur ajoute la fameuse L. 62, *ad leg. falc.*, 35, 2, que nous avons déjà citée. et qui, supposant ouverte la succession d'un *correus promittendi non socius*, déclare que pour savoir s'il y a lieu d'appliquer la loi Falcidie, on devra, en formant la masse, laisser de côté la dette corréale, l'événement seul pouvant décider si elle doit être comprise tout entière dans le passif de la succession ou y rester étrangère. Mais M. de Savigny fait remarquer, avec raison, que cette loi ne peut inspirer aucune confiance, car elle prouverait trop et irait jusqu'à priver le *correus* du bénéfice de cession d'actions que, cependant, M. Demangeat lui reconnaît!

Quoi qu'il en soit, M. Demangeat pense, que plus tard, l'action utile fut accordée, tant aux *correi* qu'au fidéjusseurs, et il en trouve la preuve dans un rescrit de Dioclétien (L. 2, C. *de duobus reis*, 8, 40), ainsi conçu :
« Creditor prohiberi non potest exigere debitum, cum
« sint duo rei promittendi ejusdem pecuniæ, a quo ve
« lit. Et ideo, si probaveris te conventum in solidum ex
» solvisse, rector provinciæ juvare te adversus eum cum
« quo communiter mutuam pecuniam accepisti non conr-

« tabitur. » Cette promesse de secours, faite par Dioclétien, ne peut être, selon M. Demangeat, qu'une allusion à l'action utile.

D'après M. de Savigny, au contraire, ce texte ne serait nullement probant, rien n'empêchant de supposer que l'empereur statuait dans un cas où le recours ne pouvait faire doute, comme, par exemple, s'il y avait société entre les *correi* (1).

De ces deux systèmes lequel admettre? Ni l'un ni l'autre à notre avis. Nous avons, en effet, déjà repoussé la distinction que M. de Savigny prétend établir entre les cofidéjusseurs et les *correi*, et rendu ainsi sa portée générale à l'objection tirée de la loi 39, D., *de fid*. Nous nous accordons, au contraire, avec l'illustre auteur, pour repousser l'argumentation de M. Demangeat snr la loi 2, C. 8, 40.

Nous croyons donc plus prudent de nous en tenir à ce qui est établi par les textes, et de n'accorder l'action utile qu'aux seuls tuteurs. Nous refuserons même de l'étendre à tous les codébiteurs solidaires, car le seul texte que l'on ait invoqué en ce sens (L. 4, D., *de his qui effuderint*, 9. 3), parle seulement, à notre avis, d'une action *pro socio utilis*. Il n'y a, du reste, pas à s'étonner de cette faveur toute spéciale accordée aux tuteurs, car nous aurons l'occasion de voir que les Romains les avaient traités avec la plus grande indulgence. Tout au plus consentirions-nous à accorder l'action utile aux magistrats tenus solidairement de leurs actes envers la République,

______

(1) Mais M. de Savigny a fait grand tort à son explication, excellente en elle-même, en voulant aller trop loin et trouver précisément la preuve de l'existence d'une société dans ces expressions du texte : : Cum quo *communiter* mutuam pecuniam accepisti. »

car ce serait se conformer à l'esprit des Romains, qui est
d'assimiler constamment ces magistrats aux tuteurs (ex.,
L. 30, D., *de neg. gest.*)

Qu'on le remarque bien, du reste, nous n'entendons
nullement nier, qu'à un moment donné, les progrès de
la législation aient pu faire accorder l'action utile dans
tous les cas où la cession était forcée, il nous paraît
même probable que cette extension logique et équitable
eût lieu ; ce que nous refusons d'admettre, c'est que ce
progrès soit établi par les textes.

Ceci dit, admettrons-nous avec MM. de Savigny et
Demangeat qu'il y ait à distinguer entre le cas où l'un
des tuteurs paie sur la poursuite du créancier, et celui
où il paie de son plein gré ? Est-ce ainsi qu'il faut mettre d'accord les lois 1, § 13 D., 27, 3 ; et 76 D., 46, 3 ?
Des auteurs ne peuvent s'y résoudre, car, c'est frapper,
disent-ils, celui qui, par esprit de conciliation, évite un
procès inutile ; c'est punir ce qu'il faut encourager.

Mais alors comment concilier la loi 76 avec les lois
qui accordent l'action utile au tuteur ? L'objection faite
à Dumoulin reprend toute sa force, la loi 76 perd toute
son importance pratique.

C'est ici qu'intervient le troisième système que nous
nous avons annoncé. Il faut, disent quelques auteurs,
conclure de la loi 76 que l'action utile, quels que soient
d'ailleurs ses cas d'application, n'est jamais acquise de
plein droit, mais doit avoir été réquise avant le paiement.
Tel est, dit-on, le sens des expressions *sine ullo pacto
omne*, employées par Modestin.

Nous ne pouvons nous rallier à cette opinion. Comment comprendre, en effet, que l'on attache une si terrible sanction à l'oubli d'une simple formalité ? N'est-ce

pas le lieu de répéter avec Dumoulin, que l'on ne doit jamais être supposé renoncer à son droit! Et, du reste, cette explication est loin de rendre un compte satisfaisant de la loi 76. Cette loi, en effet, dans sa deuxième partie, ne se contente pas, pour permettre la cession d'action après le paiement, d'une simple réquisition, il faut une convention, c'est-à-dire la promesse du créancier; « *quod si..... cum convenisset ut, etc.* » Eh bien, dans ce ce cas encore, le texte manquera d'intérêt pratique, si une simple réquisition du débiteur peut remplacer le consentement du créancier. La troisième opinion ne résout donc pas l'objection tirée de la loi 76.

Il faut donc, selon nous, penser avec MM. de Savigny et Demangeat, que le tuteur ne jouit de l'action utile qu'à la condition qu'il n'ait payé que sur les poursuites du créancier; toutefois, ce n'est pas la loi 76 qui nous décide à admettre ce système. Il serait, en effet, selon nous, aisé d'expliquer cette loi en disant que Modestin supposait probablement la dette payée, non pas par l'un des tuteurs, mais par l'un des fidéjusseurs du tuteur insolvable, lequel, contraint de désintéresser le créancier, réclamait la cession d'actions. Cette explication répondrait, en effet, à toutes les objections, car le fidéjusseur n'ayant sûrement pas droit à l'action utile (L. 39 *de fid.*), la loi 76 garderait toute l'importance pratique dont elle est susceptible. De plus, la loi 76 est tirée du livre 6 des Réponses de Modestin; or, parmi les autres fragments de ce même livre 6, qui se trouve au Digeste, il en est un : la loi 32 pr. D., *de adm. et per. tut.* (26, 7) qui nous prouve que Modestin, dans ce livre, s'occupait précisément de la situation du *fidejussor tutoris*. Cette explication rendrait parfaitement compte aussi de la rédaction du texte, qui paraît supposer que celui qui a payé l'a fait de son plein gré, puisque, nous l'avons dit, le fidéjusseur, pour obtenir la cession de l'action du pupille, contre les cofidéjusseurs, devrait renoncer au procès (quant à l'action de tutelle contre le tuteur, l'insolvabilité de ce dernier la rendait, le plus souvent, inutile au fidéjusseur) (1).

Mais il est un autre texte, qu'il nous paraît impossible d'expliquer autrement que par la distinction de MM. de Savigny et Demangeat; c'est la loi , 1 C. *de cont. judi. tut.* Voici, en effet, l'hypothèse. de ce texte : De deux tuteurs Primus et Secundus, l'un, Primus, est actionné par le pupille et condamné ; Secundus intervient et paie pour lui sans requérir la cession d'actions ; plus tard, il demande cette cession et s'adresse aux empereurs Sévère et Antonin pour l'obtenir. Mais ils lui répondent : « Nullum judicium tibi contra pupillum competit, ut de- « legatur tibi adversus liberatum actio. » Cette décision suppose évidemment qu'il n'a point non plus de recours par l'action utile, car autrement elle n'aurait aucune valeur pratique. Or, nous sommes précisément dans un cas où le second tuteur, lorsqu'il a payé pour le premier, était encore tenu, avec lui, solidairement de la dette. Dumoulin, il est vrai, l'a nié, mais c'est une erreur, car on sait que la dette solidaire n'est éteinte que par le paiement, et non par la *litis contestatio*.

D'ailleurs, cette décision des Romains n'est pas si déraisonnable qu'elle le paraît au premier coup d'œil. Les Romains, en effet, n'avaient évidemment voulu donner l'action utile que pour dispenser des formalités nécessai-

___

(1) L'explication que nous proposons de la loi 76 est précisément celle que présente, sans même chercher à l'établir, Cujas, *ad leg.* 76, *de sol et lib. in lib.* 6 *resp. Heren. Modest.*

res pour contraindre à la cession, ou pour réparer l'oubli que le tuteur commettrait de remplir ces formalités ; c'est à dire, en résumé, qu'ils n'avaient entendu concéder l'action utile que dans les cas où l'on pouvait contraindre le créancier à la cession. Or, nous avons précisément vu que le moyen de contrainte généralement employé (exception de dol) supposait le débiteur poursuivi par le créancier. Celui qui payait de son plein gré, ne pouvant pas contraindre le créancier à lui céder ses actions, il était logique de ne pas lui accorder l'action utile.

Quelle que soit, du reste, la valeur que l'on accorde en notre matière à l'action utile, il faut remarquer que cette action n'existait jamais dans les cas où le bénéfice de cession d'actions était refusé au débiteur (L. 1, § 14 ; D. 27, 3).

De même, l'action utile ne conférait jamais plus de droits que n'en eût donné la *procuratio in rem suam*. Cette assertion, déjà peu contestable, en présence des lois 3, C., 4, 39 et 5 ; C., 4, 15, qui nous montrent le débiteur exerçant l'action utile *suo nomine*, mais *exemplo creditoris*, ne fait plus aucun doute depuis la découverte des *Institutes* de Gaius, car le jurisconsulte nous présente, pour les deux cas, des formules identiques (1) (Com. 4 ; § 45 et 86 comparés).

Aussi. ne ferons-nous aucune différence, en traitant des effets de la cession d'actions, entre le cas où elle aurait eu lieu par la voie de la *procuratio in rem suam* et celui ou le débiteur se servirait de l'action utile.

(1) Nous empruntons cet argument à notre savant maître M. Labbé, que nous avons entendu le développer à son cours.

CHAPITRE V.

EFFETS DU BÉNÉFICE DE CESSION D'ACTIONS.

Nous avons, dans ce chapitre, à étudier successivement les rapports que notre bénéfice établit : 1° entre le
créancier cédant et le débiteur cédé ; 2° entre le créancier cédant et le débiteur concessionnaire ; 3° entre le
débiteur cessionnaire et le débiteur cédé.

§ 1ᵉʳ. — *Rapports entre le cédant et le cédé.*

La *Procuratio in rem suam*, n'a pas, par elle-même, l'effet de libérer le cédé vis à-vis du cédant ; il faut plus, il
faut que le concessionnaire intente l'action et rende ainsi
le procès sien, ou, depuis Alexandre Sévère qu'il rende
inefficace le paiement que ferait le cédé au créancier, en
lui dénonçant l'opération. Dès que l'un de ces deux évé
nements se sera produit, le cédé qui, jusque-là, pouvait
être valablement poursuivi par le cédant, repoussera ce
dernier en lui opposant l'extinction de son droit ; extinction qui aura eu lieu, tantôt *ipso jure*, tantôt *exceptionis ope*,
si elle résulte de la *litis contestatio*, toujours *exceptionis ope*,
si le concessionaire s'est contenté de la dénonciation.

Faut-il appliquer ces principes dans l'hypothèse spéciale de la cession forcée ? Nous ne le pensons pas. Nous
avons dit, en effet (p. 13), qu'à notre avis, le paiement,
accompagné de cession forcée, avait, en droit romain,

un caractère mixte : cession à l'égard du débiteur, paiement à l'égard du créancier. Il en résulte que le cédé peut, doit même, sans être obligé d'attendre la *Litis contestatio* ou la dénonciation, repousser le cédant en répondant à ses prétentions, que le paiement a éteint ses droits *ipso jure.*

Au reste, le cessionnaire n'en conservera pas moins un intérêt sérieux à avertir le cédé par une dénonciation, car un deuxième paiement, fait de bonne foi par le cédé, lui ferait perdre le bénéfice de la cession d'actions, et ne lui laisserait d'autre recours qu'une action *de dolo* contre le cédant peut-être insolvable.

§ 2. — *Rapports du cédant et du cessionnaire.*

Les devoirs du cessionnaire envers le cédant ayant été déjà exposés dans notre deuxième chapitre, nous nous n'avons à nous occuper ici que des devoirs du cédant envers le cessionnaire. Nous chercherons quelles sont ces obligations : 1° avant la cession ; 2° après la cession.

1° A quoi le cédant est-il tenu envers le cessionnaire avant la cession? Le principe est que le bénéfice de cession d'actions, simple secours accordé au cessionnaire, oblige le créancier à céder ses actions telles qu'il les a, mais sans lui faire un devoir de les conserver dans l'intérêt du cessionnaire (L. 15, § 1 D. 46, 1 et LL. 21 et 22 D., *de pactis*, 2. 14).

Cependant, le principe souffrait exception dans certains cas :

Si, en effet, l'obligation avait été cautionnée par un

mandator credendæ pecuniæ, le créancier tenu, comme tout mandataire, de veiller aux intérêts de son mandant, échouait dans sa poursuite s'il avait, par sa faute, rendu la cession impossible (L. 95, § 11 D., *de sol.*, 46, 3).

Il en était encore de même si la caution était un *fidejussor indemnitatis*, et que le créancier eût libéré, par un pacte *de non petendo in personam* le débiteur principal, car le *fidejussor indemnitatis* ne s'engageait à payer au créancier que ce dont l'insolvabilité du débiteur principal le priverait. Mais nous n'irons pas plus loin, et nous ne permettrons pas à ce fidéjusseur de se plaindre d'un pacte que le créancier aurait accordé à un autre des co-débiteurs accessoires, car le motif que nous venons de donner ne s'appliquerait plus.

Outre ces deux exceptions, tirées de la nature même de l'engagement pris par la caution, les Romains, toujours indulgents pour les tuteurs et les magistrats, leur permirent de repousser le pupille ou la République, si ce créancier, après avoir libéré l'un d'eux, prétendait poursuivre l'autre pour tout le montant de la dette (L. 45, D. *de adm. et per. tut.*, 26, 7).

En dehors de ces rares exceptions, le principe est, comme nous l'avons dit, que le créancier n'est pas tenu de conserver ses actions dans l'intérêt du débiteur poursuivi. On a pourtant prétendu que, dans un cas au moins, son imprudence, à cet égard, pourrait lui être fort préjudiciable; ce cas serait celui où il aurait accordé un pacte *de non petendo in personam* au débiteur principal. Dans ce cas, en effet, a-t-on dit (1), il suffira au fidéjus

<hr>

(1) M. Dupret, Dissertation insérée dans la Revue étrangère de M. Fœlix, juin 1843 (t. II, pp. 401 et 505), au n° 24.

seur poursuivi de mettre en cause le débiteur principal, car celui-ci, excipant de son pacte, arrêtera la poursuite du créancier. Mais il y a là une erreur évidente, car on ne peut empêcher le créancier de poursuivre sa caution, en lui opposant un pacte qui réserve précisément ses droits contre cette caution.

Telles étaient, sur ce point, les solutions du droit antérieur à Justinien, et il est aisé de voir que les explications que nous avons données sur l'hypothèse du *mandator credendæ pecuniæ*, font disparaître l'antinomie que les anciens interprètes avaient cru voir entre les lois 95 § 11, D. *de sol*. et 15 § 1 D., *de fid*. Ce n'est, en effet, qu'après de longues hésitations (1) que Cujas (sur la L. 21, § 5, *de pactis*) et Pothier (*Obl.*, n° 380 et 557) avaient donné, à chacun de ces deux textes, son vrai sens (2); mais ils avaient fini par reconnaître la différence des deux espèces qui y sont prévues, et ce n'était que par pure équité que Pothier (obl. n° 557) permettait au fidéjusseur de repousser le créancier lorsqu'il s'était mis dans l'impossibilité de céder ses actions.

(1) Cujas, auparavant (*Quest. Papin. in lib.* 28, *in leg.* 95, *de sol*, § 10, *Si mandatu* et suiv.), avait cherché à concilier ces deux lois, en supposant que la première visait le cas où le créancier avait perdu les actions par sa faute, par exemple par une plus-pétition; la seconde aurait supposé qu'il y avait renoncé par un pacte. Potier, dans ses Pandectes, appliquait la loi 95, § 11 au fidéjusseur, et lui permettait de repousser le créancier.

(2) Toutefois, Cujas ajoutait à l'argument de droit un argument d'équité qui, bien qu'approuvé par Pothier (obl. n° 557), nous paraît erroné : « Celui, disait-il, par ordre de qui j'ai prêté à Pierre n'a de son chef aucune action contre Pierre, le fidéjusseur, lui, a un recours contre le débiteur principal. » Mais rien, ce nous semble, ne permet de refuser au *mandator credendæ pecuniæ* l'action *mandati* ou l'action *negotiorum gestorum* contre le débiteur principal. (V. Cujas, sur la l. 21, § 5, *de pactis*.)

Mais Cujas (L. 21, § 5, *de pactis*) faisait remarquer à propos du pacte prévu par cette loi, « ut duntaxat a reo « non petatur, a fidejussore vero petatur, » que ce pacte, « novo jure haud facile procedere potest, » et Pothier (*Obl.*, n° 380), interprétant ces mots, nous dit, qu'en effet, « Justinien ayant, par sa Novelle (*Nov.* 4, ch. 1), accordé, aux fidéjusseurs, l'exception de discussion, il est évident que le créancier ne peut plus, aujourd'hui, en convenant avec le débiteur de ne pas lui demander le paiement de la dette, se réserver le pouvoir de le demander au fidéjusseur ; car il ne peut, par son fait, les priver du droit que la loi leur donne. »

Cette idée, reprise et généralisée, a donné lieu de nos jours à une controverse des plus intéressantes.

M. Troplong (*du cautionnement*, p. 498) a été jusqu'à conclure de l'introduction du bénéfice de discussion (1), que le créancier était tenu de conserver intactes ses actions, même celles qui n'avaient pas trait au débiteur principal. Mais la question ne nous paraît même pas discutable dans ces termes généraux ; l'affirmation de M. Troplong sort, en effet, complètement du domaine des textes, rien n'autorisant à tirer une pareille conséquence de l'existence du bénéfice de discussion.

Mais la question devient plus délicate si on la restreint à l'hypothèse de la loi 22 D. *de pactis*, (2, 14), c'est à-dire au cas où le créancier a accordé au débiteur principal un pacte : « Ut duntaxat a reo non petatur, a fide-

---

(1) La question présente de l'intérêt même avant la Novelle, car le bénéfice de discussion pouvait déjà se rencontrer, soit par une faveur de la loi (L. 4 C. *Quando fiscus*, 4. 15), soit par l'effet de la convention (LL. 5 et 19 C. *de fid.*).—Consulter, à ce sujet, M. Accarias, Précis de Droit romain, t. II, pp. 363 et 364, texte et note 1.

« jussore vero petatur. » Voici le raisonnement qu'a présenté M. Troplong dans cette hypothèse : « Le fidejusseur auquel le pacte ne peut pas nuire plus qu'il ne lui profite, peut renvoyer le créancier discuter le débiteur principal; ce dernier invoquera le pacte de *non petendo* intervenu, et le créancier sera dans une impasse » (1). L'argument est subtil autant qu'ingénieux, et M. Troplong en tire la conséquence que la caution avait ce qu'il appelle l'*exceptio cedendarum actionum*, pour repousser le créancier quand il avait libéré le débiteur principal.

Nous croyons, quant à nous, que c'est encore abuser du bénéfice de discussion. Ce bénéfice n'a pas d'autre but que de faire supporter de préférence le poids de la dette par le débiteur principal dans les cas d'ailleurs où il peut être poursuivi, et il est impossible d'en faire résulter, comme on le prétend, un droit pour la caution, droit attentatoire à la liberté du créancier. Mais alors même qu'on se rattacherait à la manière de voir de M. Troplong, et que l'on reconnaîtrait que le créancier s'est mis dans une impasse en concédant le pacte au débiteur, il nous semble que c'est commettre une confusion que d'en conclure que désormais la caution aura toujours l'*exceptio cedendarum actionum*, quand le créancier aura libéré le débiteur principal. C'est rapporter, en effet, au bénéfice de cession d'actions un effet qui n'est produit que par l'exception de discussion. Et que l'on ne dise pas qu'il n'y a là qu'une affaire de mots : si l'on suppose, en effet, que le pacte de *non petendo*

______

(1) Il est aisé de voir que cette argumentation, fort analogue à celle de M. Dupret, que nous avons repoussée, n'offre pas comme elle prise à la critique.

étant intervenu le débiteur principal se trouve absent
quand le créancier poursuit la caution, celle-ci ne pouvant pas, supposons le, faire paraître le débiteur prin
cipal dans le délai fixé par le juge, son bénéfice de
discussion disparaît, elle peut être poursuivie la première (Nov. 4 C. 1 *in fine*) ; et dès lors le créancier ne
pouvant être enfermé dans cette impasse où M. Troplong
l'enserrait tout à l'heure, poursuivra son paiement sans
avoir d'ailleurs à redouter une *exceptio cedendarum
actionum*, qui n'a jamais existé.

Nous appliquerons aux tiers détenteurs toutes les solutions que nous venons de présenter pour le fidéjusseur;
nous ne lui accorderons donc jamais l'*exceptio cedenda
rum actionum*, bien que la Nov. 4, Cap. 2, lui permette
d'exiger la discussion préalable des créanciers personnels (1).

2° *A quoi le cédant est il tenu envers le cessionnaire après
la cession ?* — La cession effectuée, le créancier est tenu
envers le débiteur de toutes les obligations d'un cédant
ordinaire à l'exception toutefois, nous l'avons vu, de
l'obligation de garantie.

Il devra, en conséquence, mettre le cessionnaire en
état de prouver l'existence de la créance et lui céder
dans ce but tous les documents qu'il peut posséder.
Il devrait aussi lui restituer tout ce qu'il toucherait du
débiteur avant le paiement à lui effectué par le cessionnaire, soit à titre de paiement, soit à titre de compensation (L. 23, § 1, D. L. 18, t. 4).

(1) *Contra*, M. Troplong, *loc. cit.*, nºs 562 et 563.

§ 3. — *Rapports du cessionnaire et du cédé.*

Nous examinerons successivement dans ce paragraphe les effets de la cession : 1° à l'égard du cessionnaire; 2° à l'égard du cédé.

1° *Effets du bénéfice de cession à l'égard de cessionnaire.*

A. Et d'abord quelle utilité retirera-t il de ce bénéfice? Cette utilité sera très-différente selon les cas, tantôt la cession d'actions viendra rendre plus efficace une action en recours déjà existante au profit du cessionnaire, tantôt elle suppléera à l'absence de cette action.

Si l'on suppose, en effet, que le cessionnaire est une caution et que le lésé contre lequel il recourt est le débiteur principal, l'effet de la cession ne peut être de créer le recours, car la caution a, en principe, de son chef ou l'action de mandat si elle s'est engagée à la prière du débiteur principal (Inst. Just. L. 3, t. XX, § 6), ou l'action *négotiorum gestorum* au cas contraire (L. 4 D. *de fid.*, et L. 20, § 1 D. *mandati* (17, 1).

Mais si la caution voulait agir contre les autres cautions tenues accessoirement comme elle de la dette la cession forcée viendrait suppléer au défaut d'action, car nous avons déjà dit qu'il n'existe aucun lien de droit entre les codébiteurs accessoires (1). Bien plus, dans un cas au moins le recours de la caution contre le débiteur principal n'avait pas d'autre fondement que notre béné-

---

(1) Il faut cependant faire une exception en faveur des *sponsores* ét des *fidepromissores* s'engageant en province. Gaius nous dit, en effet, que la loi Apuleia, qui établissait entre eux une société, n'avait pas cessé d'être applicable en dehors de l'Italie. Il était même douteux que la loi Furia l'eut abolie en Italie (Gaius, C. 3, § 221).

fice : c'était lorsqu'elle avait garanti la dette *invito debitore*. Justinien, en effet, terminant ainsi une longue controverse (1), refuse en pareil cas l'action *negotiorum gestorum* (L. 24, C. *de Neg. gest.* 2, 19); mais il est probable que l'on corrigea cette rigueur en accordant à la caution la cession forcée.

La cession aura encore le même effet dans les cas suivants : lorsqu'il s'agira du recours d'une caution contre un tiers détenteur (avant la nov. 4) ou d'un tiers détenteur contre une caution (après cette novelle), et quand un *correus debendi* voudra faire supporter à ses correi leur part dans la dette.

La cession, au contraire, viendra seulement rendre plus efficace l'action en recours du tiers détenteur contre son vendeur obligé personnellement à la dette, celle du *correus promittendi* contre ses *correi* s'ils sont *socii*, ou même au cas contraire si les correi se sont portés fidéjusseurs les uns des autres (L. 11 D. *de duobus Reis* 45, 2 et nov. 99), enfin celle du débiteur solidaire contre ses codébiteurs. Mais ce dernier point demande à être établi.

On a nié en effet que le codébiteur solidaire qui paie la dette ait de son chef un recours contre les autres et voici le raisonnement que l'on a présenté : Il n'existe, a-t on dit, entre ces co-obligés aucun lien de droit qui puisse motiver une action en recours : on ne pourrait en effet accorder à celui qui paie l'action *négotiorum gestorum*, sans manquer au principe que cette action n'est accordée que lorsqu'on a agi dans le but d'être utile à autrui, car le débiteur solidaire qui paie, libère

(1) La loi 40 D. *Mandati* (17-1) indique cette controverse.

bien les autres, mais n'agit pas dans l'intention de les libérer; il agit pour satisfaire à son obligation. Que si l'on objecte à ce système les termes formels de la loi 30 *de neg. gest.* (3, 5), qui accorde l'action *négotiorum gestorum* au tuteur et au magistrat contre leurs collègues, M. Demangeat (1), répond qu'il ne faut voir là qu'une trace de la controverse qui avait longtemps divisé les jurisconsultes, avant que l'on adoptât le principe que nous venons de rappeler (2). Quant aux expressions de la loi 4 D. *de his qui effud.* (9, 3), dont nous allons parler tout à l'heure on les interprète dans le sens de l'action utile remplaçant la Procuratio dans la cession forcée (3).

Nous croyons au contraire que les codébiteurs solidaires avaient une action pour faire partager entre eux le montant de la dette. Nous reconnaissons avec M. Demangeat, que les Romains avaient fini par exiger de celui qui prétendait exercer l'action *negtorum gestorum*, l'intention de faire l'affaire d'autrui, mais il semble bien aussi que les Romains avaient admis des exceptions à ce principe : et notamment ils accordaient l'action à celui qui s'était occupé de l'affaire d'autrui non pas *sponte sua*, mais forcé par une nécessité juridique (L. 3, § 10 D. *de neg. gest.* et L. 18 C. *eod.*), ce qui est évidemment bien le cas du co-tuteur; la loi 30 D. *de neg. gest.*, nous paraît donc être une application pure et simple de ce principe, et c'est probablement ainsi que Cujas enten-

---

(1) Demangeat, Oblig. solidaires, p. 230.

(2) Cette controverse résulte, en effet, de l'antinomie certaine qui existe entre les deux lois, 49 D. *de neg. gest.*, et 14, § 1 D. *Comm. div.* (10, 3).

(3) V. M. Demangeat, *loc. cit.*, p. 245.

dait notre loi, quand pour l'interpréter il rappelait (*In Lib. III Dig. Salvii Jul.*) que les tuteurs et les magistrats remplissent un *munus publicum*. Cette observation explique, en effet. qu'on ait accordé un recours aux codébiteurs solidaires entre eux, alors qu'on le refusait aux correi, car tandis que ces derniers ne sont tenus de la dette qu'en vertu d'une convention, les autres sont co-obligés par la volonté de la loi (1).

Et cette idée d'un recours entre les co-débiteurs solidaires est encore confirmée par les termes de la loi 4 D. *de his qui eff.*, qui dans l'hypothèse où, un objet ayant été lancé d'une maison, l'un des locataires à dû payer le total de l'amende, déclare que les autres devront «præstare partem damni, societatis judicio vel utili actione. » On a, il est vrai, nous l'avons dit, entendu cela de la cession forcée opérée par voie d'action utile, mais les auteurs qui expliquent ainsi notre texte, sont précisément ceux qui voulant (avec raison) prouver sur la loi 1, § 13 D. 27, 3, que l'action utile fut étendue à la cession forcée, font remarquer dans ce but « que le jurisconsulte met absolument sur la même ligne le droit d'exiger la cession des actions et le droit d'exercer l'action utile » (2); eh bien la même observation s'applique à la loi 4 *de*

(1) M. Vangerow (Lherbuch der Pandekten, t. III, p. 78 et 81) explique autrement la différence qui existe entre les codébiteurs solidaires et les *correi : «* Le *reus debendi*, dit il, en payant. exécute son obligation seule, puisqu'il n'y en a qu'une ; le codébiteur soli daire. au contraire, éteint à la fois et son obligation et celle des autres. » Nous ne pouvons que nous rattacher à la critique que fait M. Demangeat de cette subtilité (Obl. sol. p. 329).

(2) Nous citons en ce moment M. Demangeat, *loc. cit.*, p. 247, *in fine.*

his qui eff., et nous oblige à penser que l'action dont elle parle est l'action *pro socio utilis*.

Autrement d'ailleurs, l'action utile ne paraissant accordée par cette loi qu'à défaut de l'existence d'une société, nous nous trouverions en présence d'une anomalie, car jamais nous n'avons vu que la cession d'actions soit refusée sous prétexte que celui qui la réclame a déjà un droit de recours de son chef.

B. La première question que nous nous étions posée étant ainsi résolue, nous allons supposer la cession effectuée et examiner quels droits en résultent pour le cessionnaire.

Le principe est qu'il est investi de tous les droits, de toutes les actions du cédant, et qu'il agit comme agirait le cédant lui-même. C'est ce que les textes nous indiquent en disant qu'il intente l'action « *nomine creditoris* », « *exemplo creditoris* »; et la formule de l'action l'indique mieux encore, car l'*intentio* en est conçue au nom du cédant : « Si paret N. Negidium Publio Mœvio (P. M. est le cédant) sestercium X millia dare oportere judex N. Negidium Lucio Titio (L. Tit. est le cessionnaire Sestercium X millia condamna » (Gaius C. IV, § 86).

Le principe posé, tirons en les conséquences.

Nous accorderons au cessionnaire toutes les garanties accessoires de la créance : hypothèques, privilèges, actions contre les *adpromissores*. Cependant, quant aux droits hypothécaires et aux privilèges, il ne pourra exercer que ceux qui ont leur raison d'être dans la nature de la dette (*Privilegia causæ*), et non ceux qui l'ont dans la personne du cédant (*Privilegia personæ*). Nous ne permettrions pas, par exemple, au tuteur de jouir du privilége accordé au pupille contre son co-tuteur (L. 42 D.

de adm. et per. tut.) (1), ni au fidéjusseur qui aurait payé à la femme le montant de sa dot de prétendre à l'hypothèque légale de cette femme sur les biens du mari. Le principe général sur ce point est écrit dans la loi 68 D. *de reg. jur.* 50, 17 : « Ubi personæ conditio locum facit beneficio, ibi deficiente ea, beneficium quoque deficiat. »

Le cessionnaire pourra user de toutes les repliques que le cédant eût pu opposer aux exceptions du cédé, et d'une façon générale de tous les moyens qui auraient été à la disposition du cédant, auraient-ils même un caractère personnel, comme par exemple l'*In integrum restitutio* pour minorité. Mais nous ne croyons pas au contraire que le cessionnaire puisse imaginer des privilèges à lui personnels, parce que ce serait manquer au principe qui domine toute notre matière : que la cession ne doit pas aggraver la situation du cédé.

Si l'on suppose que l'obligation dont il s'agit est une dette alternative dans laquelle le choix appartient au créancier, on peut se demander si le droit d'option passe au cessionnaire au cas d'une cession d'actions ordinaire, nous n'hésiterions pas à admettre l'affirmative, car ce bénéfice tient à la convention et non à la personne du créancier (2). Dans l'hypothèse d'une cession forcée, au contraire, le cédé pourra toujours obliger le cessionnaire à recevoir ce qu'il a lui même payé au créancier.

Mais il faut bien remarquer que la dette ne change pas pour cela d'objet : si par exemple le débiteur prin-

---

(1) Joindre, L. 196 D. *de reg juris*, 50, 17.

(2) Molitor (*loc. cit.*, p. 639) argumente en ce sens de la loi 75, § 3 D. L. 30, *de leg.*, 1°.—*Contra* Mulbenbruch, De la cession, § 24.

cipal a promis une chose de genre et que la caution ait fait accepter en paiement de l'argent au créancier, l'objet promis venant ensuite à cesser d'être dans le commerce, la caution perdrait les avantages de la cession; cette décision est la conséquence inévitable du principe que l'on ne peut réclamer au débiteur principal ou aux autres cautions que ce qu'ils ont promis.

2° *Effets de la cession à l'égard du cédé.* — Quels seront les droits du cédé à l'encontre du cessionnaire? Un principe nous guidera dans toutes les questions qui vont se présenter. La cession ne doit pas aggraver la situation du cédé.

Nous permettrons donc au cédé d'invoquer toutes les exceptions qu'il aurait pu opposer au cédant, alors même qu'elles résulteraient de ses rapports personnels avec ce dernier, comme par exemple le bénéfice de compétence. Le cessionnaire, en effet, ne peut se plaindre; il agit *nomine cedentis.* A bien plus forte raison le cédé conservera-t-il les exceptions qui n'ont rien de personnel telles que : l'exception tirée d'un pacte ou de la compensation, mais à la condition que ces moyens de défense soient nés avant le paiement de la dette par le cessionnaire.

La situation du cédé sera parfois aussi améliorée par la cession, parce qu'il pourra opposer au cessionnaire des exceptions personnelles qu'il n'aurait pas eues contre le cédant et par exemple le bénéfice de compétence; il ne faut pas oublier, en effet, que si le cessionnaire n'est qu'un *mandator*, c'est un *mandator in rem suam.*

Ces principes posés et leurs conséquences générales tirées, nous allons entrer dans le détail et rechercher spécialement ce que deviennent les quatre exceptions propres à notre matière. Nous aurons ainsi l'occasion de résoudre à l'aide des principes, diverses questions laissées dans l'ombre par les textes; mais nous nous réservons d'invoquer dans certains cas, l'équité pour atténuer les rigueurs auxquelles pourrait nous conduire l'application trop stricte de ces principes.

A. *Exception de discussion.* — Le cessionnaire, quel qu'il soit, pourra se voir opposer cette exception par tous ceux qui auraient pu l'invoquer contre le cédant, c'est-à-dire sous Justinien, par tous autres que les débiteurs principaux.

B. *Exception de division.* — Les principes nous conduisent encore à accorder ce moyen de défense aux *adpromissores*, aux co-tuteurs et aux magistrats (L. 1, § 11 D.ʳ 27, 3 et 45 D. 26, 7), et il est évident que le fidéjusseur, le tuteur ou le magistrat actionné par un autre fidéjusseur, tuteur ou magistrat, a le droit de faire compter le cessionnaire parmi les co débiteurs sol vables entre lesquels doit se partager la dette, puisqu'il y serait compté si c'était le cédant qui exerçait l'action (1).

Ce sera au contraire en invoquant l'équité que nous accorderons l'exception de division aux tiers détenteurs et aux co-débiteurs principaux autres que les tuteurs et les magistrats à l'égard d'autres tiers détenteurs des co-débiteurs principaux devenus cessionnaires; ils n'au-

---

(1) Le même principe nous sert ainsi à résoudre deux questions sur lesquelles nous n'avons aucun texte.

raient pas joui, en effet, de ce bénéfice à l'égard du
cédant. Et il en sera ainsi, alors même qu'il s'agirait
de co débiteurs principaux qui se seraient portés fidéjusseurs les uns des autres, car Papinien nous dit bien
que le créancier principal peut en ce cas diviser son
action, mais il ajoute qu'il n'y est pas tenu (L. 11, D.
45, 2). C'est encore à une idée d'équité qu'il faut rapporter la décision de la loi 12 D. *Rem pupil. salv. fore*
(46, 6), qui permet aux *fidejussores tutoris* d'opposer
l'exception de division à celui d'entre eux qui ayant
soldé le compte de tutelle serait devenu cessionnaire,
bien que cependant ces mêmes fidejusseurs soient exceptionnellement privés de ce bénéfice à l'encontre du pupille.

C. *Bénéfice de cession d'actions.* — Nous l'accorderons
à tous ceux et à ceux là seulement qui auraient pu l'invoquer contre le cédant.

Il résulte de là que l'*adpromissor*, le tuteur et le magistrat ont le droit d'opposer au cessionnaire les trois
exceptions de discussion, de division et de cession d'actions. Rien ne les empêche d'invoquer d'abord la première, puis, s'il y a lieu, l'une des deux autres, mais ils
ne peuvent cumuler les deux dernières. Nous ne leur
permettrons, en effet, de demander la cession d'actions
qu'à la condition de rembourser au cessionnaire tout ce
qu'il a payé y compris même *sa part virile;* décider autre
ment serait violer le principe que la cession forcée ne
peut nuire au cédant, puisque l'on enlèverait au premier
cessionnaire les actions mandées alors qu'elles lui sont
encore nécessaires pour réclamer sa part virile au débiteur principal. Nous ferons d'ailleurs remarquer qu'il

y a là une imperfection évidente, puisque le fidéjusseur poursuivi le premier par le créancier principal aura sur les autres l'avantage d'être garanti même quant à sa part virile par la cession des actions du créancier contre le débiteur principal. Mais cet inconvénient est peu grave puisque les autres fidéjusseurs sont toujours maîtres de prendre la situation du premier, et l'existence, à leur profit de l'exception de division le fait à peu près entièrement disparaître. Enfin l'avantage ainsi accordé au premier poursuivi aura souvent cet excellent résultat d'éviter au créancier l'ennui de diviser son action, en poussant le fidéjusseur à payer toute la dette.

Le même principe nous sert ainsi à résoudre deux questions sur lesquelles nous n'avons aucun texte.

D. *Exceptio cedendarum actionum.* — Nous n'avons admis à opposer cette exception au créancier que le *mandator credendæ pecuniæ*, le tuteur, le magistrat et le *fidejussor indemnitatis*. Bien évidemment ils conserveront ce droit contre le cessionnaire quel qu'il soit. Ce que nous voulons faire remarquer c'est que cette exception pourra parfois être opposable au cessionnaire alors qu'elle eût été sans effet contre le cédant. Il en serait ainsi au cas où un *correus debendi*, ayant fourni un fidéjusseur, serait poursuivi par celui-ci devenu cessionnaire des actions du créancier, car nous savons qu'il existe entre le débiteur principal et l'*adpromissor* un contrat de mandat qui oblige ce dernier à veiller aux intérêts de son mandant. La même solution devrait s'appliquer dans les rapports du fidéjusseur avec son propre fidéjusseur, car le premier est relativement au second un véritable débiteur principal.

DEUXIÈME PARTIE

De la successio in locum.

———

L'étude des sources fait apparaître l'existence, en droit romain, d'une institution toute spéciale, qui se présente comme un développement de la théorie des droits de préférence. Cette institution, que les textes qualifient du nom peu précis de *successio in locum*, présente avec notre subrogation cette analogie qu'elle consiste, comme elle, dans l'acquisition au profit d'un nouveau créancier de tout au partie des droits d'un premier créancier qui cesse de l'être (1). Cela ne suffirait évidemment pas pour nous porter à voir dans la *successio in locum* une des origines de la subrogation, mais si l'on examine les divers cas de cette *successio*, on voit que trois d'entre eux présentent un caractère commun, qui les sépare des autres en les rapprochant du bénéfice de . cession d'actions.

(1) Rien ne s'oppose d'ailleurs à ce que le titulaire de la première créance soit aussi celui de la deuxième. C'est ce qui a lieu au cas de délégation lorsque le créancier fait rattacher à la nouvelle obligation les hypothèques qui garantissaient l'ancienne. Les textes disent alors que le créancier : *In suum locum succedit*. (L. 12, § 5. D. *qui pot.* 20.4.)

Ces trois cas, les voici :

1° Un tiers prête de l'argent à un débiteur pour l'aider à désintéresser un créancier hypothécaire, ou même, sur le mandat du débiteur, il paie lui-même ce créancier. Ce tiers, nous disent les jurisconsultes, peut, sous des conditions que nous aurons à déterminer, *succedere in locum primi creditoris*. (L. 12, § 8. D. 20.4.) (1).

2° L'acquéreur d'un immeuble hypothéqué, en payant son prix au vendeur, stipule que celui-ci l'emploiera à désintéresser les créanciers hypothécaires, ou bien il le remet lui-même entre les mains de ces créanciers : « In « jus eorum succedit, et contra eos qui inferiores illis fuerunt, justa defensione se tueri potest. » (L. 3, C. *de his qui in pr. cred.* 8.19.)

3° Un créancier hypothécaire désintéresse un créancier ayant hypothéque sur le même immeuble : « In lo- « cum ejus substituitur, et confirmat sibi pignus. » (L. 22, C. *de pig.* 8.14 et L. 16, D. 20.4.) (2).

Ces trois hypothèses (3), comme le montrent les fragments que nous citons, se rencontrent en ceci : un tiers, ayant un intérêt légitime à le faire, désintéresse un créancier, et il lui est accordé, au moins en partie, les droits qu'avait ce créancier afin de l'aider à obvier aux conséquences du paiement qu'il vient de faire. L'analo-

(1) Aj. l. 3. D. *quœ res pig. vel hyp.* 20.3 et l. 1, C. *de his qui in pr. cred.* 8.19.

(2) Aj. l. 4, C. 8.19.-L. 1, C. *qui pot.* 8. 18 et § 8, Sent. Paul. L. II, T. XIII.

(3) Nous évitons à dessein de parler ici de la *sucessio in locum* en matière de priviléges personnels, nous réservant d'exposer dans la suite nos opinions à ce sujet. Nous nous contenterons, pour le moment, de signaler la l. 14, § 3. D. *de rebus auct. jud.*, 42.5. Aj. LL. 12, § 6 et 17. D. 20.4 et l. 3. C. 8.19.

gie avec la subrogation est frappante : le but comme le moyen sont identiques.

Il y a plus; nous retrouvons dans ces mêmes cas de *successio in locum* le caractère d'équité propre à la subrogation; il s'y accuse par les conséquences mêmes qu'il produit. Les textes nous disent en effet que cette *successio* n'a lieu qu'à la condition que celui dont on prend la place soit entièrement désintéressé (LL. 2 et 3, § 1, D. *de dist. pig.* 20.5 et LL. 1 et 5, C. *qui pot.* 8.18), et celui qui l'obtient n'en peut user que dans les limites de son déboursé : « Cum tertius creditor primum de sua « pecunia dimisit, in locum ejus substituitur, in ea quantitate quam superiori exsolvit. » (L. 16, D. 20.4.) (1).

Il était important d'établir avec soin que la *successio in locum* est une des origines de notre subrogation, parce que nous verrons qu'elle en diffère profondément sur certains points. Nous avons dit en effet, au début de ce travail, que nos anciens jurisconsultes, pour construire la théorie du paiement avec subrogation, avaient puisé à deux sources, qu'ils avaient réuni en une seule deux institutions parfaitement distinctes en droit romain. De ces deux institutions l'une devait nécessairement perdre son caractère propre, pour emprunter celui de l'autre ; c'est ce qui eut lieu, et ce fut précisément la *successio in locum* qui se trouva sacrifiée. Cela est si vrai que Pothier, parlant de l'un des cas où s'appliquait jadis la théorie de la *successio*, a pu dire (Int. Tit. 20, Cout. Orl., n° 80): « Les principes de notre droit français sont à cet égard différents de ceux du droit romain. » C'est là, du reste, ce qui explique la tendance de quelques jurisconsultes à

____

(1) Aj. LL. 12, § 6 et 17. 20-4, — et L. 3, C. 8. 19.

voir dans le bénéfice de cession d'actions le seul antécé
dent romain de la subrogation : erreur grave qui est la
source de confusions fréquentes dont nous avons déjà
signalé quelques exemples.

D'ailleurs, si la *successio in locum* n'a pas conservé dans
notre droit sa nature primitive, son étude n'en offre pas
moins un très-grand intérêt. C'est à cette institution, en
effet, que nous avons emprunté la plupart de nos causes
de subrogation, c'est une de ses applications qui, ayant
subsisté dans les pays de droit écrit, nous a valu la célèbre déclaration de 1609, c'est elle enfin qui nous pre-
sente à Rome le premier cas certain de subrogation
légale.

Nous diviserons notre étude en trois chapitres :

1° De la nature de la *successio in locum ;*

2o Comment s'opérait cette *successio ;*

3° Etude des divers cas de *sucessio in locum* qui sont
devenus des cas de subrogation.

CHAPITRE PREMIER.

Qu'est-ce que la *successio in locum* ; en quoi consiste ce bénéfice ? Cette question ne paraît pas avoir préoccupe nos jurisconsultes, et nous ne connaissons aucun ouvrage français qui la résolve. Le motif de ce silence est d'ailleurs facile à comprendre : nos anciens jurisconsultes ayant appliqué à tous les cas de subrogation les principes de la cession forcée, ne s'étaient pas inquiétés de savoir quelles règles spéciales avaient pu régir quelques-uns de ces cas à Rome ; et de nos jours l'assimilation absolue que le Code établit entre les diverses causes de subrogation ôte encore à notre question tout intérêt pratique. Aussi est-ce à peine si nos auteurs, tant anciens que modernes, indiquent en passant leur opinion à ce sujet, et sans jamais s'occuper de l'établir (1).

Eu Allemagne, au contraire, où la législation romaine est restée en vigueur, notre question présente un intérêt des plus sérieux, elle est vivement discutée, et quatre solutions principales en sont proposées. Deux d'entre elles nous paraissent peu soutenables et nous les exposerons brièvement, réservant aux deux dernières une étude plus attentive.

Si l'on en croyait Haubold, la *successio in locum* opé-

(1) V. par ex. : Pothier, Int. T. 20 C. orl. n° 80. M. Demolombe, Contrats, T. IV, p. 252, n° 301.

rerait le transfert au second créancier de tous les droits
que possédait l'ancien, et notre bénéfice ne différerait en
rien de celui de la cession forcée. L'auteur reconnaît
seulement que si le premier créancier se refusait à opérer
cette cession, le juge devait la regarder comme faite (1).
Mais comment expliquer, dans cette doctrine, le silence
absolu des textes au sujet de cette cession d'actions? Comment comprendre, qu'après nous avoir si soigneusement
indiqué la fiction qui sert de base à la cession forcée, les
Romains ne nous en parlent plus ici, quand cependant
l'utilité de cette fiction serait aussi impérieuse? Il est du
reste un cas de la *successio in locum* auquel l'explication
d'Haubold serait inapplicable : c'est celui de la novation
avec réserve des sûretés de l'ancienne obligation (L. 12,
§ 5. D. 20.4.). On arriverait alors à des distinctions que
les termes toujours identiques des sources nous défen-
draient d'admettre.

D'après Becmann (2), l'effet de la *successio in locum* serait seulement de transférer au nouveau créancier les
droits hypothécaires de l'ancien, et à ce point de vue il
se rencontre avec l'opinion que nous exposerons en troisième lieu ; aussi, ce que nous voulons repousser en ce
moment, c'est moins le résultat admis par l'auteur que
la théorie par laquelle il le justifie.

D'après Becmann, en effet, le droit hypothécaire retournerait, après le paiement de l'obligation qu'il garantit, en la puissance du débiteur qui serait libre alors, ou
de le réunir à la propriété ou de le céder à un tiers.

(1) Haubold. *De jure offerendi*, IV. 2 in opusc. ed. Wenck, I.
P. 601.
(2) Becmann, *de succes. hypoth.* 1782, § 14, ff.

Cette explication, si elle était admise, s'appliquerait éga
lement aux cas de *successio in locum* légale, la loi pouvant toujours imposer au débiteur la cession du droit
hypothécaire ainsi revenu à lui, et au besoin la supposer
faite. Mais cette doctrine est insoutenable en présence
du principe que le paiement éteignant l'obligation principale éteint aussi l'hypothèque droit accessoire : pour
déroger à ce principe d'une façon aussi singulière, il
faudrait des textes qui n'existent pas.

Ces deux premières opinions repoussées, nous nous
trouvons en présence de deux théories que l'on nous
permettra d'exposer avec détail, car l'une ou l'autre contient sûrement la vérité et les arguments qu'elles invoquent sont assez sérieux dans les deux sens pour que
l'on hésite entre elles. Dans l'une, généralement admise
(mais non établie) par les auteurs (1), on reconnaît que,
par le paiement, l'action personnelle du créancier est
éteinte, mais on pense que les droits hypothécaires qui
garantissaient cette action sont transmis par la *successio
in locum* au créancier payant; d'après l'autre, au contraire, le second créancier doit avoir lui-même hypothèque de son chef, et la *successio in locum* n'a d'autre
effet que de procurer à cette hypothèque le rang où se
trouvait celle du premier créancier.

A l'appui de la première de ces deux manières de voir,
on peut faire observer qu'elle rend parfaitement compte
des expressions de plusieurs textes qui parlent de *succes-*

(1) V. Barthole sur la l. 3, D. 20.3. Pothier, Int. t. 20, C. orl.,
n° 80. M. Demolombe, *loc. cit.*, p. 252, n° 301. M. Accarias, Pré
cis, T. I, p. 642, n° 288 (1re édition). M. Gide partage aussi cette
opinion. En Allemagne : V. Mulhenbruch, Cession, § 45. Puchta :
Pand. § 2.13. Arndts : Pand. § 374.

sio non pas seulement : *in locum,* mais bien : *in jus pignoris* ou *in jus prioris creditoris* (l. 3, D. 20.3. LL. 3 et 4,
C. 8.19). Cette théorie offre aussi une explication qui
paraît très-plausible de la *successio in locum* dans le cas
d'un acheteur qui paie son prix aux premiers créanciers
hypothécaires : les hypothèques de ces créanciers venant
rejoindre, sans se réunir à elle, la propriété dans les
mains de l'acquéreur, on comprend que ce dernier soit
à l'abri des poursuites des créanciers postérieurs, au
moins pour ce qu'il a payé (L. 3, C. 8.19.). Que si l'on
fait remarquer qu'il y a là une dérogation au principe
que l'on ne peut avoir hypothèque sur sa propre chose,
on répond que nous sommes ici dans une matière toute
d'équité, où les principes ne tiennent qu'un rang secondaire.

Mais les meilleurs arguments que l'on puisse invoquer dans cette doctrine se tirent de deux textes : les
lois 7, §§ 5 et 6, *De rebus eorum, qui sub tutela* 27.9, et
3 D. *Quæ res pign.* 20.3. Ces textes nous ont été signalés
par l'un de nos excellents maîtres, M. Gide, et nous sai-
sissons ici l'occasion de le remercier des indications pré-
cieuses dont il a bien voulu nous aider dans le cours de
ce travail.

La l. 7 §§ 5 et 6, D. 27.9, donne la décision suivante :
§ 5 « Si obligavit rem tutor sine decreto, quamvis obli-
« gatio non valeat, est tamen exceptioni doli locus : sed
« tunc cum tutor acceptam mutuam pecuniam ei solverit,
« qui sub pignore erat creditor.» § 6 : « Idem videndum est,
« an obligare ei rem possit? Et dicendum est, si eumdem
« sortem acceperit, nec gravioribus usuris, valere obli-
« gationem, ut jus prioris creditoris ad sequentem tran-
« seat. » Ainsi : un tuteur, bien qu'il ne puisse hypothé-

quer sans décret le fonds du pupille, même dans l'intérêt de celui-ci, peut consentir subrogation à l'hypothèque sur le fonds du pupille, et on ne se contente pas même d'accorder au tiers mis en possession une exception de dol, on déclare l'hypothèque valablement consentie : c'est qu'il y a là non pas création d'une hypothèque nouvelle, mais simple transfert de l'hypothèque antérieure.

Les lois 12, D. 27.9 et 38, D. *de legatis* 3°, fourniraient l'une et l'autre un argument identique.

La l. 3, D. 20.3 ne paraît pas moins explicite. Paul, après avoir indiqué les conditions auxquelles est soumise la *successio in locum* consentie par le débiteur, nous dit : « Si antiquior creditor de pignore vendendo cum debitore « pactum interposuit, posterior autem creditor de dis- « trahendo omisit, non per oblivionem, sed cum hoc « ageretur ne posset vendere : videamus an dici possit « hoc usque transire ad eum jus pignoris, ut distraher « pignus huic liceat? Quod admittendum existimo. » Le second créancier n'ayant point stipulé du débiteur le droit de vendre le gage, il aura pourtant ce droit, grâce à la *successio in locum ;* ne faut il pas généraliser cette solution et dire que l'hypothèque du premier créancier passe au nouveau *telle quelle*, avec tous ses avantages spéciaux : droit de vendre, droit d'antichrèse, etc.....? La fin du texte paraît bien en effet confirmer cette idée, car Paul donne pour raison de sa décision que : « sœpe « quod quis ex sua persona non habet, hoc per extra- « neum petere potest. » Qu'est-ce à dire, sinon que le subrogé agit non pas *jure suo* mais *jure auctoris !*

Enfin, dit on, comment comprendre, dans la deuxième doctrine, l'application de la *successio in locum* au cas du *jus offerendæ pecuniæ?* Dans cette hypothèse, en effet, elle a lieu sans que le débiteur intervienne et même *invito creditore* (L. 12, § 6, *D. qui pot.* 20.4), on ne peut donc parler d'hypothèque préexistante du chef du subrogé, la théorie d'après laquelle il n'y aurait subrogation qu'au rang du droit hypothécaire éteint paraît être en défaut.

Nous repousserons d'ailleurs immédiatement une objection qui a été faite contre l'opinion que nous exposons, et qui manque, à notre avis, de portée : on a, en effet, accusé cette doctrine de manquer de logique, on a dit qu'il était « au moins surprenant que d'après ce système il y eut un cas de succession hypothécaire (1) (le cas du *jus offerendi* et *succedendi*) où un droit de créance étranger dut passer au successeur en même temps que le droit de gage, particularité d'autant plus inconcevable que toute cette partie du droit de gage doit son origine à l'art des jurisconsultes Romains, et qu'il est impossible de démontrer en cette matière une immixtion arbitraire du législateur » (2). Mais rien, ce nous semble, n'oblige les partisans de la première doctrine à prétendre que la *successio in locum* opère, au cas du *jus offerendi* et *succedendi*, le transport de l'action personnelle du créancier payé ; le subrogé, en effet, aura toujours de son chef un recours en pareille hypothèse, soit qu'on lui reconnaisse l'action *pigneratitia contraria*, soit qu'on lui permette d'user de l'action que les Romains accordent à quiconque a enrichi autrui à ses dépens (3).

Quoi qu'il en soit, et malgré la valeur incontestable

---

(1) Tel est le nom généralement donné en Allemagne aux divers cas de *successio in locum.*

(2) V. Dernburg. Das Pfandrecht. T. II, p. 493.

(3) Nous aurons, plus tard, à revenir sur ce point.

des arguments que nous venons d'indiquer, nous ne partageons pas l'opinion d'après laquelle le droit hypothécaire passerait d'un créancier à l'autre. Nous pensons que la *successio in locum* a seulement pour objet de faire entrer dans le rang hypothécaire du créancier désintéressé, le droit réel que le nouvel arrivant doit avoir de son chef.

Cette théorie n'est pas nouvelle en France car, bien que nous ne connaissions aucun livre qui lui ait consacré les développements qu'elle mérite, elle a déjà trouvé, notamment à la Faculté de Paris, des voix éloquentes pour la défendre, et nous sommes heureux de pouvoir citer à l'appui de notre opinion, l'autorité si imposante de notre aimé maître M. Labbé.

En Allemagne, notre théorie présentée, en 1848, par Mycielski (1), dans une dissertation publiée à Berlin, a été reprise il y a quelques années (en 1864) par Dernburg (2), qui l'a soutenue avec une grande force de conviction.

Notre rôle consistera donc surtout à reproduire les arguments présentés par ces auteurs, en nous efforçant toutefois de les compléter et même en les corrigeant quand cela nous paraîtra nécessaire.

Nous convenons que l'idée d'une *successio* au rang hypothécaire seul, peut paraître singulière, mais il faut pour apprécier sainement les théories des jurisconsultes romains, nous défaire de nos idées modernes pour nous pénétrer des leurs ; or, nous trouvons dans les sources un cas ou incontestablement ils admettaient ce qu'on nous permettra d'appeler une « Successio in ordinem (3). » La

----

(1) Mycielski. *De juris offerendi origine.*

(2) Dernburg. Das Pfandrecht. T. II, p. 490 et suiv.

(3) Cette expression n'est pas dans les textes, mais elle rend très-

l. 12, § 4, D. 20, 4, nous dit en effet : « Si tecum de hypotheca
« paciscatur debitor, deinde idem cum alio tua voluntate ;
« secundus potior erit : pecunia autem soluta secundo, an
« rursus teneatur tibi, recte quæritur? Erit autem facti
« quæstio agitanda, quid inter eas actum sit : utrum ut
« discedatur ab hypotheca in totum, cum prior concessit
« creditor alii obligari hypothecam : an ut ordo servetur,
« et prior creditor secundo loco constituatur. » Ainsi lorsqu'un créancier, garanti par une hypothèque, avait autorisé le débiteur à en concéder une seconde, il y avait lieu
d'examiner si dans l'intention des parties, le premier
créancier avait renoncé à tout droit sur la chose, ou s'il
avait seulement voulu concéder le premier rang à la
nouvelle hypothèque.

Partant de là pourquoi s'étonnerait-on que les jurisconsultes aient déclaré, dans certains cas, que celui qui
paierait un créancier hypothécaire en acquérant lui-même
un droit réel, obtiendrait de plein droit une *successio in
ordinem* du même genre?

Cette idée étonne moins encore si l'on veut bien remarquer que, dans plusieurs cas incontestés, il y avait
lieu à des successions tout à fait analogues, ayant aussi
pour objet, sinon le rang, au moins de simples *qualités*
d'une créance. C'est ainsi que nous verrons celui qui paie
un créancier privilégié succéder à son privilége (1), sans
que rien indique qu'il y ait cession de la créance même
(L. 24, § 3, D. 42, 5); nous avons dit également que dans
le cas de cession de biens, le créancier postérieur à cette

exactement notre pensée, et c'est celle qui se rapproche le plus de
l'expression des sources *successio in locum.*

(1) Sauf toutefois les réserves que nous ferons plus tard en ce
qui concerne les *privilegia personæ.* (V. p 109, n 1.)

cession succédait, s'il désintéressait un créancier anté
rieur, au droit qu'avait celui-ci de se faire payer sur les
biens cédés; enfin, une succession du même genre avait
lieu au profit du créancier qui, n'ayant pas le droit d'exercer l'action Paulienne, avait indemnisé l'un de ceux
auxquels appartenait cette action (L. 10, § 1, *D. Quæ in
fraud.*, 42, 8).

Ces exemples suffisent, ce nous semble, à défendre
notre opinion de tout reproche d'invraisemblance : mais
nous avons des preuves directes pour l'établir.

La première et la plus importante est celle-ci : Les Romains, lorsqu'ils parlent de la *successio in locum* consentie
par le débiteur, exigent comme première condition : Que
le nouveau créancier se fasse concéder une hypothèque,
et c'est cette hypothèque nouvelle qu'ils nous présentent
comme entrant dans le rang de celle qui disparait. Plusieurs textes nous paraissent formels en ce sens : la loi
12, § 5, D. 20, 4, dans le cas de novation nous dit : « Pa-
« pinianus, lib. 11, respondit : Si prior creditor, postea
« novatione facta, eadem pignora cum aliis acceperit, in
« suum locum succedere. » Ainsi, Papinien distingue deux
choses : 1° Il y a eu convention que le créancier aura
hypothèque sur les biens qui lui avaient été engagés avant
la novation. 2° Cette convention faite il y a de plein droit
successio in locum. La l. 8, D. 20, 3, n'est pas moins affirmative : Pour autoriser le second créancier à invoquer
le rang du premier qu'il désintéresse on exige qu'il ait
lui-même obtenu hypothèque : « Non aliter in jus pigno-
« ris succedet, nisi convenerit, *ut sibi eadem res esset obligata.* » Comment, en effet, réclamerait-il ce rang s'il n'a
pas lui-même un droit de gage : « Neque enim in jus
« primi succedere debet, qui ipse nihil convenit de pi-

gnore. » La loi 1, *C. de his qui in pr. Cred.*, 8, 19, vient
encore à l'appui de notre affirmation : « Non omnino
« succedunt in locum hypothecarii creditoris hi, quorum
« pecunia ad creditorem transit. Hoc enim tunc observatur :
« cum is qui pecuniam postea dat, sub hoc pacto credat,
« ut idem pignus ei obligetur, et in locum ejus succedat.
« Quod cum in persona tua factum non sit (judicatum est
« enim te pignora non accipisse) : frustra putas tibi auxilio
« opus esse constitutionis nostræ ad eam rem pertinentis. »
Que venez-vous, disent les empereurs au solliciteur, réclamer le bénéfice de la *successio in locum*, alors que vous
n'avez pas reçu d'hypothèque? Est il possible de mieux
établir la nécessité d'une constitution d'hypothèque, et
surtout de montrer que cette constitution d'hypothèque
est chose parfaitement distincte de la *successio in locum*?

Or, si nous avons prouvé que la *successio in locum* n'a
lieu qu'à la condition que celui qui la reçoit ait une hypothèque de son chef, que devient la théorie selon laquelle
la *successio* consiste dans le transport de l'hypothèque
même? Les Glossateurs (1) avaient vu la difficulté et
avaient cru la tourner en déclarant que le créancier subrogé avait deux hypothèques, l'une de son chef, l'autre
du chef de celui qu'il avait désintéressé, mais que signi-
fierait alors la nécessité de se faire concéder un droit de
gage rendu de suite inutile par l'obtention d'un droit de
même nature et préférable? Le ridicule d'une pareille
exigence suffirait à nous faire rejeter cette explication,
alors même que nous n'aurions aucun texte à lui opposer;
mais il n'en est pas ainsi, la loi 7, §§ 5 et 6, D., 27, 9,

____

(1) Bartole, in l. 1, D. *Quæ res pign.* Negusantius *de pign.*, p. 5,
m. 3, n. 45.

serait inconciliable avec ce système, car elle permet au tuteur de concéder un droit de *successio in locum* sur les biens du pupille, alors que de l'aveu de nos adversaires il ne peut les obliger sans décret (1)! Et si l'on répond qu'il suffit qu'il y ait convention d'hypothèque, que cette convention soit ou non efficace, nous objecterons la L. 2, *D. de Pign. Act.* 13, 7, qui, précisément dans cette hypothèse, dit au créancier : « Nihil te egisse constat, quia « rem alienam pignori acceperis, ea enim ratione empto- « rem pignus liberatum habere cæpisse, neque ad rem « pertinuisse, quod tua pecunia pignus sit liberatum. » Aussi le système des Glossateurs est il généralement abandonné aujourd'hui, et voici comment on propose d'expliquer nos textes :

Ils feraient seulement allusion à la nécessité où se trouve celui qui désire succéder à l'hypothèque antérieure, de stipuler expressément cette succession. A l'appui de cette interprétation on fait remarquer que la L. 1, C., 8, 19, ne se contente pas d'exiger une convention d'hypothèque et qu'elle dit : « Hoc tunc observatur : cum « is qui pecuniam postea dat, sub hoc pacto credat, ut « idem pignus ei obligetur, *et in locum ejus succedat.* » Mais tout au plus pourrait-on conclure de là qu'il ne suffisait pas d'obtenir une hypothèque nouvelle et qu'il fallait, en outre, réclamer la *successio in ordinem.* Nous avons fait remarquer, en effet, que tous les textes que nous avons

______

(1) Nous expliquerons, il est vrai, la l. 7, §§ 5 et 6, dans un tout autre sens, et nous admettrons parfaitement que le tuteur puisse, en ce cas, créer une obligation nouvelle, mais nos adversaires ne peuvent nous imiter puisque cette loi est précisément l'une de celles qu'ils invoquent pour démontrer que la *successio in locum* opère réellement le transfert de l'hypothèque antérieure. (V. p. 83.)

cités établissaient une distinction très-nette entre « de pignore convenire » et « in locum succedere, » et nous compléterons encore cette réponse en citant la L. 12, § 8, D., 20, 4. Cette loi est précisément rédigée comme la L. 1, C., 8, 19; elle aussi suppose que Tertius en prêtant de l'argent à Primus (premier créancier hypothécaire), a stipulé du débiteur « ut idem prædium ei pignori hypothecæve sit et *locum ejus subeat* », par conséquent il faudrait dans l'opinion que nous combattons, dire qu'il a stipulé *qu'il succéderait à l'hypothèque de Primus;* or, Marcien se demandant si la convention est valable, ne met en doute qu'un seul point : Tertius sera-t-il préférable à Secundus, second créancier hypothécaire? « Num hic me- « dius tertio potior est, et Tertius de sua negligentia quæri « debet? » Incontestablement Tertius aura une hypothèque, mais quel en sera le rang? Là est la difficulté. Eh bien, s'il était vrai que Tertius a seulement stipulé qu'il succéderait à l'hypothèque de Primus, comment comprendre cette division de la question? Ou Tertius succèderait à cette hypothèque et serait premier en rang, ou il ne l'obtiendrait pas, mais dans aucun cas on ne pourrait, en lui accordant l'hypothèque de Primus, mettre en doute qu'il soit préférable à Secundus.

Mais nous pouvons aller plus loin et trouver la preuve que les Romains exigeaient du second créancier qu'il reçût une hypothèque nouvelle, dans les applications mêmes qu'ils ont faites de ce principe. Deux lois surtout doivent être citées dans ce sens :

Dans la L. 2, *D. de Pig. Act.,* 13, 7 : Pomponius déclare que si le débiteur emprunte pour payer la dette d'un créancier hypothécaire, la convention en vertu de laquelle le nouveau créancier obtiendrait un droit de gage sur la chose ainsi libérée, sera entièrement nulle si l'immeuble a cessé d'appartenir au débiteur. N'est-il pas évident que cette solution serait sans intérêt pratique si l'on pouvait tourner la difficulté en convenant que l'on succédera à l'hypothèque du créancier payé? Rien, en effet, ne s'y opposerait et la décision de Pomponius deviendrait presque une naïveté (1).

Un argument du même genre se dégage de la L. 30, *D. de Novat.* (46, 3), ainsi conçu : « Paulus respondit : « Si creditor a Sempronio novandi animo stipulatus esset, ita ut a prima obligatione in universum discederetur : « rursum easdem res a posteriore debitore sine consensu « prioris obligari non posse. » Un créancier ayant consenti à nover l'obligation en changeant de débiteur, les hypothèques qui lui avaient été accordées en garantie de la première obligation ne peuvent être réservées à sa nouvelle créance que si le premier débiteur y consent. Rien de plus simple dans notre opinion : La novation ayant eu pour effet d'éteindre les hypothèques, on n'a pu en créer de nouvelles sans l'assentiment de l'ancien débiteur propriétaire des biens; comment faire, au contraire, concorder cette décision avec le système adverse? Pourquoi

______

(1) Dernburg (*loc. cit.*, p. 499) présente autrement cet argument : il pense que Pomponius raisonne dans le cas où il y aurait lieu à *successio in locum* si l'immeuble n'avait pas changé de maître, et c'est ainsi que Pothier entendait le texte (Int. T. XX, nᵒ 80. Aj. M. Demolombe, *loc. cit.*, nᵒ 301). L'argument devient plus direct, mais on pourrait répondre que le texte vise peut être le cas où la convention a pour objet de créer une hypothèque nouvelle, et non pas d'assurer au prêteur la *successio in locum*. Cette réponse serait peu sérieuse, il est vrai, le prêteur ayant trop d'intérêt à réclamer la *successio in locum* pour ne pas le faire; cependant nous avons cru préférable d'éviter l'objection.

les hypothèques anciennes ne pourraient-elles pas subsister pour aller se rattacher à la créance nouvelle? En
quoi le consentement du propriétaire serait il nécessaire?
Il a consenti ces hypothèques, il ne peut se plaindre de
ce qu'elles subsistent, puis qu'il n'a pas payé sa dette!

A ces arguments, que nous croyons décisifs, nous pouvons joindre l'indication de quelques textes dont les auteurs examinant les effets de la *successio in locum* ne paraissent traiter qu'une question de préférence : nous ne
rapporterons ici pour exemple que la L. 3, D. 20, 4 :
« Creditor acceptis pignoribus, quæ secunda conventione
« secundus creditor accepit, novatione postea facta, pi-
« gnora prioribus addidit : Superioris temporis ordinem
« manere primo creditori placuit, tanquam in suum lo-
« cum succedenti. » (Aj. LL. 16 et 21, *D. eod.*)

Passons à la réfutation des objections qui nous sont
opposées :

Nos adversaires tirent leur premier argument de trois
textes dont il paraît résulter que la *successio in locum* était
permise dans des cas ou une constitution d'hypothèque
nouvelle eût été prohibée. Nous nous contenterons d'expliquer à ce point de vue la L. 7, §§ 5 et 6, D., 27, 9, ce
que nous en dirons s'appliquant aux deux autres (V. LL. 12,
D., 27, 9 et 38, D. *de Leg.*, 3°).

La loi 7, §§ 5 et 6, suppose qu'un tuteur a hypothéqué
sans décret le fonds de son pupille, et bien que cette opération soit en principe nulle, elle accorde (§ 5) au créancier une *exceptio doli* si le prêt a eu pour objet de permettre au tuteur de payer un créancier gagiste antérieur.
Ulpien va même plus loin et (§ 6) déclare l'hypothèque
valable. Nos adversaires concluent de là que la *successio
in locum* a lieu sans création d'hypothèque nouvelle; le

nouveau créancier, disent-ils, acquiert seulement l'ancien droit de gage, l'opération ne tombe pas sous le coup de l'*oratio Severi*.

Mais si cette manière de voir était exacte, pourquoi le texte nous présenterait-il la solution comme une exception aux principes? S'il ne s'agissait pas de la création d'une hypothèque nouvelle, pourquoi Ulpien se demanderait-il : « An tutor oi obligare rem possit? » Pourquoi surtout n'aurait-on, au début, accordé, en pareil cas, qu'une exception de dol? Car la rédaction des §§ 5 et 6 semble bien indiquer qu'il y eût à ce sujet deux phases dans la légis lation romaine ! Il nous paraît donc résulter du texte, que nous sommes dans un cas où il est fait exception au sena-tus-consulte; et cette exception est, en effet, bien légi-time, car si notre opération se trouve rentrer dans la te-neur de l'*oratio Severi*, elle s'écarte profondément de son sens et de son génie. Le but de l'empereur, en effet, est de conserver au pupille ses immeubles dans l'état où ils lui sont parvenus, en défendant au tuteur de les aliéner ou engager sans la permission du magistrat; or de quoi s'agit-il dans notre espèce? Le tuteur crée bien un droit nouveau, mais ce droit prend la place d'un autre droit identique qui s'éteint : la situation de l'immeuble ne change pas; la rigueur du sénatus-consulte serait inutile et pourrait nuire au crédit du pupille.

On nous oppose, en second lieu, la L. 3, D. 20, 3, de laquelle il résulte, dit-on, que l'hypothèque du premier créancier passe au second avec toutes ses prérogatives. Mais avant de répondre à cet argument, essayons d'expli-quer la L. 3. Elle nous dit : « Si antiquior creditor de « distrahendo omisit, *non per oblivionem, sed cum hoc age-* « *retur ne posset vendere :* videamus an dici possit, hoc

« usque transire ad eum jus prioris ut distrahere pignus
« huic liceat? Quod admittendum existimo : sæpe enim
« quod quis ex sua persona non habet, hoc per extra-
« neum petere potest. » Tel qu'il est rédigé, et attribué à
Paul, ce texte nous paraît inexplicable aussi bien dans
une opinion, que dans l'autre, car on ne peut admettre
que le jurisconsulte se refuse à tenir compte de la volonté
des parties, lorsqu'elle a été manifestée d'une façon expresse. La preuve que le texte a été altéré peut, d'ailleurs,
se tirer des termes mêmes de la L. 3, car si les parties
avaient manifesté l'intention que le créancier payant ne
pût vendre le gage, Paul n'aurait pas pu dire correcte-
ment : « de distrahendo *omisit.* »

Nous pensons, quant à nous, que les commissaires de
Justinien ont altéré la solution donnée par le jurisconsulte et accordé le droit de vendre là où il le refusait. Ils
ont sans doute cru nécessaire d'accorder, en ce cas, le
droit de vendre, non pas parce que les principes de la
successio in locum le voulaient, mais parce que c'était la
seule façon de mettre, tant bien que mal, le texte de Paul
en accord avec le principe qui dominait à leur époque :
Que le droit de vendre est de l'essence du gage (L. 4,
D., 13, 7) (1).

Si, d'ailleurs, on se refuse à admettre cette conjecture,
nous ferons au moins remarquer que la solution de la L. 3,

____

(1) Dernburg (*loc. cit.*, p. 510) explique autrement la l. 3 : « Nous
« regardons, dit-il, comme interpolée, l'observation incidente con-
« tenue dans les mots *non per oblivionem, sed....*, etc. La cause de
« l'interpolation nous paraît être la suivante : D'après la doctrine
« de Paul (v. en effet : *Sent.* Pauli II, 5, § 1), celui qui négligeait
« de réclamer un *pactum de vendendo*, ne pouvait en principe pro-
« céder à la vente directement, il devait auparavant faire trois dé-
« nonciations; il avait donc avantage à pouvoir se référer au pacte
« de son prédécesseur. Sous Justinien, au contraire, le créancier

si choquante qu'elle soit, étonne encore moins dans notre théorie que dans celle que nous combattons : on peut comprendre, à la rigueur, que le second créancier, bien qu'ayant reçu une hypothèque nouvelle dénuée du droit de vendre, trouve dans la loi une vocation qui lui attribue le bénéfice du pacte dont jouissait à cet effet son prédécesseur, mais personne n'admettra jamais qu'en présence d'une convention comme celle-ci : « Je succèderai à l'hypothèque du créancier que vous allez payer de mes deniers, mais je renonce au droit de vendre, » un jurisconsulte tel que Paul puisse m'autoriser à vendre.

Mais nous irons plus loin encore : Supposons que de ce texte on doive conclure qu'à l'époque où le créancier ne pouvait vendre sans pacte, le prêteur qui avait négligé de s'en faire concéder un, pouvait user de celui de son prédécesseur, ou même que du temps de Paul il pût l'invoquer pour se dispenser de faire au débiteur trois dénonciations préliminaires. Il ne résulterait pas de là que la *successio* opère le transfert de l'hypothèque elle-même. Nous verrions dans ces décisions une pure et simple in-

« gagiste qui ne s'était point fait donner plein pouvoir de vendre « avait néanmoins le droit de vendre; si donc on voulait, dans la « compilation, conserver le passage de Paul, on devait supposer le « cas où les parties avaient voulu prohiber la vente. »
Mais cette interprétation est inadmissible, en présence des expressions de la l. 3 : la question est nettement posée ; il ne s'agit pas de savoir si le second créancier devra ou non, pour vendre, faire des dénonciations; Paul se demande *s'il pourra vendre* « an « distrahere huic liceat ? » Quant à l'idée subtile d'après laquelle celui qui ne peut vendre qu'après des dénonciations n'aurait pas réellement le droit de vente, elle est condamnée par Ulpien, qui écrivant à une époque où, en l'absence d'un Pactum de vendendo, il faut, pour vendre, faire des dénonciations, nous dit (l. 4, D. 13.7): « Et si non convenerit de distrahendo pignore, hoc tamen jure « utimur, ut liceat distrahere. »

terprétation de la volonté des parties, interprétation facile à justifier du reste ; aussi ne consentirions nous pas à étendre, comme le voudrait l'opinion contraire, cette solution aux autres avantages dont jouirait le créancier payé.

Il ne nous reste donc plus qu'à répondre au troisième argument de nos adversaires ; le voici dans toute sa force : Si, nous disent ils, on peut comprendre votre théorie quand la *successio in locum* est consentie par le débiteur, on ne peut plus l'admettre dans les deux autres ou cette institution s'applique. Dans l'un, en effet, il s'agit de l'acheteur de l'immeuble engagé qui a payé son prix entre les mains des créanciers hypothécaires, et les textes nous disent (1) qu'il obtient la *successio in locum* sans avoir besoin de « convenire de pignore ; » dans l'autre, c'est un créancier hypothécaire qui exerce le « jus offerendi et succedendi, » et la loi 12, § 6, D., 20, 4, nous apprend qu'il peut le faire même « invito debitore ; » il est donc impossible, dans un cas comme dans l'autre, de parler d'un droit de gage nouvellement acquis, et si l'acquéreur ou le créancier payant peut invoquer le rang de celui qu'il a désintéressé, c'est qu'il a succédé au droit hypothécaire de ce créancier !

L'objection est des plus sérieuses ; il faut la résoudre ou renoncer à notre théorie. Occupons-nous donc successivement du cas de l'acquéreur, puis de l'hypothèse du « jus offerendi. »

L'acheteur, cela est vrai, n'a pas de son chef une hypothèque, mais il a mieux qu'une hypothèque, il a le premier des droits réels, le droit de propriété. C'est ce droit

____

(1) V. en effet la 1. 3, D. 20.3, « quo casu emptoris causa melior « efficietur. »

qui vient prendre la place des hypothèques éteintes par lui, non pas sans doute pour faire regarder l'acheteur comme un créancier hypothécaire ordinaire, mais pour lui assurer le remboursement de son prix d'achat en lui permettant, soit de refuser de se dénantir de la chose tant qu'on ne l'aura pas indemnisé, soit de se faire colloquer sur le prix dans le rang des créanciers désintéressés, dans les cas ou les autres peuvent faire vendre le gage (1).

Cette explication, si simple en elle-même, est, d'ailleurs, parfaitement conforme à l'équité et aux expressions des textes : à l'équité, car il serait injuste que les créanciers derniers en rang, prétendissent profiter du paiement fait par l'acheteur ; aux textes, car ils nous présentent cette *successio in locum* comme un simple moyen de protection accordé à l'acheteur : « Eum qui a debi- « tore suo prœdium obligatum comparavit, eatenus tuen- « dum quatenus ad priorem creditorem ex pretio pecu- « nia pervenit. » (L. 17 ; D., 20, 4. Aj. L. 3, C. 8, 19). On comprend aussi dans ce système pourquoi la loi 3, qui oblige le prêteur, pour obtenir la successio in locum à « convenire de pignore, » déclare qu'il n'en est pas de même de l'acheteur, son droit de propriété remplace l'hypothèque nécessaire au prêteur ; dans l'opinion que nous combattons, au contraire, comment expliquera-t on cette différence entre le prêteur et l'acheteur : le premier étant obligé de réclamer la *successio in locum* pour y avoir droit, le second en étant dispensé ?

Mais nous avons un reproche plus grave encore à adresser à nos adversaires. A les en croire, les Romains

(1) Nous reviendrons plus tard sur les diverses manières qu'aura l'acquéreur d'invoquer la *successio in locum*.

auraient violé les principes les plus respectés parmi eux, et cela d'une façon quasi inconsciente, sans prendre la peine d'expliquer ces dérogations! Le premier résultat de la théorie que nous repoussons serait, en effet, d'admettre qu'un propriétaire peut avoir hypothèque sur sa propre chose, or, si cette idée nous étonne encore aujourd'hui que le Code l'a définitivement admise, comment comprendre que les Romains, toujours si logiques, l'aient acceptée sans paraître même en soupçonner l'étrangeté.

A ceux, enfin, qui s'étonneraient de voir le droit de propriété jouer ici le même rôle qu'un droit d'hypothèque, nous ferons remarquer que le droit de propriété dont il s'agit ici, est tout à fait spécial, et qu'il présente précisément, à d'autres points de vue, les plus grandes analogies avec le droit de gage. C'est ainsi, par exemple, que les créanciers inférieurs pourront, après avoir désintéressé l'acheteur, vendre ce bien sans que l'acheteur, ainsi dépouillé, puisse inquiéter le nouvel acquéreur, absolument de même que le premier créancier hypothécaire perd tout droit sur la chose, lorsque le second exerce à son égard le *jus offerendi*. Le droit de propriété nous apparaît donc ici comme une *garantie* du prix payé par l'acquéreur (1), garantie accessoire qui s'éteint quand le prix est remboursé (L. 3, D., 20, 5); et cette assimilation, dans notre cas, du droit de propriété au droit d'hypothèque était si bien dans l'esprit des Romains, que Papinien, voulant nous expliquer la solution de la loi 3, D. 20, 5, nous dit : « Nihil interest debitor pignus « datum vendidit, an denuo pignori obliget (2). »

(1) On trouve d'ailleurs dans les sources d'autres exemples de cas où le droit de propriété joue le rôle de simple garantie. (V. par ex. la l. 12, § 12, D. *de captivis*, 49.15, et les ll. 2 et 5, D. 20.5.)

(2) Faisons remarquer, en passant, combien cette expression

Si nous passons maintenant à l'hypothèse ou un créancier exerce contre un autre le *jus offerendi et succedendi*, nous trouvons une nouvelle confirmation de notre théorie.

Il n'est pas nécessaire, en effet, pour que le créancier payant obtienne une hypothèque nouvelle que le débiteur intervienne et la lui concède ; nous allons le montrer en rappelant les principes admis par les Romains dans le cas ou le créancier gagiste avait fait des dépenses sur la chose. Ces principes les voici en peu de mots : Le créancier, au moins lorsqu'il avait fait des dépenses nécessaires, pouvait, pour en obtenir le remboursement, invoquer son droit d'hypothèque antérieur ; ces dépenses venaient en quelque sorte grossir la créance primitive (L. 6, C. *de Pign. et hyp.*, 8, 14), elles en étaient comme un accessoire (2), et de même que cette créance, elles jouissaient de la garantie hypothécaire (3). Tout porte à croire qu'il en était de même des dépenses utiles (L. 25, D. 13, 7). Quoi qu'il en soit, nous croyons que les Romains ont appliqué cette théorie dans le cas du *jus offerendi* (4). Le créancier qui en paie un autre, conserve souvent, améliore toujours la chose, il était équitable de le regarder comme ayant augmenté sa créance hypothécaire dans la mesure de son déboursé ; il était même juste d'empêcher

« *denuo* pignori obliget, » qui s'applique évidemment au cas de la *successio in locum* du prêteur, cadre bien avec notre théorie générale.

. (2) On accordait aussi au créancier une action personnelle, l'action *pigneratitia contraria* dont nous n'avons pas à nous occuper ici (l. 8 pr. D. 13.7).

(3) Il ne faudrait pas dire, du reste, qu'il ne s'agit que d'un simple droit de rétention, car le créancier pouvait *vendre* le gage pour se rembourser de ses impenses. (L. 8, § 5, D. 13.7.)

(4) Nous avons d'ailleurs la preuve qu'ils l'avaient déjà appliquée à des dépenses n'ayant pas pour but la conservation *matérielle* de la chose. (L. 6. C. 8.14.)

les autres créanciers de s'enrichir à ses dépens, et les Romains y sont précisément arrivés en déclarant que la partie du droit hypothécaire qui se rapporterait aux dépenses ainsi faites, prendrait le rang du droit éteint (1).

Cette théorie qui a sur celle de nos adversaires le grand avantage de ne violer aucun principe, est encore confirmée par la façon dont les textes nous parlent du *jus offerendi et succedendi*. Il ressort, en effet, des expressions d'un grand nombre d'entre eux, que la *successio in locum* ne produit d'autre effet qu'une *confirmation*, ou même une *extension* du gage antérieur (2). Les lois 12, § 6, D. 20, 4 et 22, C. 8, 14, sont surtout remarquables à ce point de vue. La première nous dit : « Sciendum est, se-
« cundo creditori rem teneri tam in suum debitum quam
« in primi creditoris... » La seconde : « Secundus credi-
« tor offerendo priori debitum confirmat sibi pignus : et
« a debitore sortem ejusque tantum usuras... accipere
« debet. » Il y a entre les expressions de ces deux textes et celles de la loi 6 C. 8, 14 (dont le sens n'est pas douteux), une analogie qui nous paraît décisive.

Enfin, si quelque doute subsistait, nous ne croyons pas qu'il puisse résister à l'examen de la loi 12, § 12 D. *de Captivis*, 49, 15. On sait que lorsque l'esclave d'un Romain tombait en captivité, celui qui le rachetait acquérait sur lui un droit de propriété ; ce droit s'évanouissait par le remboursement du prix d'achat. Le créancier gagiste avait, d'ailleurs, comme l'ancien propriétaire, le droit de faire ce remboursement, et dans ce cas, nous

---

(1) La l. 12, § 5, D. 20.4, nous offre un exemple d'une scission de ce genre ; un même droit hypothécaire ayant un meilleur rang pour une partie de la dette que pour l'autre.

(2) V. lois 1 et 5, C. 8.18. 22, C. 8,14. 6, D. 20.5.

dit Tryphoninus : « Post demissum redemptorem, in ve-
« terem obligationem revertitur : et si creditor obtule-
« rit ei, qui redemit, quanto redemptus est, *habet obli-*
« *gationem et in porpriorem debeti causam et in eam*
« *summam qua eum liberavit.* » Ainsi, le droit de propriété du *redemptor* disparaît, ce droit ne passe pas au
créancier gagiste, mais ce créancier voit son droit d'hypothèque s'étendre et embrasser outre sa créance primi
tive, la créance nouvelle qui résulte de l'avance qu'il
vient de faire. Or, qu'on le remarque bien, nous sommes
dans un cas tellement analogue à celui du *jus offerendi et*
succedendi, que cette seule partie du texte suffirait à notre
démonstration ; mais le jurisconsulte va plus loin : Tout
se passe donc, dit-il, comme s'il s'agissait d'un créancier
postérieur qui désintéresserait le créancier antérieur, afin
de consolider son gage : « Quasi ea obligatione quadam
« constitutione inducta, ut cum posterior creditor priori
« satisfacit confirmandi sui pignoris causa. ›

Nous pouvons donc, en nous résumant, déclarer qu'à
notre avis, la *successio in locum,* en matière hypothécaire,
a pour résultat non pas de faire acquérir au subrogé l'hypothèque du créancier payé, mais seulement de faire
entrer dans le rang de l'hypothèque qui disparaît, le
droit réel que le subrogé doit acquérir de son chef au
moment du paiement (1).

(1) Notre travail était déjà terminé et soumis à l'examen de notre
président, lorsque parut le traité de M. Jourdan sur l'hypothèque
en droit romain. Nous sommes heureux de trouver dans l'ouvrage
du savant professeur de la Faculté d'Aix, la confirmation de la
théorie que nous venons d'essayer d'établir ; mais nous regrettons
vivement que la publication trop récente de cet excellent travail
ne nous ait pas permis de profiter des utiles renseignements qu'il
renferme sur notre sujet.

CHAPITRE II.

La *successio in locum* avait-elle lieu de plein droit, ou fallait-il la requérir? La solution de cette question offre le plus grand intérêt au point de vue des développements que nous avons encore à présenter.

Personne ne conteste que la *successio in locum* s'opère de plein droit dans le cas de l'acheteur qui paie son prix aux premiers créanciers, ou dans l'hypothèse du *jus offendi* : les lois 3, D. 20, 4 et 12, § 6, D. 20, 4, ne laissent aucun doute à cet égard.

Mais il n'en est plus de même quand il s'agit de la *successio in locum* au profit d'un tiers qui prête de l'argent pour payer un créancier; la plupart des auteurs enseignent que, dans ce cas, la *successio* doit être requise.

Cette opinion, d'ailleurs, ne nous étonne pas : elle s'impose à quiconque soutient que notre bénéfice consiste dans le transfert des droits hypothécaires antérieurs au nouveau créancier, sous peine de renoncer à expliquer les divers textes qui exigent une *conventio de pignore* entre le créancier et le débiteur. Mais nous devons reconnaître que cette doctrine pourrait être soutenue par ceux mêmes qui partageraient notre manière de voir sur la nature de la *successio in locum*. Deux textes, en effet, (les lois 12 § 8, D. 20, 4 et 1, C. 8, 19) paraissent compter parmi les conditions nécessaires pour l'obtenir, l'existence d'un pacte ainsi conçu : « Ut idem pignus ei obli-

« getur, et in locum ejus succedat, » et la loi 1, C. 8, 19,
semble d'autant plus probante que les empereurs Sévère
et Antonin, y énoncent formellement l'intention d'indiquer les formalités à remplir pour *succedere in locum* :
« Hoc enim tunc observatur, cum... »

Nous ne croyons pourtant pas cette opinion exacte;
la *successio in locum* s'opère, à notre avis, de plein droit,
sans que l'on soit obligé de la réquórir.

Cette doctrine présente le grand avantage de ne pas
introduire la division dans une matière qui nous apparaît
parfaitement une à tous les autres points de vue; il serait
difficile, en effet, d'expliquer pourquoi cette formalité de la
réquisition serait nécessaire dans l'un des cas de *successio*,
et non pas dans les autres. Elle est aussi plus logique,
car on comprendrait difficilement que le débiteur pût
disposer du rang hypothécaire qui devient vacant ; la loi
seule peut le faire. Quant aux textes que l'on nous oppose, ils sont loin d'être probants, et nous sommes en
droit de ne voir, dans leurs termes, qu'une surabondance
de développements, bien justifiable d'ailleurs si l'on
considère que le but évident des parties est précisément
d'arriver à la *successio in tocum* (1).

Enfin, plusieurs passages des sources établissent nettement notre opinion (LL. 3, D. 20, 4 et 12, § 5 *eod.*) (2).
Nous citerons tout particulièrement la loi 3, D. 20, 3,
car dans ce texte aussi, Paul prétend indiquer les condi-

____

(1) La seconde partie de la 1. 1, C. 8.19 paraît, du reste, très-
conforme à notre explication.

(2) Ces deux lois visent, il est vrai, le cas de novation, mais dans
cette hypothèse le débiteur intervient, aussi bien que dans celle
dont nous nous occupons, une différence entre les deux cas serait
inexplicable.

tians à remplir pour *succedere in locum*, et il ne mentionne pas la nécessité d'une réquisition ; or, nous ne pouvons admettre que le jurisconsulte ait commis un pareil oubli !

Nous serons donc guidés dans les développements qui vont suivre, par les deux idées suivantes :

1° Le créancier pour *succedere in locum* doit, avant tout, être muni d'nn droit susceptible d'être amélioré par notre bénéfice. Il lui faut donc avoir : soit une créance hypothécaire. soit une créance pure et simple, selon qu'il doit obtenir le rang de l'hypothèque éteinte ou le privilége de la créance payée.

2° Cette condition remplie, si l'on est dans un des cas où la loi accorde la *successio in locum*, l'amélioration s'opère de plein droit.

CHAPITRE III.

DES CAS DE SUCCESSIO IN LOCUM QUI ONT SERVI D'ORI-
GINE A LA SUBROGATION.

Ces divers cas, nous l'avons dit, ont ceci de commun que la *successio in locum* y est accordée dans le but d'assurer le remboursement de celui qui a fait une avance pour désintéresser un créancier. Mais cette avance peut être faite par diverses personnes, et dans l'intérêt de divers créanciers; de là un assez grand nombre de situations différentes, avec lesquelles pourront varier les conditions à remplir ponr obtenir la *successio in locum*. Nous supposerons donc successivement que l'argent est fournï :

1° Par un tiers, pour désintéresser un créancier hypothécaire ou privilégié.

2° Par l'acheteur d'un bien, pour payer les créanciers qui ont hypothèque sur ce bien.

3° Par un créancier pour en solder un autre (*jus offerendi et succedendi*).

SECTION I.

Les deniers sont fournis par un tiers.

Nous devons distinguer, selon que le payé est un créancier hypothécaire ou un créancier privilégié.

a) Au premier cas, la *successio in locum* a pour objet de faire obtenir au tiers le rang hypothécaire de celui qu'il désintéresse. Do là les conditions suivantes :

1° Il doit, avant que le paiement soit effectué, se faire concéder par le débiteur une hypothèque sur le bien déjà engagé au créancier qui va être soldé.

2° Il peut agir de deux manières : ou par l'intermédiaire du débiteur, auquel il prêtera l'argent sous condition qu'il sera remis au créancier, ou en le remettant lui-même à ce créancier (1); mais, dans ce second cas, il ne pourra le faire que *mandante debitore*. Cette condition résulte, en effet, de la première. car il ne pourrait, s'il payait à titre de gérant d'affaire, obtenir hypothèque avant le paiement !

Outre ces deux conditions, qui résultent de la nature même de la *successio in locum*, les Romains en exigeaient, avec raison, deux autres :

3° Le tiers devait prouver que les deniers étaient parvenus au créancier (L. 1, C. 8, 19). Cette preuve pouvait, d'ailleurs, se faire par tous moyens.

4° Il fallait que cet emploi de son argent par le débiteur eût été convenu à l'avance (12, § 8, D. 20, 45 et 3, D. 20, 3), car on ne pouvait admettre que la *successio in locum* fut accordée après coup et par l'effet du hasard !

b) Si le créancier payé est un créancier privilégié, la *successio in locum* a pour objet de faire succéder le tiers au privilége qu'avait le payé : dès lors que deviendront les quatre conditions que nous venons d'indiquer ?

1° Pour la première, elle disparaît évidemment; le tiers n'a plus besoin de se faire concéder une hypothèque, puisque le privilége ne s'applique qu'aux créances personnelles (2).

(1) Ce second procédé n'est pas indiqué par les textes, mais il n'existe aucune raison de l'exclure.

(2) Il n'y a pas, dans toute cette matière, à distinguer les

2o Sûrement encore ici le tiers peut employer les deux procédés que nous avons signalés : ou effectuer le paiement par l'intermédiaire du débiteur, ou l'opérer directement; ce second procédé est même celui que le seul texte que nous possédions en cette matière, paraît supposer de préférence (L. 24, § 3, D. *de Rebus auct. jud.*, 42, 5).

Mais, si le tiers paie lui même le créancier, ne faut-il lui accorder la *successio in locum* qu'autant qu'il a fait ce paiement sur le mandat du débiteur? Evidemment non : Et d'abord, s'il a agi dans l'intérêt du débiteur, à titre de gérant d'affaires et sans que ce dernier s'y oppose, il n'y a aucune raison pour lui refuser le bénéfice de la *successio*, mais nous irons plus loin : alors même qu'il aurait payé *invito debitore*, nous croyons qu'il aurait le même bénéfice dans l'opinion de ceux qui lui accordaient en pareil cas une action utile. Sous Justinien du reste, la question ne serait pas douteuse : dépourvu de toute action il ne pourrait parler de *successio in locum* !

Si le tiers avait payé, soit *invito debitore*, soit même sans opposition formelle du débiteur, mais dans son intérêt personnel, nul doute qu'il faille lui refuser le bénéfice de la *Successio*, car si la L. 6 § 3 D. *de neg. gest* (3,5) lui accorde en pareil cas une action en recours pour empêcher le débiteur de s'enrichir à ses dépens, elle qualifie d'*improba* son immixtion dans les affaires de ce débiteur.

3° et 4° Quant aux deux dernières conditions, il est évident qu'elle s'appliquent à notre cas tout comme au précédent. Le tiers doit, en conséquence, établir l'em

créances hypothécaires privilégiées des créances hypothécaires ordinaires.

ploi des deniers avancés ou le paiement fait par lui, et
dans le cas où c'est le débiteur qui effectue le remboursement, il faut que cette opération soit le résultat d'une
convention passée à l'avance entre lui et le prêteur (1).

Nous n'insisterons pas d'ailleurs sur les avantages que
pouvait présenter au point de vue du crédit cette application de la *successio in locum*. Faisons seulement remarquer
que les variations successives qui se produisirent dans la
fixation du taux de l'intérêt à Rome, durent lui donner
à plusieurs reprises une utilité analogue à celle qui motiva
l'ordonnance de 1609.

SECTION II.
Les derniers sont fournis par un acheteur.

L'hypothèse est célèbre; c'est elle qui a passé dans
notre article 1251-2°. L'acheteur d'un bien hypothéqué
au lieu de remettre son prix d'achat au débiteur, le dis-
tribue aux premiers créanciers hypothécaires, ou du
moins en le livrant au vendeur, il stipule que cette distribution sera faite. Ces précautions lui procurent un
moyen de se défendre contre les autres créanciers non
payés « contra eas qui inferiores fuerunt, justa défensione
« se tueri potest. » (L. 3 C. 8,19). Sans doute il ne les prive
pas de leur droit hypothécaire, mais son droit de pro-

---

(1) Il faut évidemment appliquer en matière de *successio in locum*
l'observation que nous avons déjà présentée sur le bénéfice de cession d'actions : Les priviléges ne peuvent passer au tiers qui paie
ou prête les deniers pour payer le créancier, que s'il s'agit de *privilegia causæ*, mais non s'il s'agit de *privilegia personæ*. (V. notre
page 70 et les lois 42, D. *de adm. et per tut.*, et 68 et 196, D. *de
regulis juris*, 50.17.)

priété lui sert de garantie et prend à cet effet la place des hypothèques éteintes.

A quelles conditions cette *successio in locum* sera-t-elle soumise?

L'acheteur ayant, en vertu de la vente, un droit réel susceptible de prendre la place des hypothèques qu'il va éteindre, rien ne l'empêche de payer directement les créanciers. Sans doute il peut, nous l'avons dit, effectuer cette opération par l'intermédiaire du vendeur (L. 3 C. 8,19), mais il n'y est pas obligé. (V. en ce sens les termes généraux de la l. 17, D. 20. 4). Il n'aura donc que trois conditions à remplir : les deux premières seront exigées de quelque façon qu'il agisse ; la troisième sera spéciale au cas ou il paierait par l'entremise du vendeur.

1 Il devra prendre soin de ne payer ou faire payer son prix aux créanciers qu'après avoir été rendu propriétaire ; sinon, se trouvant dépourvu de tout droit réel, il ne pourrait parler de succéder *in locum*.

2° Il devra faire la preuve que son prix a été employé a désintéresser les créanciers (L. 3, C. 8, 19 et l. 17. D. 20, 4).

3. Enfin s'il n'opère pas lui-même la distribution, il devra établir qu'en l'effectuant le débiteur n'a fait qu'exécuter la convention intervenue entre eux. Cette dernière exigence résulte de la l. 3 C. 8,19. « Si priores creditores « pecunia dimissi sunt, quibus obligata fuit possessio, « quam emisse te dicis, *ita ut pretium* perveniret ad « eosdem priores creditores, in jus eorum successisti. » Elle se justifie d'ailleurs par la même raison que nous avons présentée plus haut (Sect. Ire, lettre *a*, 4°, p. 107).

Ce cas de *successio in locum* étant tout à fait particulier et exceptionnel, il nous parait intéressant de montrer de quelle façon il opèrera.

Dans la doctrine que nous avons combattue, et suivant laquelle c'est l'hypothèque même du créancier payé qui passe à l'acheteur, il semble logique de penser que l'acheteur, se trouvant muni de la première hypothèque a seul le droit de vendre le gage, et est par conséquent à l'abri des poursuites des autres créanciers hypothécaires. Ces derniers n'ont du reste pas le droit de se plaindre, leur situation n'est pas changée, et le droit qu'ils conservent d'exercer à l'égard de l'acquéreur « le jus offerendi et succedendi », empêche que la protection accordée à ce dernier ne devienne abusive. Toutefois nous nous demandons ce que l'on déciderait dans ce système au cas où l'acheteur vendrait le gage? Serait-il comptable à l'égard des créanciers derniers en rang de la partie du prix de vente qui excéderait ce qu'il à lui-même déboursé? On pourrait être tenté de le croire, car nos adversaires font du tiers détenteur un véritable créancier hypothécaire ; mais, il nous parait préférable de repousser cette solution, parce qu'en l'admettant on retournerait contre le tiers détenteur, le bénéfice que la loi lui accorde.

Quand à nous, voici comment nous pensons que les choses se passaient :

L'acheteur avait il été mis en possession? Il avait une exception pour s'y maintenir jusqu'à parfait remboursement : le second créancier avait donc bien le droit de vendre le gage, mais le nouvel acheteur ne pouvait se mettre en possession qu'en désintéressant le premier.

Si l'acheteur n'avait pas reçu la possession ou s'il l'avait perdue, il pouvait, en général, exercer la *rei vindi-catio*, et répondre à l'exception que lui opposait le créancier hypothécaire détenteur par une réplique fondée sur la *successio in locum*. S'il exerçait cette action trop tardivement, c'est-à-dire quand la chose avait été vendue et livrée au deuxième acheteur, où s'il ne pouvait pas réclamer la possession (1), il avait toujours le droit, après la vente de la chose, d'exercer contre le créancier qui en avait reçu le prix tous les droits qu'auraient eus les créanciers hypothécaires par lui désintéressés.

Enfin, si l'acheteur vendait lui-même le gage, il n'était en rien comptable du prix envers les créanciers postérieurs. Le doute, en effet, n'est pas possible dans notre opinion, puisque cet acheteur n'est pas, selon nous, un véritable créancier hypothécaire. Cette solution est d'ailleurs la seule conforme à la nature des choses et au but de la *successio in locum* dans notre hypothèse ; et les créanciers postérieurs ne sauraient s'en plaindre puisqu'ils peuvent vendre le gage sans être obligés d'exercer le *jus offerendi* à l'égard du premier acquéreur.

Quant au nouvel acheteur, il recevait évidemment la propriété telle qu'elle existait entre les mains de son vendeur ; il jouissait donc des moyens qu'avait le premier acquéreur pour obtenir son remboursement ; mais ces moyens ne le garantissaient évidemment que dans la mesure du prix du premier acheteur, à moins qu'il n'eût lui-aussi imposé à son vendeur l'obligation de distribuer aux créanciers l'excédant du prix de vente sur le

---

(1) Si par exemple il avait, par erreur, payé son prix au second créancier hypothécaire et se trouvait revendiquer contre le premier.

prix d'achat, ou qu'il n'eût fait lui-même cette distribution.

Nous sommes maintenant à même de nous occuper d'une question que nous avons signalée rapidement dans notre première partie, en promettant d'y revenir lorsque nous aurions étudié la *successio in locum*.

Nous avons vu que le tiers détenteur d'un immeuble hypothéqué a le droit, lorsque, faute d'avoir pris les précautions exigées par la loi, il se trouve obligé de payer de ses deniers un créancier hypothécaire, d'exiger de ce créancier la cesion de ses actions, il y trouve, en effet, un aide efficace pour l'exercice de son recours en garantie contre le vendeur. Mais, cette cession d'actions, était-il obligé de la requérir ou avait-elle lieu de plein droit ?

Nos anciens auteurs reconnaissaient que les textes étaient, sur ce point, contradictoires ; les lois 12, § 19 ; D., 20, 4, leur paraissaient inconciliables avec les L. 17; D., *eod.*, et 13, *C.*, 8, 19. Comme il fallait cependant prendre un parti, deux explications avaient été proposées. Renusson (*Subr.* ch. V, §§ 2 à 7) donnait la préférence aux LL. 17 D., 20, 4 et 3 C., 8 19, et pensait que le tiers détenteur était subrogé de plein droit. Quant à la L. 19, D., 20,4, elle faisait, d'après lui, exception à ce principe, parce qu'elle visait le cas particulier ou le tiers détenteur de l'immeuble hypothéqué était lui-même tenu de la dette pour partie ; or, dans ce cas, disait Renusson, s'il paie purement et simplement sans requérir la subrogation : « c'est qu'il s'est contenté de l'action *negotiorum gestorum*, ou de l'action *familiæ erciscundæ*, ou de l'action en garantie qui peut procéder du partage (1). » Cette

(1) Renusson. Subrog. Ch. V, § 17.

doctrine, qui en somme n'expliquait rien (car on ne voit pas pourquoi le tiers détenteur ne serait pas aussi présumé se contenter de son action en garantie), cette doctrine paraissait si évidente à son auteur, qu'il blâmait vertement Mᵉ Charles Loyseau d'avoir, en son traité du déguerpissement (1), généralisé la solution de la loi 19, en refusant la subrogation à tout tiers détenteur qui ne la réclamait pas. « Cet auteur, dit Renusson, quoiqu'il ait fait voir beaucoup de suffisance et de capacité dans les matières qu'il a traitées, néanmoins, de la manière qu'il s'est expliqué en celle ci, dont il n'a parlé que *per transennam*, on peut dire, sans vouloir rien diminuer de sa réputation, qu'il ne l'avait pas digérée ni approfondie, et qu'il ne la sçavait pas » (*loc. cit.*, n° 14).

Pothier conciliait autrement nos textes : Sans se rendre un compte exact de la distinction qui existe entre le bénéfice de cession d'actions et la *successio in locum*, il avait très-bien vu que la L. 19. D., 20, 4 appliquait le droit commun, tandis que les L. 17, D. et 3, C. visaient un cas exceptionnel (2). Il invoquait, pour le prouver, l'autorité de la L. 12, § 1 ; D., 20, 4 (3). Marcien nous dit dans ce texte : « Si quoniam non restituebat rem pigne-« ratam possessor, condemnatus ex præfatis modis litis « æstimationem exsolverit, an perinde secundo creditori « teneatur, *ac si soluta sit pecunia priori creditori*, quæritur ?

---

(1) Titre de l'action mixte. Liv. II, chap. V, nᵒˢ 18 et 23.

(2) Pothier. Intr. au titre 20, Cout. Orl., n° 73.

(3) Il est remarquable que Pothier paraît avoir été le premier à introduire ce texte dans le débat : Renusson, qui traite longuement notre question, ne mentionne pas cette loi si contraire à son système.

« **Et** recte puto hoc admittendum esse (1). » De ce texte, il résulte que lorsqu'un tiers détenteur a payé le premier créancier hypothécaire, il reste néanmoins tenu envers le second. Pothier, pensant que le texte supposait que ce tiers détenteur avait payé purement et simplement, en concluait que la cession d'actions n'avait pas lieu de plein droit. Quant aux lois 17, (Dig.) et 3 (Code), Pothier nous dit qu'elles ne contrarient pas son système, « car elles ne sont pas dans la thèse générale d'un tiers acquéreur qui a payé un créancier hypothécaire. Dans l'espèce de la L. 3 ; C., 8 19, le tiers acquéreur avait acquis avec la clause que le prix de son acquisition serait employé à payer un créancier hypothécaire, et c'est en vertu de cette clause qu'il acquiert la subrogation... On doit supposer la même clause dans l'espèce de la loi 17, *pour la concilier avec la susdite loi* 12, § 1er » (2).

Quant à nous, voici comment nous ferons à chacun des textes précités la part qu'il convient de lui attribuer :

La L. 19, D., 20, 4, nous présente une application pure et simple du droit commun en matière de cession forcée. Le tiers acquéreur, lorsqu'il paie un créancier hypothécaire, a le droit d'exiger de lui la cession de ses

(1) Ce texte est, en lui même, très-curieux, et on ne voit pas au premier abord comment la question qu'il résout pourrait être douteuse. Il nous paraît probable que Marcien l'a écrit pour faire exception au principe que le tiers qui acquiert la chose du premier créancier hypothécaire ne peut plus être inquiété (l. 3, D. 20.5). On sait, en effet, que dans les actions réelles, celui qui, au lieu d'obéir au *jussus* du juge et de restituer la chose, préférait payer la *litis æstimatio*, était regardé (au moins en principe) comme gardant la chose à titre d'acheteur.

(2) Ces derniers mots prouvent nettement que Pothier ne faisait aucune distinction entre la *successio in locum* et le bénéfice de cession d'actions.

actions, mais il ne l'obtient qu'à la condition de l'avoir requise à temps.

Les L. 17 D. 20, 4 et 3 C., 8, 19, règlent le cas où l'acheteur a distribué ou fait distribuer aux créanciers le montant de son prix; elles lui accordent alors la *successio in locum*, et tout naturellement la lui accordent de plein droit. Ces textes ne sont donc pas contraires au précédents, ils appliquent seulement une théorie différente.

Enfin, quant à la L. 12, § 1 D. 20, 4, nous croyons qu'il faut lui refuser toute valeur dans le débat, et on le pensera comme nous, si l'on partage notre opinion sur une autre question qu'il est temps d'aborder.

On peut, en effet, se demander si le tiers détenteur qui, confiant dans la solvabilité de son vendeur, lui remettrait directement le prix de la vente au lieu de remplir les conditions nécessaires pour obtenir la *successio in locum*, si ce tiers détenteur, forcé ensuite (le vendeur étant devenu insolvable) de payer le premier créancier hypothécaire, ne trouverait pas, dans le bénéfice de cession d'actions un moyen de repousser les créanciers gagistes inférieurs à celui qu'il aurait désintéressé ? (1)

(1) Il est impossible, en effet, de songer à accorder en pareil cas, au tiers détenteur, même après qu'il a payé de ses deniers un créancier hypothécaire, la *successio in locum*. Cela résulte, par *a contrario*, des lois 17, D. 20.4, et 3, C. 8.19 qui, pour concéder ce bénéfice, que l'acquéreur a désintéressé les créanciers *avec son prix*. La loi 12, § 1, D. 20.4 le prouve d'ailleurs directement, puisqu'elle déclare que le tiers détenteur, après qu'il a payé un créancier, reste tenu envers les autres : cet argument subsisterait alors même qu'on penserait avec Pothier que le texte suppose le paiement fait par l'acquéreur sans qu'il ait requis aucun bénéfice, puisque tout le monde reconnaît que la *successio in locum* a lieu de plein droit quand elle est accordée à un acheteur.

On pourrait le soutenir, et voici comment : Nous avons
dit que la cession forcée transportait au cessionnaire
toutes les actions du créancier cédant et tous les droits
accessoires qui garantissaient ces actions. Or, parmi les
garanties du premier créancier hypothécaire payé, se
trouve précisément l'hypothèque en vertu de laquelle il
a forcé le tiers détenteur à le désintéresser. Ce tiers détenteur, devenu cessionnaire, ne pourra-t il pas, à son
tour, user de cette hypothèque à l'encontre des créanciers
inférieurs ? Il se trouverait ainsi protégé dans son droit
de propriété comme il l'est dans son recours contre le
le vendeur, et la solution paraîtrait d'autant plus équitable qu'elle empêcherait les créanciers inférieurs de
s'enrichir aux dépens du tiers détenteur !

La grande objection à ce système c'est qu'il va directement contre le principe qu'un propriétaire ne peut
avoir hypothèque sur sa propre chose.

Nos anciens auteurs avaient néanmoins admis l'affirmative (1), et il ne faut pas s'en étonner ; comme, en effet,
ils confondaient en une seule les deux institutions du
bénéfice de cession d'actions et de la *successio in locum*,
ils appliquaient à la première les règles spéciales à la
seconde ; or, nous avons vu que la *successio in locum*,
lorsqu'elle est accordée au tiers acquéreur, a précisément
pour effet de le protéger contre les créanciers inférieurs
à ceux qu'il a payés (L. 3; C., 8 19).

Il y a plus, de nos jours encore, la solution affirmative nous paraît imposée à ceux qui pensent que la *suc-*

(1) V. Pothier (Int. T. 20, C. Orl., n° 73) et Renusson (Subrog.
Ch. V, § 2). C'est en tenant compte de cette opinion de Renusson,
que nous avons dit (p. 114, n 3) que la 1. 12, § 1, D. 20.4 était
contraire à son système dans la question précédente.

cessio in locum, opère le transfert de l'hypothèque du créancier payé au tiers acheteur, qui lui a remis son prix. Dans ce cas, en effet, nos adversaires sont contraints d'admettre que les Romains avaient violé le principe que nous venons de rappeler, et l'analogie entre les deux hypothèses est si frappante qu'ils ne peuvent se refuser à étendre la dérogation.

Quant à nous, qui n'admettons pas que la *successio in locum* déroge, en aucun cas, au principe qu'on ne peut avoir hypothèque sur sa propre chose ; nous croyons qu'il s'opère inévitablement une confusion dans l'hypothèse que nous supposons. A l'appui de notre doctrine, nous invoquerons d'ailleurs les termes de la loi 12, § 1; D., 20, 4, qui ne fait aucune distinction dans la solution qu'elle présente, et nous ferons remarquer que les Romains n'ont pas dû consentir à protéger, d'une façon aussi exceptionnelle, celui qui ne se trouve en danger que par sa faute ! On peut aussi faire observer que cet acheteur, en remettant son prix au vendeur, a montré qu'il suivait la foi de ce dernier, et qu'après tout, il ne serait pas juste d'ôter, en sa faveur, à des créanciers dont il ne s'est pas préoccupé, les droits qu'ils auraient eus contre le débiteur resté propriétaire.

SECTION III.

Du jus offerendi et succedendi.

Ce cas d'application de la *successio in locum* est, de beaucoup, le plus intéressant de ceux que nous devons étudier dans ce travail, aussi lui consacrerons-nous une attention particulière. Nous chercherons donc successivement dans quatre paragraphes :

1° Quelle est la nature de ce bénéfice ;
2° Dans quel cas il existe ;
3° A quelles conditions en est soumis l'exercice ;
4° Quels effets il produit.

§ 1er. *Nature du jus offerendi et succedendi.*

Qu'est ce exactement que le *jus offerendi et succedendi?* Quels avantages trouvent dans ce droit ceux auxquels il est accordé ? Il faut, pour répondre à cette question délicate, décomposer ce bénéfice et examiner successivement les éléments dont il est formé.

Quiconque exerce le *jus offerendi* use à la fois de trois facultés distinctes :

1° Le droit de payer le créancier *invito creditore* et même *invito debitore : jus offerendi*;

2° Le droit de se faire indemniser par le débiteur de la dépense ainsi faite : droit de recours ;

3° Le droit de primer, pour ce remboursement, tous les créanciers du même débiteur auxquels son avance profiterait : *jus succedendi.*

Cherchons en quoi chacune de ces trois facultés s'éloigne du droit commun.

1° *Du jus offerendi.* — Le droit de payer un créancier, fût ce malgré les volontés réunies de ce créancier et de son débiteur est, selon nous, un droit que les Romains avaient accordé à tout le monde. Sans approuver en théorie cette décision, nous croyons qu'elle résulte des textes.

Un premier point est incontestable ; c'est qu'on pouvait toujours, sans avoir à établir qu'on y eût intérêt, ne fût-on pas même créancier chirographaire du débiteur, payer le créancier malgré le débiteur. Les lois 23, 40 et 53 D. *de Sol.* 46. 3. et la l. 39 D. *de Neg. gest.* 3, 5, nous l'affirment et en donnent ce motif que: « Jure civili con-« stitutum est, licere etiam ignorantis invitique meliorem « conditionem facere. » (L. 53 D, 46, 3 et 39 D. 3. 5.)

Il nous paraît certain aussi qu'on pouvait payer « invito creditore ». Il est d'abord à remarquer que dans aucun des textes (à notre connaissance), où il est parlé du paiement fait *ab alio*, on ne voit signaler la nécessité du consentement du créancier, alors que *dans les mêmes fragments* on exige formellement ce consentement au cas de dation en paiement. La loi 17 C. *de sol.* 8. 43 en fournit un exemple vraiment frappant (1) : Elle nous dit en effet : « Manifesti juris est, tam alio pro debitore solvente, quam « rebus pro numerata pecunia consentiente debitore da « tis, tolli paratam obligationem. » La ponctuation que nous avons accentuée avec intention rend l'argument sensible. La l. 31 D. 46, 3 présente d'ailleurs, indirectement notre solution, car elle nous dit qu'on ne peut payer pour autrui *invito creditore* lorsqu'il s'agit d'une obligation qui consiste en un fait personnel. Il en résulte bien qu'en règle générale ce paiement serait possible. La l. 5 C. *de Sol.* (8. 43) ne paraît pas moins décisive, car elle déclare qu'un tiers, lorsqu'il paie le créancier, ne peut l'obliger à lui céder ses actions : Cela suppose évidemment qu'il le paie malgré lui. Enfin, Donneau fait remarquer avec raison que nous avons un exemple de ces paiements faits *invito creditore* dans le droit accordé au tiers détenteur de payer la dette pour éviter le délaisse

---

(1) Joindre : Inst. Just. Quibus modis oblig. tol. (3.29) princ.

ment de son immeuble (1)! (L. 12 § 1 D. *quibus mod. pig. vel hyp.* 20, 6.)

Ces deux premiers points admis, il nous paraît en résulter nécessairement que dans le cas même où le créancier et le débiteur s'accorderaient pour refuser au tiers la faculté d'opérer le paiement, ce tiers pourrait contraindre le créancier à le recevoir. Si, en effet, le créancier ne peut, en principe, refuser le paiement fait « ab alio », c'est évidemment parce qu'il n'a pas le droit de s'opposer à ce que le tiers procure un avantage au débiteur : or cet avantage, le tiers peut le procurer au débiteur malgré lui ! (L. 53 D. de Sol.) Telle était déjà l'opinion de Donneau qui l'exprime à deux reprises (2). Sans doute, dit-il, le créancier pourra se plaindre qu'on veuille ainsi lui ôter la liberté de jouir comme il l'entend de son droit de créance : « et prœsertim quum repugnante debitore id facias », mais, répondit-il, « Placuit licere cuique « pro debitore solvere non solum ignorante, sed etiam « invito. Quod cum ita dicitur, intelligamus hoc dici, licere « etiam creditore invito, non enim jure liceret, si non liceret « nisi creditoris voluntate » (3).

Il résulte de là que nous ne ferons pas rentrer parmi les effets spéciaux du *jus offerendi et succedendi* le droit que possède tout créancier d'en désintéresser un autre même *invito debitore et invito creditore.*

____

(1) Donneau. Livre 16, cap. 10.

(2) *Loc. cit.* et *ad*, tit. 43, lib. 8, C. *de solut,* etc..... *ad legem nulla,* 5. Aj. M. Demolombc. Contrats, T. IV; p. 55, n° 58.

(3) Nous remplaçons, dans ce passage, le mots « si non liceret, « nisi *debitoris* voluntate » qui se trouvent dans toutes les éditions, par ceux-ci : « si non liceret, nisi *creditoris* voluntate. » La suite des idées le veut absolument.

2º *Du droit de recours.* — Il faut ici distinguer selon que le paiement est offert par un créancier quelconque à un créancier privilégié ou par un créancier hypothécaire à un autre.

Dans le premier cas, le recours existe de droit commun et non pas par effet spécial de notre bénéfice. Sans doute, en effet, le créancier ne peut réclamer, en pareil cas, l'action *negotiorum gestorum* puisqu'il n'a pas agi dans le but de rendre service à autrui, mais il a droit au secours que les Romains accordent à quiconque a enrichi autrui à ses dépens. (L. 6 § 3 D. de *neg. gest.* 3. 5) (1).

On pourrait, il est vrai, nous opposer que dès l'époque classique il était douteux que ce recours appartînt à celui qui s'était ingéré dans les affaires d'autrui « invito domino rerum », et que sous Justinien la controverse avait été tranchée par le refus formel de tout moyen de recours dans cette hypothèse (L. 24 C. de *neg. gest.* 2 19), mais nous ne pensons pas qu'il faille s'arrêter à cette objection. L'hypothèse sur laquelle les jurisconsultes discutaient était, en effet, toute différente de la nôtre, et il nous paraît abusif d'appliquer à notre cas les termes de la loi 24 C. 2. 19. Il suffit de la lire pour en être convaincu. Ce que Justinien traite si rigoureusement, c'est l'ingérance d'un *tiers* dans les affaires d'autrui, c'est la gestion d'affaires exercée quand même et malgré la défense du dominus : notre créancier, au contraire, n'est ni un tiers ni un gérant d'affaires. Il ne fait pas l'affaire du débiteur mais la sienne propre, et il en a le droit parce qu'il est créancier et qu'en traitant avec lui

(1) Aj. : L. 38, D. *de her. pet.*, 5.3. L. 14, D. *de cond. ind.*, 12.6. L. 206, D. *de reg. juris*, 50.17.

le débiteur lui a, la bonne foi le veut, reconnu le droit de faire tous les actes nécessaires à la conservation de sa créance.

Si d'ailleurs la loi 24 s'appliquait au créancier qui en paie un autre, elle mentionnerait l'exception incontestable dont jouissent les créanciers hypothécaires entre eux ; si elle ne le fait pas, c'est qu'évidemment elle ne prévoit pas cette classe d'hypothèses.

Le droit commun suffit donc pour assurer au créancier, quel qu'il soit, qui paie un créancier privilégié le recours dont il a besoin.

Il n'en est plus de même si l'on suppose que c'est un créancier hypothécaire qui en désintéresse un autre.

Nous avons dit que ce créancier jouit pour son recours d'une créance hypothécaire ; or, cette créance, il n'en jouit qu'en vertu d'une extension des principes admis par les Romains en matières d'impenses faites sur la chose par le créancier gagiste, et cette extension est précisément un des effets spéciaux du *jus offerendi et succedendi* (4).

3o *Du jus succedendi*. — Est-il besoin de dire que ce Bénéfice sera toujours un effet du *jus offerendi et succedendi*.

Nous pouvons donc en résumé définir le *jus offerendi et succedendi* de la façon suivante :

C'est un bénéfice qui, dans le cas où un créancier, usant du droit commun désintéresse un autre créancier du même débiteur, a pour objet : 1º De procurer au

---

(4) V. pour plus amples détails sur ce point ce que nous en disons pp. 100 et suiv.

créancier hypothécaire qui en paie un autre, un recours garanti par une hypothèque, alors que le droit commun ne lui reconnaîtrait qu'une action chirographaire ; 2° De rendre l'action en recours du créancier, quel qu'il soit, plus efficace, en lui procurant le rang de la créance éteinte.

Du reste, qu'on le remarque bien, nous n'avons voulu, dans ce paragraphe, que déterminer les effets spéciaux produits par le *jus offerendi et succedendi*. Il n'en est pas moins vrai que quiconque jouira de nos trois facultès : Droit de payer malgré le débiteur et le créancier, Droit de recours et *Jus succedendi*, se trouvera en fait investi du *jus offerendi et succedendi*, qu'il tienne d'ailleurs le second de ces avantages du droit commun ou du bénéfice spécial que nous étudions.

§ 2. *Des cas où se rencontre le jus offerendi et succèdendi.*

Quatre hypothèses pourront se présenter :

1° Un créancier hypothécaire est payé par un autre créancier hypothécaire ;

2° Un créancier privilégié est payé par un créancier quelconque ;

3° Un créancier hypothécaire est payé par un créancier chirographaire (simple ou privilégié) ;

4° Un créancier chirographaire simple est payé par un créancier quelconque.

Examinons successivement chacun de ces cas.

1° *Un créancier hypothécaire eet payé par un autre.* — Il n'est pas douteux que le créancier payant jouisse en ce cas du *jus offerendi et succedendi*. Cette application de notre bénéfice est même la seule que reconnaissent les auteurs, et c'est la seule aussi dont les textes parlent nettement, (V. 1. 4 C. 8. 19. LL. 2. 5 et 6 D. 20. 5) (1).

Il est probable que le bénéfice du *jus offerendi et succedendi* fut introduit dans le but de combler un vice très-grave du système hypothécaire des Romains. On sait en effet que de plusieurs créanciers ayant hypothèque sur un même bien, le premier seul pouvait, en vendant le gage, donner toute sûreté à l'acquéreur ; les autres se trouvaient donc à sa merci, exposés aux conséquences également dangereuses de son retard ou de sa précipitation. Aussi est il très-probable que le *jus offerendi et succedendi* ne fût accordé au début qu'aux seuls créanciers postérieurs, et seulement à l'encontre du premier créancier.

Quoi qu'il en soit, cette première conception s'élargit: on reconnut que tout créancier hypothécaire pouvait avoir un intérêt sérieux à en désintéresser un autre pour prendre sa place, que cet autre fût ou non le premier en rang, que même il fût ou non préférable au créancier payant ; on pensa en même temps que la situation des créanciers à l'égard du débiteur rendait naturelle et légitime leur ingérance intéressée dans ses affaires ; loin de la qualifier d'*improba* comme lorsqu'elle venait d'un tiers (6 § 3 D. 3. 5), on encouragea cette ingérance ; et le *jus offerendi et succedendi*, admis au début pour combler une lacune, finit par acquérir une importance considérable dans la théorie des droits de préférence.

De là les cas assez nombreux où nous allons voir s'ap-

(1) Aj. LL. 1 et 5, C. 8.18.-22, C. 8.14.-11, § 4, et 12, § 6, D. 49.15.

pliquer le *jus offerendi et succedendi* au profit des créanciers hypothécaires.

Nous distinguerons à ce point de vue deux classes d'hypothèses :

(*a*). Le bien est resté aux mains du débiteur ou de l'un des créanciers gagistes.

(*b*). Il a été aliéné.

(*a*). Le bien n'a pas été aliéné. Le *jus offerendi et succedendi* peut alors être exercé contre tout créancier soit antérieur (L. 1 C. 8, 18), soit même postérieur (L. 2 T. 13 § 8 Sent. Pauli) (1) à celui qui l'exerce. Dans le second cas, il est vrai, on ne comprend pas tout d'abord quel peut être l'intérêt de celui qui désintéresse un créancier dont il ne paraît avoir rien à craindre. Cependant cet intérêt existera souvent. On peut supposer par exemple que le premier créancier ayant fait un placement avantageux tienne à le conserver, ou qu'il désire éviter ainsi une contestation (2).

Mais une difficulté pourra se présenter: Les deux créanciers peuvent être l'un et l'autre disposés à user de leur droit et s'offrir mutuellement le remboursement de leur créance. Qui l'emportera ?

On a voulu trouver la solution de cette question dans le texte de Paul, et on l'a dans ce but interprété de deux façons absolument opposées. Paul (§ 8. II. 13. Sent.) nous dit : « Et prior creditur secundum creditorem, si vo-

----

(1) Mentionnons toutefois l'opinion de Zimmern et de Linde, selon lesquels le texte serait altéré.

(2) Dernburg fait ingénieusement remarquer que la constitution par laquelle Gordien accorda le droit de rétention au créancier gagiste qui, outre sa créance hypothécaire, avait des créances chirographaires, donnait un grand intérêt au *jus offerendi* et *succedendi* accordé au premier créancier (*loc. cit.*, p. 532),

« lucrit, dimittere non prohibetur quanquam ipse in pi-
« gnore potior sit. » Les ont rapporté les mots « si voluerit » au premier créancier, et lui ont donné en consé
quence le droit d'imposer son offre ; les autres, au contraire, rapportent ces expressions au second, lui ont
accordé le succès dans la contestation. Quant à nous, il
nous paraît certain que les mots « si voluerit » se rapportent au premier créancier, mais il ne nous semble pas
moins évident qu'ils ne sauraient décider la question. Ils
ont seulement pour but de répondre à l'avance à l'objection que prévoit Paul et qu'il exprime dans la suite
« quanquam ipse in pignore potior sit » ; le jurisodon-
sulte s'en remet au créancier de décider s'il a intérêt
à offrir : il usera de ce droit s'il le juge à propos, « si
voluerit. »

Le texte laisse donc la question entière.

Dernburg (*loc. cit.* p. 524), propose la solution suivante : Chacun des deux créanciers, dit-il, déposera
la somme due à l'autre, les deux droits seront ainsi en-
través jusqu'à ce que l'un des créanciers trouvant cette
situation gênante se décide à venir prendre la somme
déposée pour lui et à retirer celle qu'il avait offerte. Mais
cette doctrine, qui fait sortir vainqueur de la lutte celui
qui l'emporte non pas en droits, mais en persévérance,
est de celle que l'on n'adopte qu'en désespoir de cause.

Voici, quant à nous, celle que nous préférons : l'un
des deux créanciers était il en possession du gage commun, son offre doit l'emporter, car tout détenteur d'immeubles a le droit d'éviter le délaissement de son héritage en payant ce qui est dû au créancier hypothécaire.
(L. 12 § 1 D, L. 20 8, 4). Dans le cas contraire, nous
donnerions la préférence au premier créancier. Telle était

déjà l'opinion de Renusson (Ch. 4, § 8), et, bien qu'elle ne s'appuie sur aucun texte, elle nous semble équitable.

Les sources ne disent rien du cas où un créancier hypothécaire voudrait en payer un autre dont le rang serait égal au sien. Nous n'hésitons pas à lui accorder ce droit ; mais au cas d'offres réciproques il faudrait évidemment (à moins que l'un d'eux ne possédât la chose) décider que les deux droits se paralyseraient mutuellement.

b) Le bien à été aliéné. — Deux cas peuvent se présenter :

1° Si le bien à été aliéné par le premier créancier hypothécaire, l'acheteur est en principe, à l'abri de toute poursuite de la part des autres créanciers (l. 3 D. 20, 5). Ce principe cependant subissait des exceptions. Si en effet, l'acquéreur se trouvait être un second créancier hypothécaire ou un fidéjusseur qui, en payant le premier créancier eût reçu la chose à titre de vente, on continuait à voir en lui un créancier hypothécaire et on le laissait exposé à l'exercice du *jus offerendi* (l. 5, § 1 et l. 2, D. 20, 5). La loi 2 D. 20, 5 nous indique le motif de cette décision : « Hujus modi venditio transferendi « pignoris causa fieri solet. »

2° Si c'est le débiteur qui a aliéné le bien hypothéqué, l'acquéreur peut se trouver dans diverses situations que nous avons déjà étudiées, selon qu'il aura ou non fait parvenir son prix aux créanciers hypothécaires. Nous rappelons que c'est seulement lorsqu'il a pris cette précaution qu'il jouit de la *successio in locum*. Assimilé alors à un créancier hypothécaire, il est exposé à l'exercice du *jus offerendi*. Il en était ainsi alors même que l'acqué-

reur était le créancier hypothécaire premier en rang.
(L. t. c. 8. 20.)

2° *Un créancier privilégié est payé par un créancier quelconque*. — Nous ne croyons pas que l'on ait jamais songé à reconnaître à un créancier le *jus offerendi* et *succedendi* à l'égard d'un créancier privilégié. Cela tient sans doute à ce que l'on a toujours vu dans la *successio in locum* un bénéfice ayant pour effet de transporter l'hypothèque d'un créancier à celui qui le paie, et qu'on a dès lors regardé cette institution comme propre à la théorie des droits hypothécaires. Pour nous au contraire qui ne voyons dans la *successio in locum* qu'un transport du rang de la créance ancienne à la nouvelle, nous n'apercevons aucune raison logique pour ne pas étendre aux créances privilégiées la théorie que nous venons d'appliquer aux créances hypothécaires. N'est ce pas en effet le moment de rappeler avec Dernburg (1), que nous sommes dans une matière qui est tout entière l'œuvre des jurisconsultes Romains, c'est-à-dire des esprits les plus logiques qui aient existé, et que nous ne pouvons pas admettre qu'ils aient commis une faute aussi grave que de repousser dans un cas ce qu'ils avaient admis dans un autre, alors que les motifs se retrouvaient les mêmes dans les deux hypothèses ?

Il est aisé de voir en effet que le *jus offerendi* et *succedendi* pouvait rendre ici les mêmes services qu'entre créanciers hypothécaires : Si l'on suppose, par exemple, que le patrimoine du débiteur se compose de biens va lant 50.000 fr. et que *Primus* soit créancier privilégié

____

(1) V. le passage que nous citons à notre page 85.

pour 30:000 fr., il est évident que *Secundus*, simple créancier chirographaire ou même créancier privilégié en second rang aura grand intérêt à désintéresser *Primus*, pour l'empêcher de provoquer la vente du patrimoine et de ruiner le débiteur qui est peut-être en voie de réparer ses affaires. L'intérêt d'un créancier privi légié préférable à *Primus*, ou même d'un créancier hypothécaire se comprendrait tout aussi bien, si ce créancier avait, outre sa créance privilégiée ou hypothécaire, une créance chirographaire simple dont une vente trop hâtive pourrait compromettre le paiement. De même enfin, un créancier muni d'un privilége spécial trouve rait un grand avantage à pouvoir désintéresser celui qui aurait un privilége général. (l. 17, pr, D. 42.5 et 7 § 2 D. Depositi vel contra.)

On peut toutefois opposer deux graves objections à notre conjecture : 1° En principe celui qui paie un créancier *invito debitore* n'a pas d'actions en recours. La *successio in locum* est donc impossible ; 2° les textes ne nous signalent pas cette application du *jus offerendi*.

La première objection ne nous arrête pas, car nous y avons répondu à l'avance en établissant que la loi 24 C. de *neg. gest.* ne s'applique pas à notre hypothèse (p. 122); et quant au défaut de textes (qui d'ailleurs s'expliquerait par le peu d'importance accordée dans les sources aux priviléges personnels), il n'est pas aussi complet qu'on pourrait le croire. La l. 24 § 3, D. 42.5, nous dit en effet :
« Eorum ratio prior est creditorum, quorum pecunia ad
« creditores privilegiarios pervenit. Pervenisse autem
« quemadmodum accipimus? utrum si statim profecta est
« *ab inferioribus* ad privilegiarios? an vero et si per
« debitoris personam etc... » Les termes de cette loi

sont on le voit très-larges, et il est à remarquer qu'elle paraît prévoir précisément le cas où l'un des créanciers est payé par un autre. L'expression « profecta est *ab inferioribus* » ne peut, en effet, s'expliquer que si l'on suppose le paiement fait par un créancier privilégié en second ordre ou par un créancier chirographaire (1).

3° *Un créancier hypothécaire est payé par un créancier chirographaire* (simple ou privilégié). — Il est certain qu'en ce cas le créancier payant n'obtenait pas le rang du payé (L. 10, *qui pot.* 8. 18). Cette décision qui a paru peu explicable aux auteurs qui voient dans la *successio in locum* un transfert d'hypothèque, nous paraît au contraire parfaitement naturelle. Elle n'est que la conséquence logique de la nature de ce bénéfice. Nous avons déjà dit que la première condition pour jouir de la *successio in locum* en matière hypothécaire, c'est d'avoir soi-même un droit hypothécaire; or, alors même qu'on reconnaîtrait avec nous que la l. 24 C. 2. 19 n'a pas trait aux rapports des créanciers, il en résulterait seulement que le créancier chirographaire aurait pour exercer son recours une action chirographaire ; la condition voulue pour prendre le rang du créancier payé lui ferait donc inévitablement défaut.

4° — *Un créancier chirographaire est payé par un créancier quelconque.* — Il est évident qu'ici encore la *successio in locum* est impossible, puisque la créance chirographaire ne jouit d'aucun rang spécial.

(1) La théorie que nous proposons ne s'applique évidemment qu'en matière de *privilegia causæ* et non quand il s'agit de *privilegia personæ*. (Voir notre page 109, n 1.)

Nous pouvons donc en nous résumant, dire que le *jus offerendi* et *succedendi* a lieu dans les cas suivants :

1° Entre créanciers de la même classe : sauf entre créanciers chirographaires.

2° Au profit d'un créancier soit hypothécaire soit chirographaire qui paie un créancier privilégié, mais sans réciprocité.

§ 3. *Conditions de l'exercice du jus offerendi et succedendi.*

1° La première condition est de payer au créancier dont on veut prendre le rang, tout ce qu'il aurait le droit de réclamer au débiteur, ou, dans les cas spéciaux ou l'acheteur est soumis à l'exercice du *jus offerendi*, tout ce que ce dernier a dépensé pour acquérir la chose engagée (1). Ce paiement doit être complet et comprend par conséquent les intérêts comme le capital (LL. 2 et 3, § 1 D. *de dist. pign.* 20. 5, L. 5, C. *qui pot.* 8.18).

Si le créancier ou l'acquéreur se refusait à recevoir le paiement, le créancier offrant pourrait consigner la somme (L. 1 *qui pot. in pig.* C. 8.18).

Mais une difficulté très sérieuse s'élève dans le cas suivant :

Supposons que le créancier premier en rang auquel le

____

(1) Cette formule donnée par Schilling (Traité du dr. de Gage et d'Hyp. V. traduction publiée par M. Pellat, p. 106), n'est pas rigoureusement exacte. Si, par exemple, il s'agit d'un tieeo acquéreur, il suffira de lui rembourser, non pas son prix d'achat, mais la partie de ce prix qui sera parvenue aux créanciers premiers en rang (l. 3, D. 20.5). S'il s'agit d'un créancier qui s'est rendu a quéreur, les autres n'ont à lui payer que ce qui lui était dû « propter, « proecedentis contractus auctoritatem, » sans s'occuper des conditions de la vente (l. 2, C. 8.18).

second offre le remboursement, possède une troisième hypothèque sur le même immeuble ; le second créancier sera-t-il tenu pour exercer le *jus offerendi* de payer le montant des deux créances ou pourra-t-il refuser de payer la dernière ?

La question est vivement controversée.

Une première opinion astreint le second créancier à désintéresser entièrement le premier, tant de sa seconde que de sa première créance.

Décider autrement, dit-on, serait manquer au principe qui domine notre matière, que la *successio in locum* ne doit pas nuire au premier créancier, or, il n'a peut-être accepté une hypothèque de troisième rang, que parceque sa situation de premier créancier hypothécaire lui donnait des chances d'être payé intégralement en prenant habilement son temps pour vendre le gage.

Et d'ailleurs, ajoute-t-on, on tomberait autrement dans un cercle vicieux infranchissable, car le premier créancier, devenu après son remboursement troisième créancier hypothécaire, exercerait à son tour le *jus offerendi* pour la première créance de son rival : le conflit s'éterniserait sans qu'il fût possible d'y mettre fin.

Nous ne partageons pas cette manière de voir.

Le premier argument que l'on fait valoir n'a aucune valeur dès qu'on l'applique à la législation romaine, car il est certain que les jurisconsultes romains ne voyaient pas dans notre solution une violation du principe que la *successio in locum* ne doit pas nuire au premier créancier. Nous en trouvons la preuve dans la loi unique *C. Etiam ob Chirogr.* 8, 27. Dans cette constitution célèbre, Gordien nous dit formellement que le second créancier, lorsqu'il exerce à l'égard du premier le *jus offerendi*, n'est pas tenu de lui payer les dettes chirographaires qu'il pourrait avoir contre le même débiteur : « Nec enim necessitas secundo creditori imponitur chirographarium etiam debitum priori creditori offerre. » Or, le premier créancier n'aurait pas moins d'intérêt à conserver son rang dans cette hypothèse que lorsqu'il a deux hypothèques sur le même immeuble.

Cette idée des Romains est d'ailleurs aisée à justifier. Elle est parfaitement en harmonie avec le principe que la réunion de deux créances dans une même main ne doit pas influer sur les effets qu'elles produisent. Et autrement, du reste, on donnerait au premier créancier un moyen d'empiéter, après coup, sur les droits acquis au second. Enfin nous avons, dans la L. 20, D. 20, 4. un texte formel à cet égard. Tryphonimus, en effet, se plaçant précisément dans notre espèce, nous dit : « Finge Seium paratum esse offerre tibi summam primo ordine creditam?.... oblata ab eo summa primo ordine credita, usurarumque ejus, postponatur primus creditor in summam quam postea eidem debitori credidit. » On prétend, il est vrai, que ce texte est impuissant à trancher la question, il en résulte bien, dit-on, que le créancier intermédiaire, «une fois qu'il a payé seulement la première créance, succédait au droit de préférence, qui y est ajouté, mais quant à savoir s'il n'est tenu de payer que la première créance alors que le créancier auquel il offre ce paiement, demande, en outre, à être payé de la seconde, voilà le point qui reste obscur dans le fragment de Tryphoninus» (1). Mais les termes mêmes du texte rendent cette explication impossible. Le jurisconsulte se contente,

<hr>

(1) M. Demolombe. Contrats. T. IV, p. 426. n° 479.

en effet, pour accorder la *successio in locum* qu'il y ait eu offre de paiement (suivie sans doute de consignation), « finge paratum esse offerre ..,. oblata summa. » Ces expressions ne laissent aucun doute (1), il en résulte que le second créancier peut forcer le premier à recevoir, et à recevoir seulement le montant de sa première créance !

Mais, nous dit-on, qui empêche le créancier payé d'exercer à son tour le *jus offerendæ pecuniæ* pour rentrer dans l'hypothèque qu'il vient de perdre? Ne peut-il pas à son tour payer la première créance de Secundus sans lui rembourser la deuxième? Nous ne le croyons pas. Il nous suffirait déjà du texte si formel de Tryphoninus pour le décider ainsi, le jurisconsulte n'ayant pu donner une décision sans portée, mais nous pouvons en outre faire remarquer que la situation n'est plus la même que précédemment. Autant il était nécessaire d'isoler dans leurs effets les deux créances hypothécaires de Primus, autant il est naturel de fondre en une seule (à ce point de vue) celles de Secundus. Les deux premières, en effet, étaient séparées par une autre et ne pouvaient être réunies sans empiéter sur les droits d'autrui, celles de Secundus au contraire se suivent immédiatement; prétendre les isoler ce serait retourner contre un créancier l'avantage accordé à la première créance, car cet avantage ne doit exister qu'à l'égard du tiers et non contre lui-même (2) !

(1) Tel est le sens que donnent à notre texte Renusson (Sub. ch. IV, § 11) et Schilling (trad. de M. Pellat, p. 107, n° 21).

(2) Telle paraît bien être l'opinion de Schilling, comme cela résulte par *a contrario* du passage suivant : « Toutefois, dit il, quand le créancier postérieur a désintéressé, *non le créancier qui le précède immédiatement,* mais un créancier plus éloigné, il ne prend sa place que quant à la somme qu'il a employée à le satisfaire, et non quant à sa propre créance, en sorte que cela n'a aucune influence

Cette doctrine peut du reste s'appuyer sur un texte. La loi 12 § 9 D. 20,4 dit en effet : « Si Tertius creditor pignora sua distrahi permittit ad hoc, ut priori pecunia soluta, in aliud pignus priori succedat, successurum eum Papinianus lib. 11 responsorum scripsit : Et omnino secundus creditor nihil aliud juris habet, nisi ut solvat priori, et loco ejus succedat. » Marcien suppose que Tertius a obtenu, en garantie de sa créance, une troisième hypothèque sur un bien déjà engagé à Primus et à Secundus et en outre un droit de gage sur d'autres biens du débiteur ; plns tard, Tertius consent à ce que le débiteur vende ses biens pour payer Primus à la condition qu'il succèdera à ce premier créancier. On comprend que Secundus peut voir à regret cette substitution d'un créancier à l'autre, que fera-t-il pour en éviter les conséquences? Marcien ne lui reconnaît d'autre moyen que de payer Primus et de prendre sa place. Eh bien, nous le demandons, que deviendrait ce moyen si Tetius pouvait, aussitôt après, offrir à Primus le remboursement de ce qu'il vient de payer à Primus sans lui offrir en même temps le montant de sa créance personnelle?

Cette opinion admise et, nous l'espérons, justifiée, nous devons reconnaître que notre doctrine est en contradiction avec celle que nous avons exposée en matière de bénéfice de cessions d'actions (1). La loi 2 C. de *Fid.* (8,41) oblige en effet le fidéjusseur qui désire obtenir la cession des garanties hypothécaires dont jouit le créancier, à payer non-seulement la dette qu'il a cautionnée

---

sur les droits des créanciers intermédiaires (1. 16, D. 2.4). » (V. Schilling. Traduction publiée par M. Pellat, p. 107.)

(1) V. pages 32 et 33.

mais encore toutes celles à la garantie desquelles le bien se trouverait engagé.

Cette contradiction, du reste, prouve une fois de plus ce que nous nous sommes efforcé de faire ressortir : Que le bénéfice de cession d'actions et la *successio in locum* formaient à Rome deux bénéfices parfaitement distincts.

2° Il ne suffit pas d'offrir au créancier dont on veut prendre la place tout ce qui lui est dû, il faut en le lui offrant observer toutes les règles que le débiteur lui-même serait tenu de respecter en payant; le second créancier ne pourra donc payer le premier avant le terme, si le terme a été par exception convenu dans l'in térêt du créancier ; il ne pourra non plus lui imposer une dation en paiement.

Si l'on suppose que le premier créancier hypothécaire n'a qu'un droit conditionnel, le second pourra néanmoins offrir et déposer de suite, mais si la condition vient à défaillir, il ne jouira pas du *jus succedendi* et sera réduit à répéter son paiement par une *condictio indebiti*. Si au contraire c'est la seconde créance hypothécaire qui est conditionnelle, Secundus le titulaire peut encore exercer de suite le *jus offerendi*, mais son droit à la *successio in locum* serait lui-même *in pendenti*, et, si la condition venait à défaillir, il faudrait déclarer qu'il ne peut succéder, puisqu'il n'a pas de son chef une créance hypothécaire susceptible d'être améliorée. Cependant il ne faudrait pas exagérer les conséquences de cette défaillance de la condition, et par exemple nous ne pourrions consentir à voir dans Secundus un tiers ordinaire et à lui appliquer, au cas ou il aurait payé le premier créancier *invito debitore*, la constitution (L. 24 C. de neg. gest. 2,19) par laquelle

Justinien ôte en pareil cas au tiers toute action en recours contre le débiteur. Il suit de là que si le créancier condi tionnel avait usé du *jus offerendi* à l'égard non pas d'un créancier hypothécaire, mais d'un créancier privilégié, rien ne s'opposerait à ce que, malgré la déchéance de la condition, il succédât au privilége du créancier payé.

3° Le créancier doit-il établir, vis-à-vis de celui qu'il prétend payer, la légitimité de sa prétention, en prouvant qu'il est créancier hypothécaire ou créancier chirogra phaire, selon qu'il exerce le *jus offerendi* contre un créancier hypothécaire ou contre un créancier privi légié?

La solution de cette difficulté dépend du parti que l'on prend sur la question de savoir si le droit de payer *invito creditore et invito debitore* est un droit, appartenant à tout le monde ou est au contraire un bénéfice exceptionnellement accordé aux créanciers. Quant à nous, qui nous sommes décidé dans le premier sens, nous n'hésitons pas à penser que le créancier n'a pas à établir son droit ; il exerce sans doute le *jus offerendi* à ses risques et périls puisqu'il ne jouira de la *successio in locum* que s'il a de son chef le droit voulu pour qu'elle s'exerce, mais cela n'intéresse en rien le premier créancier.

La question devient plus délicate si l'on suppose que le premier et le second créancier se font des offres réci proques. Il faut, à notre avis, établir la distinction suivante : Si l'un des deux possède, nous avons dit qu'il l'emportait parce que tout détenteur a le droit de désin téresser le créancier hypothécaire afin d'éviter le délais sement de son immeuble : le texte qui nous donne cette décision ajoute, en effet, que ce détenteur n'a pas à établir son droit sur la chose (L. 12 D. 20,3.). Il en sera de même du créancier qui possède. Mais si aucun des deux ne possède la chose, comme nous avons accordé, en pareil cas, au créancier premier en rang le droit d'imposer son offre, il devra évidemment prouver cette antériorité qu'il invoque.

4° Aux conditions que nous venons de requérir pour l'exercice du *jus offerendi* en faut-il ajouter une quatrième : celle d'user de ce droit avant qu'il ne soit prescrit ?

Schilling , dans son traité si concis du « droit de gage et d'hypothèque (1) », termine ainsi les quelques pages qu'il consacre au *jus offerendi*. « Au reste le *jus offerendæ pecuniæ* s'éteint par le même laps de temps qui opère la prescription hypothécaire », et à l'appui de cette affirmation il invoque la loi 7, § 3 C. *de prescr.* XXX *vel* (7, 39). « Eodem jure pro temporum computatione observando, et si posterior creditor anteriori creditori offerre debitum paratus est, et is creditor longævam possessionis præscriptionem ei opponere conatur ». « Il faudra, dit l'empereur Justin, compter de même les délais lorsqu'un second créancier se déclarera prêt à offrir au premier le montant de sa créance, et que le premier voudra lui opposer la prescription résultant de sa longue possession. »

A s'en tenir exactement aux termes du texte et de la formule de Schilling , on serait amené à dire que le droit d'offrir le paiement se prescrit par les mêmes délais que l'hypothèque, ce qui renverserait du même coup les deux doctrines que nous avons présentées et à pro-

____

(1) V. trad. publiée par M. Pellat, p. 108.

pos de l'obligation pour le second créancier de prouver son droit, et à propos du droit pour tous de payer le créancier d'autrui.

Mais il est impossible d'interpréter ainsi la loi 7, § 3, et Schilling n'a pu donner à sa phrase une pareille portée. Il suffit en effet de lire l'ensemble de la loi 7, pour découvrir le sens véritable du § 3. Voici quel il est, selon nous :

L'empereur, dans le § 2 de notre loi, vient de trancher une question qui était discutée avant lui. On se demandait si le premier créancier hypothécaire pouvait encore réclamer la chose hypothéquée au second, lorsque celui-ci la possédait depuis 30 ans, en lui disant qu'il n'avait pu l'affranchir des droits qui la grevaient, parce qu'il la possédait au nom du débiteur. Justin décide que (d'après une distinction que nous n'avons pas à indiquer ici) le second créancier pourra repousser le premier en invoquant tantôt une possession de 30 ans, tantôt une possesion de 40 ans.

Puis le § 3 vise l'hypothèse inverse, c'est-à-dire celle où ce serait le second créancier qui réclamerait la chose au premier, et la décision de l'empereur est encore la même; seulement il suppose une condition de plus : le second créancier, en effet, ne peut réclamer la chose qu'à la condition d'offrir au premier ce qui lui est dû; eh bien ce créancier pourra le repousser, sans avoir à lui rétorquer son offre de paiement, en lui répondant qu'il ne peut réclamer la chose parce que son droit d'hypothèque est prescrit.

Dans tout cela, comme on le voit, il n'est pas question de la prescription du *jus offerendi et succedendi*. Sans doute le second créancier, s'il contraint le premier

à recevoir son paiement, ne pourra réclamer le bénéfice de la *successio in locum*, mais c'est là une conséquence pure et simple de la règle que notre bénéfice
ne peut être réclamé en matière hypothécaire que par
un créancier qui a lui-même une créance hypothécaire;
quant à une prescription spéciale du *jus offerendi et
succedendi* il n'en est pas question, et nous n'hésiterions
pas à dire, par exemple, que l'interruption de la prescription qui court contre l'hypothèque suffirait à conserver le *jus offerendi et succedendi* au créancier, sans
qu'il ait à interrompre la prescription de ce droit d'une
façon particulière.

En un mot, nous croyons qu'il faut dire, non pas que
le *jus offerendi* se prescrit par le même laps de temps
que l'hypothèque, mais qu'il se trouve éteint *lorsque*
l'hypothèque du créancier offrant est elle-même prescrite (1).

Nous ne regarderons donc pas comme une condition
spéciale de l'exercice de notre bénéfice, cette obligation
où est le créancier d'en user avant la prescription de
son droit d'hypothèque, nous ne voyons là qu'une application d'un principe plus général qui domine toute la
matière de la *successio in loeum*.

§ 4. — *Effets du jus offerendi et succedendi.*

Ces effets se produiront à l'égard de trois personnes:
1° du débiteur, 2° du créancier payé, 3° du créancier
payant.

---

(1) On pourrait, d'ailleurs, assez facilement entendre en ce sens
la formule de Schilling.

1° A *l'égard du débiteur*. Le débiteur se trouve libéré de sa dette à l'égard du créancier payé, et tire ainsi de l'opération un profit dont il doit compte à celui qui le lui a procuré. Il devra donc indemniser le créancier payant: mais dans quelle mesure? Les jurisconsultes Romains nous disent que le créancier qui a payé ne peut réclamer que ce dont il a enrichi le débiteur, c'est-à-dire : « ce que ce dernier aurait eu à payer au créancier désintéressé », à savoir : le montant de son avance et les intérêts de la partie de cette avance qui en eût produit au profit du payé : « Secundus creditor offerendo priori debitum confirmat sibi pignus; et a debitore sortem ejusque tantum usuras quæ fuissent præstandæ accipere potest » (L. 22, C. 8, 14). Le créancier payant pourra donc en définitive réclamer : le capital et les intérêts qu'il a payés et de plus les intérêts du capital depuis le jour du paiement. Quant aux intérêts des intérêts par lui payés, il n'y a pas droit parce que, nous dit Marcien : « Non negotium alterius gessit sed magis suum » (L. 2, § 6 D. 20, 4). Il va sans dire du reste que les intérêts qu'il pourra ainsi réclamer comme produits depuis le paiement par le capital payé, devront être calculés au taux qui avait été convenu entre le débiteur et le créancier payé (*quæ fuissent præstandæ*). Si cependant ce terme était supérieur au taux légal maximum, permis lors de l'exercice du *jus offerendi*, il faudrait appliquer ce dernier, le créancier ne pouvant réclamer plus qu'il n'a (aux yeux de la loi) dépensé(1).

2° A *l'égard du créancier payé*. — Le créancier payé

(1) Les variations fréquentes qui se sont produites dans la fixation du taux légal de l'intérêt, à Rome, donnent un intérêt sérieux à cette solution.

ne peut évidemment être tenu à garantir l'existence de sa créance, ou de son droit hypothécaire, il sera seulement tenu de la *condictio indebiti*, s'il y a lieu. Cette solution suppose, d'ailleurs, mis à part le cas de mauvaise foi.

S'il possède le gage, il devra évidemment le remettre au créancier payant si celui-ci le réclame, mais il aura alors le droit d'exiger que ce dernier prouve sa qualité de créancier hypothécaire, ce qu'il ne pouvait demander lorsqu'il ne s'agissait que de repousser son offre.

3° A *l'égard du créancier payant*. — Nous avons déjà surabondamment développé cette idée que la *successio in locum* ne procure au créancier hypothécaire que le rang de celui qu'il désintéresse. Faisons remarquer seulement que cette façon de concevoir notre bénéfice, tranche une question très-embarrassante pour nos adversaires : la question de savoir si le créancier payant succède ou non à *toutes* les hypothèques du créancier payé. Nous déciderons, quant à nous, qu'il succède seulement au rang de celles qui portent sur des immeubles engagés à sa propre créance.

DROIT FRANÇAIS

De la nature et des effets de la subrogation.

I

ANCIEN DROIT

La matière de la subrogation est une de celles qui exercèrent le plus l'esprit de controverse de nos anciens jurisconsultes. Chacun des éléments de cette institution fut remis en question, et donna lieu aux discussions les plus animées.

S'occupe-t-on, par exemple, de rechercher les cas où elle s'appliquait, on voit que plusieurs des causes de subrogation admises par les Romains, n'obtinrent qu'à grand'peine leur droit de cité en France : Loyseau rejetait l'application du *jus offerendæ pecuniæ*, et, en dépit des efforts de Dumoulin, la validité de la subrogation consentie par le débiteur était à ce point contestée, qu'il fallut, en 1609, une déclaration expresse du roi Henri IV pour l'établir définitivement.

Les conditions requises pour obtenir notre bénéfice, n'étaient pas moins sujettes à controverse : nous avons déjà vu Dumoulin chercher, dans la première des leçons solennelles qu'il fit à Dôle, à établir que, dans tous les cas où elle était forcée, la subrogation avait lieu de plein droit. Bien d'autres questions du même genre étaient en litige, et, pour n'en citer qu'un exemple, on se demandait à quelle époque devait être faite la réquisition, et notamment si elle pouvait l'être après le paiement.

Enfin et surtout, les écrits des anciens jurisconsultes présentent les plus graves contradictions au sujet de la nature et des effets de la subrogation : c'est à ce point que, de nos jours, chacune des diverses opinions qui sont en présence sur cette question capitale, se trouve munie d'un bagage historique des plus imposants, et peut citer en sa faveur toute une série de passages empruntés aux écrivains les plus célèbres de notre ancien droit.

Comment faire le jour dans ce chaos, comment distinguer parmi ces citations, celles qui doivent décider notre jugement, de celles qui n'ont pas de valeur réelle? A notre avis ce problème, bien que délicat, pourrait être résolu : il suffirait pour cela de montrer que les idées des anciens jurisconsultes ont subi des modifications successives parfaitement marquées, qu'à chaque époque il y a une doctrine qui l'emporte de beaucoup sur toutes les autres, et qu'enfin, cet immense travail préparatoire est venu aboutir à une théorie parfaitement claire et logique, dont nous trouvons le plus parfait exposé dans les œuvres de Pothier, et qui est évidemment celle à laquelle les rédacteurs du Code ont dû se référer.

On aurait dès lors, pour juger la portée des arguments que l'on rencontrerait sur son passage, un criterium certain, et l'on devrait refuser toute valeur historique aux diverses doctrines qui, bien qu'ayant régné à une époque quelconque de l'évolution dont nous parlons, n'auraient point triomphé dans la dernière phase de cette évolution.

Nous ne pouvons développer ce plan dans son entier, parce qu'il nous ferait sortir des bornes que nous devons assigner à ce travail, et nous entraînerait souvent loin de notre sujet : *De la nature et des effets de la subrogation* ; mais, nous allons essayer de le suivre au moins pour la partie du sujet qui nous intéresse, en cherchant quelles opinions se succédèrent touchant la nature de notre bénéfice, et en montrant quelle doctrine l'emporta définitivement.

Mais auparavant, nous croyons indispensable d'indiquer rapidement quelles étaient les causes de subrogation admises dans l'ancien droit.

Voici comment on peut résumer, en négligeant les controverses nombreuses auxquelles ce point avait donné lieu, la doctrine qui régnait à ce sujet dans la seconde moitié du xviii⁰ siècle (1).

Il y avait quatre espèces de subrogation :

1° La subrogation consentie par le créancier au profit d'un étranger qui payait la dette : le débiteur n'avait pas à intervenir dans l'opération, et cette subrogation n'exigeait d'autre condition qu'une convention expresse entre le créancier et l'étranger qui le désintéressait.

2° La subrogation consentie par le débiteur au profit d'un étranger qui lui avançait les deniers nécessaires à

(1) V. Pothier. Int. au t. XX, de la Cout. d'Orléans, n°ˢ 69 et suiv.

sa libération. Ce cas de subrogation était soumis à des conditions rigoureuses résultant d'un arrêt de règlement rendu en 1690 par le Parlement de Paris, et devenu célèbre sous le nom d'*Arrété des subrogations*. Pothier nous résume ainsi ces conditions : « Il faut, dit il, 1° que le titre de créance du nouveau créancier soit un acte devant notaires. 2° Qu'il contienne la clause que les deniers seront employés à payer l'ancien, et que le nouveau lui sera subrogé. 3° Qu'il soit d'une date qui précède celle du paiement, ou au moins de même date. 4° Que la quittance du paiement fait en conséquence soit aussi devant notaires. 5° Qu'il soit fait mention dans cette quittance que le paiement est fait des deniers du nouveau créancier. »

3° La subrogation obtenue par réquisition. Nous trouvons, dans cette troisième catégorie de causes de subrogation, tous les cas où les Romains appliquaient le bénéfice de cession d'actions, et de plus, une des hypothèses que nous avons rencontrées en étudiant à Rome la théorie de la *successio in locum*.

Quand, en effet, Pothier nous signale comme devant requérir la subrogation, pour l'obtenir : le coobligé, la caution et le tiers détenteur (Int., t. 20, Cout. Orl. n° 75); il comprend sous cette dernière dénomination deux cas : celui du tiers détenteur ordinaire, et celui du tiers acquéreur qui paie son prix entre les mains des créanciers hypothécaires. Nous avons, en effet (1), signalé la confusion qui s'était établie dans les idées de nos anciens jurisconsultes au sujet de ces deux hypothèses, lorsque nous avons indiqué la controverse qui s'était élevée entre

(1) Voy. pp. 113 à 115.

Loyseau et Renusson, sur le point de savoir si la subrogation était acquise de plein droit au tiers détenteur. Pothier avait tranché cette controverse dans le sens de la négative, et comme sa décision s'appliquait aussi à l'hypothèse du tiers acquéreur, il rangait, sous une même dénomination, les deux cas du tiers détenteur et du tiers acquéreur, dans la classe des subrogations obtenues par réquisition.

4° Enfin, la subrogation était parfois légale : elle avait alors lieu sans aucune réquisition préalable. Il en était ainsi aux cas suivants :

a. Lorsque la dette de l'un des deux conjoints communs avait été acquittée en deniers de la communauté (la subrogation avait alors lieu de plein droit au profit de l'autre conjoint ou de ses héritiers pour leur part dans la communauté).

b. Dans l'hypothèse du *jus offerendæ pecuniæ*, hypothèse à laquelle Lebrun rattachait la subrogation au profit de l'héritier bénéficiaire qui paie la dette de la succession (1).

c. A l'égard des créances auxquelles un privilége personnel était attaché, telles que celles des frais funéraires, des frais de dernière maladie, etc.... (Pothier, Des obligations, n° 558).

d. Enfin, dans l'hypothèse du paiement par intervention d'une lettre de change sur le point d'être protestée (Pothier, *loc. cit.*).

Si l'on compare cette théorie des causes de subroga-

____

(1) Lebrun, Des successions, liv. 3, ch. 4, n° 19. — « L'héritier bénéficiaire, dit il, ne paye les dettes de la succession que pour fortifier son droit et le rendre plus avantageux, de même qu'un créancier postérieur, qui en rembourse un antérieur. »

tion, avec les principes que nous avons rencontrés dans le droit Romain, voici en résumé ce que l'on observe :

1° Toutes les hypothèses où s'appliquait le bénéfice de cession d'actions, sont devenues dans le droit Français des cas de subrogation.

2° Il en est de même des divers cas de *successio in locum* que nous avons étudiés en droit Romain (1).

3° Un cas nouveau, et très-intéressant, de subrogation apparaît : celui de la subrogation consentie par le créancier (2).

Ces notions préliminaires étant données, nous allons revenir à notre sujet, et chercher quelle théorie finit par l'emporter dans l'ancien droit sur la nature de la subrogation. Pour résoudre cette question difficile, nous conserverons la division que la comparaison des causes de subrogation dans l'ancien droit et dans le droit Romain vient de nous fournir, et nous nous demanderons successivement :

1° Quelles modifications subit, quant à sa nature, le bénéfice de cession d'actions ?

2° Ce que devint, à ce même point de vue, la *successio in locum ?*

3° Quelle nature affecta le cas nouveau de la subrogation consentie par le créancier ?

----

(1) Voyez pp. 106 et suiv.

(2) Nous laissons de côté avec intention l'hypothèse où la dette de l'un des conjoints a été payée par la communauté, et celle du paiement par intervention d'une lettre de change. Ces deux cas de subrogation légale n'ont aucune importance au point de vue de la suite de nos développements, et nous ne les avons signalés que pour être complet.

§ 1er. — *Nature du bénéfice de cession d'actions dans l'ancien droit.*

Nous avons déjà dit que les cas ou les Romains appliquaient le *beneficium cedendarum actionum* sont tous compris dans cette classe de subrogation que Pothier appelle : « Subrogation qui se fait en vertu de la réquisition qui en est faite. » Pour simplifier, nous désignerons dans la suite de ce travail cette subrogation par l'expression de : « Subrogation forcée. »

Or, lorsqu'on examine les ouvrages de nos anciens jurisconsultes, on remarque aisément qu'il existe une contradiction absolue, au sujet de la nature de la subrogation forcée, entre les auteurs du xvie siècle et ceux des xviie et xviiie siècles. Il faut donc distinguer avec soin ces deux époques, et constater le changement d'idées qui s'est opéré dans l'intervalle de l'une à l'autre.

1re Période (xvie siècle). — Dans la première époque, les jurisconsultes se font, de la subrogation forcée, une idée toute différente de celle que, selon nous(1), les Romains avaient adoptée sur le bénéfice de cession d'actions. Ils ne la regardent pas comme un acte mixte tenant à la fois du paiement et de la cession : pour eux, c'est une cession pure et simple et qui ne diffère guère (2) de la cession ordinaire, qu'en ce qu'elle fait échec au principe : « *Nemo rem suam vendere cogitur.* » Cette idée, que l'on a contestée, ressort, de la façon la plus évidente, soit des expressions employées par les auteurs du temps,

(1) Voy. pp. 13 et 14.
(2) Nous aurons, en effet, dans un instant, à faire sur ce point quelques réserves.

soit des conséquences qu'ils faisaient produire à la subrogation dans les cas dont nous parlons.

Peut on, par exemple, trouver des expressions plus formelles que celles de Dumoulin, lorsque, se référant à la subrogation forcée, il nous dit que le subrogé « *succedit in omne et tale jus, quod et quale competebat cedenti* » (quest. 49, *De usuris*), et plus loin : « *Cessio habet eumdem effectum ac si nomen cessum cuivis vendidisset* » (quest. 89, *De usuris*)?

De même, comment expliquerait on autrement que Loyseau puisse nous signaler dans la subrogation forcée deux inconvénients, dont le second est que : « La dette cédée passe *cum sua causa*, de sorte que si c'est une rente constituée qui a suite par hypothèque, elle demeure hypothéquée aux dettes du cédant? » Cela suppose bien que l'opération qui est intervenue n'a pas eu, à l'égard du créancier et de ses ayants-cause, les effets d'un paiement, mais ceux d'une cession. Et il n'y a pas à répondre que cette opinion de Loyseau pouvait lui être particu lière, car un peu plus bas, il nous dit que « ces inconvénients ont été aperçus, et que les praticiens ont essayé d'y apporter des remèdes ; » remèdes qu'il qualifie « d'emplâtres plus propres à couvrir le mal qu'à le guérir » (Loyseau, Offices, l. 3, ch. 8, nos 80 et suiv.).

Renusson, d'ailleurs, nous affirme que cette opinion avait été en faveur parmi ses devanciers : « Plusieurs docteurs, dit-il, ont souvent confondu la simple cession d'actions, que nous appelons subrogation, avec la cession et transport qui est une véritable vente, ce qui n'a pas peu contribué à troubler la matière de la subrogation » (Renusson, De la sub., ch. 2, n° 24).

Toutefois, il ne faudrait pas exagérer : nous ne croyons

pas que nos anciens auteurs aient jamais assimilé, d'une façon absolue, la subrogation forcée à la cession de créance ordinaire. Il semble bien, par exemple, que Dumoulin n'admettait pas que le subrogeant fût tenu de l'action en garantie : « Creditor, dit il, non tenetur ce-« dere actiones cum hoc onere ut sint efficaces, sed sim-« pliciter quales habet » (*De usuris*, n° 672); et de même, il n'est guère probable qu'on ait jamais autorisé le subrogé à réclamer plus qu'il n'avait dépensé pour libérer le débiteur. Mais ces dérogations aux règles ordinaires de la cession d'actions, n'empêchent pas que la subrogation forcée ne fût, à cette époque, regardée comme une véritable vente de créance : leur raison d'être, en effet, n'est pas dans un caractère de paiement qu'aurait affecté notre subrogation vis-à-vis du créancier, elle est dans la cause même qui avait amené l'introduction de la subrogation forcée : simple secours accordé à certains débiteurs, elle ne devait pas les enrichir; imposée au créancier, elle ne pouvait l'astreindre à la garantie. Comment, en effet, Dumoulin eût-il pu mettre en harmonie cette obligation imposée au subrogeant, avec l'idée première de la subrogation qu'il exprime si bien par ces paroles : « Civili et æquitate naturali facere te-« netur *quod sibi non nocet*, alteri vero prodest? »

En résumé, pendant la première période de notre ancien droit, la subrogation est, en principe, assimilée à la cession ordinaire : la créance passe au subrogé telle qu'elle existait aux mains du premier créancier; elle n'est pas plus éteinte à l'égard du subrogeant et de ses ayants cause, qu'elle ne l'est vis-à-vis du débiteur et du subrogé; seulement, les droits qu'elle confère au subrogé sont, dans certains cas, restreints en vertu du principe que la subrogation ne lui est accordée qu'à titre de secours, et les devoirs ordinairemeut contractés par un cédant, subissent échec en faveur du subrogeant, à cause du caractère d'équité tout spécial qui distingue notre institution.

2ᵉ Période (xviiᵉ et xviiiᵉ siècles). — Si nous passons à la seconde période de notre ancien droit, et si nous examinons la doctrine qui triomphe aux xviiᵉ et xviiiᵉ siècles, nous retrouvons la subrogation forcée, mais son caractère est tout différent de celui qu'elle présente au xviᵉ siècle. Sans doute sous l'influence d'une étude plus attentive des textes Romains, peut être aussi, grâce à l'assimilation que nous signalerons bientôt de la subrogation consentie par le débiteur aux autres cas de subrogation, les jurisconsultes font un retour manifeste aux principes romains, et la subrogation forcée recouvre le caractère que, selon nous, elle avait à Rome : elle redevient un acte mixte, présentant à la fois les caractères du paiement vis-à-vis du créancier, et ceux de la cession d'actions à l'égard du débiteur et du subrogé.

Les œuvres de Renusson et de Pothier ne laissent aucun doute sur ce point. Renusson, en effet, abandonne formellement l'opinion généralement admise du temps de Loyseau, et d'après laquelle les hypothèques constituées sur une rente suivaient cette rente entre les mains du subrogé. « La subrogation, dit il, n'a pas tous les effets de la vente et de la cession et transport, car..... le subrogé ne pourra pas être troublé, ni assigné en déclaration d'hypothèque, comme une personne qui aurait acquis, et qui aurait une véritable cession et transport du créancier » (chap. II, nº 25). Et dans ce même passage de son livre (n° 12), il formule expressément la théorie que nous indiquons, lorsqu'il donne pour motif de la décision que nous venons de rapporter, que « *la rente sera éteinte à l'égard du créancier*. »

Quant à Pothier, il nous suffira de citer cette seule phrase qui résume toute sa théorie : « Le paiement, quoique fait avec subrogation, dit-il, est un vrai paiement, et ce n'est que par une fiction, que celui qui est subrogé au créancier est censé avoir plutôt acheté de lui la créance que l'avoir payée ; laquelle fiction ne peut profiter qu'à lui. » Il est impossible d'exprimer plus nettement l'idée romaine, telle qu'elle résulte, selon nous, de la loi 21, D., *de tut. et rat. dist.* (27, 3).

Enfin, c'est encore la même théorie que nous trouvons brièvement exposée par Domat, dans ses *Lois civiles* (*Gages et Hypoth.*, liv. III, t. 1, lect. 6, somm. 1).

On voit donc, en définitive, que le bénéfice de cession d'actions, après avoir changé de nature au début du Droit français, a fini par recouvrer son ancienne physionomie, et qu'au moment où le Code fut rédigé, il était redevenu ce qu'il avait été en droit Romain, un acte mixte : Paiement à l'égard du subrogeant, Cession d'actions à l'encontre du débiteur et du subrogé.

§ II. *Nature de la* Successio in locum *dans l'ancien droit.*

Nous avons vu quelle différence profonde séparait, l'une de l'autre, les deux institutions romaines du *beneficium cedendarum actionum* et de la *successio in locum* : la première, transférant au bénéficiaire la créance même du cédant avec tous ses accessoires ; la seconde ne lui faisant acquérir, selon l'opinion commune, que les hypothèques ou les priviléges du créancier désintéressé, selon nous, que le rang de ces hypothèques ou de ces priviléges (1).

Cette distinction ne subsista pas dans notre ancien droit.

Si, en effet, on étudie la théorie de la subrogation telle que l'expose Pothier, le guide habituel des rédacteurs du Code, on voit clairement que cette institution est *une* dans ses caractères et dans ses effets principaux, et qu'elle ne présente plus que des traces rares et peu marquées de la dualité de son origine.

Pothier (*Int.* au t. XX *de la Cout. d'Orléans*, nᵒˢ 66 et suiv.) commence par nous donner une définition générale de la subrogation personnelle : « C'est, dit-il, une fiction de droit par laquelle le créancier est censé céder ses droits, actions, hypothèques et priviléges, à celui de qui il reçoit son dû, » puis, et sans distinguer entre eux, il nous cite à titre de cas de subrogation : l'hypothèse du *jus offerendi et succedendi* (nᵒ 72), celle du tiers acquéreur qui emploie son prix à payer les créanciers ayant hypothèque sur l'immeuble qu'il achète (nᵒ 73), tous les cas où s'appliquait en droit Romain, le bénéfice de cession d'actions (nᵒˢ 75 à 77), et enfin celui de la « subrogation qui se fait par la convention avec le créancier. » (nᵒˢ 78 et 79.)

Enfin, arrivant à l'hypothèse où la subrogation est consentie par le débiteur, il nous déclare expressément que : « Les principes de notre droit Français sont, à cet égard, différents du droit Romain, » car, dit il, « suivant ceux du droit Romain, lorsqu'un nouveau créancier fournit ses deniers à quelqu'un pour payer un ancien créancier, avec la clause qu'il sera subrogé à cet ancien créancier...,

(1) Voy. pp. 80 à 102.

il n'acquiert pas la créance de l'ancien, qui s'éteint par le paiement, mais seulement un droit d'hypothèque qui le met au même rang qu'était l'ancien créancier... Tandis que. suivant les principes de notre droit français..., ce créancier n'acquiert pas seulement les mêmes droits d'hypothèque qu'avait l'ancien créancier, *mais l'ancien créancier ou la loi, pour lui, sont censés lui faire la cession de sa créance*, et il peut, en conséquence, etc... »

Ainsi, Pothier comprend toutes les causes de subrogation dans une même définition, qui est précisément celle que les Romains donnaient du bénéfice de cession d'actions, et il ne nous laisse aucun doute sur la généralité de cette définition, en l'appliquant spécialement au plus original des anciens cas de *successio in locum*. Qu'est-ce à dire, sinon que, de son temps, la matière de la subrogation s'est unifiée, que toute distinction entre les deux institutions romaines s'est effacée, que l'une a absorbé l'autre, et qu'ainsi que nous le faisions prévoir, c'est la théorie de la *successio in locum* qui a disparu, tous ses anciens cas d'application produisant désormais les mêmes effets que ceux de la subrogation forcée.

Comment ce progrès s'est il opéré? comment à eu lieu la fusion de deux institutions si distinctes? Telle est la question qui se présente à nous et que nous voulons essayer d'élucider; et ici encore, une étude historique peut seule nous donner la solution de cet intéressant problème (1).

(1) Nous ne nous occuperons, dans le cours des développements qui vont suivre, que du *jus offerendi* et de la *successio in locum* obtenue à la suite d'une convention avec le débiteur. Ce serait, en effet, multiplier inutilement les citations que de nous occuper du cas de l'acheteur d'immeuble qui remet ou fait remettre son prix aux

Nous avons déjà dit (p. 89), que les glossateurs n'avaient pas aperçu bien nettement en quoi la *successio in locum* différait de la succession d'actions forcée, et nous avons essayé de réfuter les divers systèmes qu'ils avaient proposés pour expliquer les textes qui parlent du premier de ces deux bénéfices ; mais il n'en est pas moins vrai qu'ils avaient remarqué que ces deux institutions n'étaient pas identiques.

Nous ne voyons rien non plus dans les écrits de leurs illustres successeurs, Cujas (1) et Donneau (2), qui puisse expliquer la fusion que nous constatons au temps de Pothier. Cela se comprend d'ailleurs aisément. Ces deux grands jurisconsultes étudiaient le droit Romain en lui-même, et non pour l'appliquer à l'interprétation des coutumes ; dégagés de toute influence étrangère, ils se sont bien gardés de confondre ce que les textes distinguaient si nettement (3).

créanciers hypothécaires, puisque nous avons déjà (pp. 113 à 115) longuement insisté sur la confusion qu'avaient commise les civilistes en assimilant cette hypothèse à celle du tiers détenteur. Quant à la *successio iu locum* en matières de priviléges personnels, la plupart de nos anciens auteurs refusaient avec raison de l'appliquer aux hypothèques privilégiées (les seuls priviléges subsistants dans l'ancien droit), et les autres n'en parlent qu'en passant et sans s'y arrêter ; nous serons donc en droit d'appliquer à ce cas spécial les principes que nous verrons admis dans les autres hypothèses de *successio in locum*.

(1) Comparer : Cujas : 1° Comment. du Code *ad* tit. X, *De oblig. et act.*, liv. 4, — et ad tit. 18, *De his qui in prior. loc.*, liv. 8, — 2° liv. 19, cap. 36, de ses observations. — 3° *Paratitla in lib.* 8 *Codicis ad* tit. 18, etc.

(2) Comparer : Donneau : 1° *De jure civili*, lib. 15, cap. 49, n° 11. 2° *ad* tit. 41, lib. 8, C. *de fidej.*, etc... *ad legem creditori*, 2, — et 3° *ad* tit. 19, *De his qui in pr. loc.* C. *ad leg. non omnimodo*, 1, etc...

(3) On pourrait même leur reprocher de s'en être trop tenus au

Tout autre est, au contraire, le procédé des civilistes lorsqu'ils s'occupent du droit Romain. Pratiques avant tout, les commentateurs de nos coutumes sont visiblement préoccupés, quand ils étudient les sources, du désir de les mettre d'accord avec leurs idées propres ; ils cherchent moins à découvrir les véritables idées des Romains sur le sujet qu'ils traitent, qu'à trouver dans les textes un appui pour les doctrines qu'ils veulent faire triompher en pratique (1). Leur science du droit Romain est donc moins sûre que celle des romanistes purs ; leurs erreurs sont plus fréquentes, et ces erreurs sont d'autant plus importantes à constater, qu'elles produisent immédiatement des conséquences pratiques.

Aussi, est-ce dans les écrits des civilistes que nous trouvons les origines de l'assimilation de la *successio in locum* à la cession forcée (2). Il suffit pour s'en convaincre d'étudier les ouvrages des plus illustres d'entre eux : de Faber, de Dumoulin, de Loyseau, de Basnage, de Renusson, etc.....

commentaire pur et simple des sources, car on ne trouve dans les pages, d'ailleurs peu nombreuses, qu'ils consacrent au *beneficium cedendarum actionum* et à la *successio in locum*, aucun rapprochement de ces deux théories : rapprochement que leur science profonde du droit Romain aurait rendu si fécond, et qui eût probablement évité la confusion dont nous cherchons les origines.

(1) Voir à ce propos la façon dont s'exprime M. Demangeat au sujet de Dumoulin (p. 242 de ses *Obligations solidaires*).

(2) Nous devons dire cependant que les civilistes ne furent pas les premiers à commettre la confusion que nous relevons : Neguzantius les avait précédés dans cette voie, car, parlant du créancier hypothécaire qui use du *jus offerendæ pecuniæ*, il nous dit : « absque *cessione* succedit in jus primi creditoris pro sorte quam ei obtulit, sed etiam pro usuris, » et plus loin : « non solum secundus creditor offerenti succedit in jus hypothecæ prioris creditoris, *sed etiam succedit in jus personalis actionis.* »

Ici encore nous pouvons, comme nous l'avons fait pour la subrogation forcée, distinguer deux périodes : la première comprenant l'époque antérieure au xviie siècle, la seconde se composant des xviie et xviiie siècles. Dans l'une, l'assimilation de la *successio in locum* à la cession forcée n'est pas encore absolue, bien que déjà très-avancée; dans l'autre, elle nous apparaît complètement effectuée.

1re PÉRIODE. — Voici la doctrine qui se dégage des écrits de Faber, de Dumoulin et de Loyseau :

Faber, qui écrivait en 1605, confond absolument les divers cas de *successio in locum* avec ceux de la cession forcée. A chaque instant nous le voyons se servir des mêmes expressions : « Succedere in jus et « locum creditoris, » qu'il s'agisse de l'une ou de l'autre de ces deux classes d'hypothèses (voir spécialement ses *Definitiones* I, II *et* III). Bien plus, dans la *definitio* III, interprétant la clause par, laquelle un prêteur est convenu, avec le débiteur, « ut succedat in « jus et locum creditoris, » il s'écrie : « Quid enim aliud « est in jus et locum creditoris succedere, *quam eadem* « *et personalis et realis actionis jura retinere ?* » Et en note il ajoute : « Non enim succederet in jus et locum « prioris creditoris pignoratitii qui non succederet in « pignus! »

Ainsi, la succession à l'action même du créancier désintéressé ne lui paraît pas douteuse; la seule chose qu'il s'efforce d'établir, c'est la subrogation à l'hypothèque de ce créancier (voir Faber, sur le titre : « De his « qui in prior. loc. »)

La confusion n'est pas si absolue chez Dumoulin ni

chez Loyseau. Ils font une distinction, mais une distinction incomplète.

Tous deux, en effet, s'accordent pour séparer des autres cas de subrogation, celui où elle a été consentie par le débiteur : dans cette hypothèse spéciale, ils reconnaissent que ce n'est pas la créance même du créancier payé qui passe au tiers payant, mais un droit nouveau jouissant des mêmes prérogatives « jus simile et « æque potens. »

Dans tous les autres cas, au contraire, ils nous déclarent que la subrogation a le même effet que la cession transport, et qu'elle transmet au subrogé la créance même de celui qu'il vient de désintéresser.

Cette doctrine, qu'il est important de bien établir, résulte des passages suivants puisés dans leurs ouvrages :

Toute la théorie de Dumoulin se trouve résumée dans un fragment que nous empruntons à son traité *De usuris*, n° 276 : Voulant prouver qu'un mineur débiteur peut, en empruntant pour se libérer, consentir au prêteur la subrogation; le jurisconsulte nous dit : « Nec dicas quod, « hoc casu, secundus creditor dicitur quoddam nego- « cium gerere cum priore creditore, et ab illo cessionem « jurium accipere : quia illud procederet, quando secun- « dus creditor, qui etiam est creditor hypothecarius, vel « justus possessor, et non simplex chirographarius, offert « et solvit priori : quo casu, etiam sine pacto expresso « succedit in jus illius , *tanquam ab eo habens causam* « *seu cessionem expressam vel tacitam.* Sed nos loqui « mur hic in longe diversis terminis, videlicet in mere « extraneo, qui non erat creditor pupilli, nec habebat « jus offerendi priori creditori ad finem petendi ab eo

« cessionem jurium vel subrogationem in locum ejus. Et
« forte aditus creditor recusabat jura cedere, volens sim
« plicem apocham dare : ideo adivit debitorem, vel ejus
« tutorem, et numeravit ei pecuniam creditori solvendam
« ut ejus loco subrogaretur,.... et sic vides quod iste se
« cundus creditor nullam causam habet a primo, sed
« solam causam habet a debitore : et tamen succedit in
« ipsum jus primi, *saltem in jus simile et æque potens*,...
« et hoc merito introductum, et jure comprobatum fuit,
« quia cæteris creditoribus damnum non affert. »

Ainsi, s'agit-il d'un créancier hypothécaire qui exerce
le *jus offerendi*, Dumoulin déclare que c'est un véritable cessionnaire ; s'agit il, au contraire, de la subrogation consentie par le débiteur, le subrogé ne reçoit
aucun droit du créancier payé, il acquiert seulement du
débiteur un droit semblable et de même valeur.

La confusion que nous signalons éclate, d'ailleurs,
encore plus nettement lorsque, résumant une longue
controverse. Dumoulin dit, au n° 344 de la question 49
(*De usuris*) : « Is cui, ex præfata necessitate juris, fieri
« debet et fit cessio, non solum pignus et debitum suum
« confirmat, non solum succedit in jus et prærogativam
« hypothecæ, et privilegii personalis cedentis pro summa
« ei enumerata : sed etiam succedit in omne et tale jus,
« quod et quale competebat cedenti, et ad commodum et
« lucrum usurarium,..... *idque, sive cessionarius sit unus*
« *ex creditoribus hypothecariis, sive unus ex fidejussori*
« *bus* » (1).

(1) Les expressions de Dumoulin au n° 338 de la question 47 ne
sont pas moins probantes : « Jure cavetur, quod creditor hypothe
« carius non conventus possit voluntarie offerre alii creditori etiam
« pignus possidenti, et *avocare pignus et cessionem jurium.* » Dan-

Si nous passons à Loyseau, la preuve de notre assertion n'est pas moins aisée à fournir. Voici, en effet,
comment on peut résumer les quelques pages qu'il consacre, dans son Traité des offices (1. 3, ch. 8, n°s 57 et
suiv.), à la théorie de la subrogation :

« Pour bien éclaircir cette matière, si obscure et si
importante, dit il, j'estime qu'il faut distinguer si celui
qui veut acquérir le privilége ou l'ancienne hypothèque,
a baillé directement son argent à l'ancien créancier, ou
s'il l'a baillé au débiteur par les mains duquel il soit
parvenu à icelui. »

Cette première distinction posée, il en prend le premier membre, et, après avoir indiqué ses cas d'applica
tions, il détermine l'effet qu'y produit la subrogation, en
disant : « Tous ceux-là ne sont pas présumés faire le
paiement au nom du débiteur, et pour le libérer, et amor-
tir par conséquent la dette, mais en leur nom, et pour se
libérer eux mêmes d'icelle *et se la conserver.* » Il applique donc bien ici la théorie de la cession forcée.

S'occupant alors des cas où, en droit romain, s'appliquait la théorie de la *successio in locum.* Loyseau
déclare n'en pas admettre l'existence en droit français,
mais la façon dont il en parle prouve, qu'à son avis, la
successio in locum en droit romain (sauf dans le cas
de la subrogation consentie par le débiteur), opérait le
transport de la créance même. Parlant, en effet, du
ius offerendæ pecuniæ, il nous dit : « En quoi il n'y
a qu'une exception, à savoir : le créancier hypothécaire
postérieur, payant la dette antérieure, même l'offrant

plusieurs autres passages il définit le jus offerendæ pecuniæ :
« jus offerendi et *cessionem petendi.* »

réellement, est dès cet instant subrogé par la loi *au droit d'icelle*, sans qu'il soit besoin de cession expresse d'actions. »

Il est donc certain, qu'au point de vue de l'interprétation des textes, Loyseau commet la même confusion que Faber et Dumoulin. Montrons qu'il reproduit la même distinction que ce dernier :

Après avoir indiqué les inconvénients de la subrogation consentie par le créancier, inconvénients dont le principal est que « la dette cédée passe *cum sua causa*, de sorte que si c'est une rente constituée qui a suite par hypothèque, elle demeure hypothéquée aux dettes du cédant », le jurisconsulte ajoute : « Lesquels deux inconvénients sont évités en traitant simplement avec le débiteur (ce qui est l'autre membre de notre division),... car il faut considérer que cette action du second créancier n'est pas tout à fait la même qu'avait le premier, mais une autre toute pareille que le droit subroge au lieu d'icelle..... Aussi, toutes les lois qui en parlent ne disent pas que « Secundus creditor succedat in actionem « primi, » mais disent nommément « *in locum primi, id* « *est in ordinem hypothecæ* » (n° 80).

Telle était donc la doctrine dominante au xvi° siècle : La distinction romaine ne subsistait plus qu'à l'égard de la subrogation consentie par le débiteur, tous les autres cas de subrogation étant assimilés et produisant les mêmes effets. Les jurisconsultes se seraient évidemment maintenus dans cette distinction, si un acte législatif important ne fût survenu, et n'eût fait faire à notre matière un dernier pas vers l'unité.

2ᵉ Période. — En 1609, en effet, voulant mettre un

terme aux dernières résistances qui se manifestaient contre l'admission, dans notre droit, de la subrogation consentie par le débiteur, Henri IV rendit une déclaration, devenue célèbre, par laquelle il décida que : « Ceux qui fourniraient leurs deniers aux débiteurs,... avec stipulation expresse de pouvoir succéder aux hypothèques des créanciers qui seraient acquittés de leurs deniers, seraient et demeureraient subrogés de droit aux *droits, hypothèques, noms, raisons et actions des anciens créanciers, sans autre cession et transport d'iceux...* »

Il n'était plus guère possible, en présence de cette surabondante énumération des effets de la subrogation consentie par le débiteur, de songer à distinguer encore cette cause de subrogation des autres. Cependant, ce résultat ne fut pas immédiatement admis, et quelques jurisconsultes continuèrent à enseigner la doctrine de Dumoulin : c'est ainsi que Loyseau, dans celles des éditions de son Traité des offices, qu'il fit paraître postérieurement à 1609, ne changea rien à ce qu'il avait écrit antérieurement à la déclaration, disant « qu'il ne faut pas la prendre pour un droit nouveau,... mais plutôt pour une explication du droit ancien »; et Basnage, bien qu'il écrive après l'édit d'Henri IV, et le cite dans son livre, reproduit la distinction de Dumoulin et de Loyseau (Hypothèques, ch. 15).

Mais ces résistances isolées ne pouvaient triompher de la doctrine nouvelle qui ressortait si impérieusement de l'acte de 1609, et nous voyons bientôt les plus illustres jurisconsultes unanimes pour constater qu'il n'y a qu'une espèce de subrogation.

Dès le milieu du xviiᵉ siècle, Renusson, le premier auteur qui ait traité à fond la matière, nous dit : « Nos lois n'ont pas admis de subrogations de différente nature, celle qui se fait de plein droit et celle qui vient de la convention ont même effet, et font passer également au subrogé les droits du créancier qui a été payé. La dette ne change pas de nature ; elle passe avec ses accessoires au subrogé...... *Cela est confirmé par l'Ordonnance du roi Henri IV....* » (Renusson, Traité de la subrogation, ch. 14, n° 2) (1).

Enfin, les deux lumières du xviii⁰ siècle, Domat et Pothier, n'hésitent pas à reproduire cette doctrine. Nous avons déjà cité (2) de Pothier des fragments qui le prouvent suffisamment; ajoutons seulement que, lui aussi rattache les principes qu'il expose à la déclaration d'Henri IV (Int., au tit. 20, Cout. d'Orl., n° 80). Quant à Domat, chez lequel on a cru trouver une doctrine exactement contraire à celle que nous exposons, nous nous contenterons de citer ici de lui cette phrase : « Pour acquérir, sans autorité de justice, le droit d'un créancier et son hypothèque, il suffit de deux choses l'une : ou que celui qui paie le créancier prenne son transport comme il a été dit dans le premier article (c'est-à-dire par convention avec le créancier), ou qu'il convienne avec le débiteur que, payant pour lui, il sera subrogé...... » On voit qu'il reconnaît identité d'effets à la subrogation, qu'elle ait été consentie par le débiteur ou par le créancier. (Domat, Lois civiles, liv. 3, tit. 1, section 6, sommaire 3.)

____

(1) Comparer ce que dit le même auteur dans les chapitres : I n° 12, et IV n°ˢ 20 et 24 du même traité.

(2) Voy. pp. 156 et 157.

§ III. *Nature de la subrogation consentie par le créancier,
dans l'ancien droit.*

Se demander si la subrogation consentie librement
par le créancier à un étranger (1) diffère de la cession
d'actions, c'est mettre en question l'existence même de
cette cause de subrogation.

Nous ne pensons pas que cette cause de subrogation
ait été admise du temps de Dumoulin et de Loyseau,
nous n'en avons trouvé aucune mention dans leurs ouvrages et de plus la subrogation forcée ne différait guère,
à leur avis, de la cession ordinaire qu'en ce qu'elle était
forcée, or, s'ils reconnaissaient à cette subrogation presque
tous les effets de la cession, il devait en être, par *à fortiori*, de même quand elle était consentie librement par
le créancier (2).

Mais, dès cette époque, il s'opéra dans les mots une
confusion qui dut plus tard aider puissamment à l'éta-
blissement d'une distinction marquée entre la subroga
tion consentie par le créancier et la cession ordinaire :
« Dans l'usage, en effet, dit très-bien M. Toullier (t. VII,
n° 119), lorsque des créanciers cédaient ou transmet-

(1) Le sens de cette expression dans notre matière, est parfaitement déterminé par ces paroles de Renusson : Nous appelons
étranger celui qui n'est ni débiteur, ni caution du même débiteur,
ni créancier du même débiteur, ni acquéreur, ni détenteur de la
chose obligée. » (Renusson. Subrog., ch. X, n° 1.)

(2) Il n'y a pas, d'ailleurs, à songer à appliquer à la subrogation
librement consentie par le créancier les deux dérogations que les
juriconsultes du 16me siècle admettaient en matière de subrogation
forcée, puisque ces deux dérogations tenaient précisément au caractère *forcé* de l'opération (V. suprà, p. 153).

taient volontairement à des tiers leurs créances et les droits qui y étaient attachés, les notaires, croyant le mot de subrogation plus énergique, l'employèrent indistinctement au lieu du mot de cession. »

Plus tard, on reconnut à la subrogation forcée une nature toute différente de celle de la cession ordinaire, et alors, grâce à cet abus des mots qui avait habitué les esprits à concevoir une subrogation librement consentie par le créancier, on dut être tenté d'appliquer, au moins dans certains cas, à cette opération les effets nouveaux attribués à la subrogation forcée. Rien, du reste, n'était plus logique, car si, le plus souvent, celui qui paie pour un tiers en se faisant subroger cherche à faire une opération avantageuse, il n'est pas sans exemple que ce tiers veuille seulement rendre un service et ne cherche dans la subrogation qu'un moyen d'assurer le recouvrement de son avance. Quoi qu'il en soit, il est certain que des controverses ne tardèrent pas à s'élever sur ce point, car déjà d'Olive (L. 4, ch. 26), qui écrivait avant Renusson, posait la question. Il est vrai qu'il la résout en repoussant toute différence entre cette subrogation et la cession transport, et que Renusson suit son opinion en déclarant « qu'il y a nécessité de conclure qu'une telle subrogation qui est faite seulement par le créancier, et à laquelle le débiteur n'a point consenti, est une véritable cession et transport, et par conséquent qu'elle en doit avoir tous les effets » (Renusson, Ch. 10, n° 23); mais il y a tout lieu de croire que cette opinion était déjà sérieusement contestée en pratique, car, dans un autre passage, Renusson est moins affirmatif et nous dit que ce serait : « une question de savoir si telle subrogation serait véritable cession et transport. » (Ch. 15, n° 6).

Enfin, au XVIIIe siècle, la distinction entre la cession et la subrogation consentie par le créancier nous apparaît définitivement établie, cette dernière opération s'étant séparée de la première pour venir se fondre avec les autres cas de subrogation et leur emprunter leur nature mixte. Domat, en effet, nous déclare que « il est égal pour l'effet du transport à celui qui paie le créancier pour le débiteur, que ce soit son coobligé, ou une caution, ou une tierce personne », et Pothier après avoir donné de la subrogation la définition que nous avons déjà rapportée, nous dit que la subrogation « se fait de différentes manières : ou en vertu de la loi seule... *ou en vertu de la convention avec le créancier...* » (V. Pothier. Int. t. 20, Cout., Orl., n° 69.)

En résumé, l'étude historique que nous venons de tenter nous donne sur la nature de la subrogation, dans le dernier état de l'ancien droit français, les résultats suivants :

1° Il n'y a aucune distinction à établir entre les divers cas de subrogation (1);

2° Dans tous les cas la subrogation présente un caractère mixte : c'est un paiement à l'égard du créancier, c'est une cession à l'égard du débiteur et du subrogé.

Nous aurions pu répondre de suite, et à mesure que

(1) Nous n'avons pas parlé, il est vrai, des cas de subrogation légale compris, dans le tableau que nous avons présenté (p. 149,) des causes de subrogation, sous les lettres *a* et *d*, mais ces cas n'offraient qu'un intérêt tout à fait secondaire : les auteurs se contentaient de les signaler sans leur accorder aucun développement ; rien n'autoriserait donc à leur attribuer une nature différente de celle des autres cas de subrogation.

nous développions ce que nous croyons avoir été les opinions des divers auteurs que nous venons de citer, aux arguments contraires que l'on a voulu tirer de leurs ouvrages. Mais nous avons pensé que ces réponses présenteraient plus d'intérêt, étant faites au moment même où l'exposé de la grande controverse qui divise les auteurs modernes au sujet de la nature de la subrogation, nous amènerait à signaler les arguments auxquels s'appliquent ces réfutations.

CODE CIVIL

L'histoire tourmentée de notre institution, les innombrables controverses auxquelles elle avait donné lieu dans l'ancien droit, la désignaient d'une façon toute spéciale à l'attention de nos législateurs, et l'on s'attendrait à trouver dans le Code civil de longs développements à son sujet. Il n'en est pourtant pas ainsi; quatre articles (1249 1252) contiennent tous les renseignements que les rédacteurs du Code ont jugé bon de nous fournir sur le paiement avec subrogation. Ce laconisme, regrettable à tous égards, est surtout sensible en ce qui concerne la nature et les effets de ce bénéfice, car, tandis que sur les quatre articles consacrés à la matière, trois s'occupent des causes et des conditions du paiement avec subrogation, un seul (1252) traite de ses effets, et cela à un point de vue tout spécial, sans qu'aucune règle générale soit posée qui puisse servir de point de départ aux interprètes. Aussi cette partie du sujet est-elle particulièrement intéressante par les controverses qu'elle a fait naître, et c'est sur elle que nous voulons concentrer nos études.

Mais auparavant, nous croyons utile de résumer rapidement, comme nous l'avons fait pour l'ancien droit, la théorie du Code en ce qui concerne les causes de subrogation. Nous retrouvons, du reste, dans les quelques articles consacrés à la matière, un tableau des cas de subrogation à peu près identique à celui que nous avons emprunté à Pothier; cependant parmi les rares change ments que nous pouvons constater, il en est un, le prin cipal et à coup sûr le plus heureux, qui a eu pour effet de simplifier le classement des causes de subrogation : c'est la suppression de l'obligation pour les coobligés, cautions et tiers détenteurs, de requérir la subrogation avant le paiement. Comprenant la puérilité d'une pareille exigence, les rédacteurs du Code se sont rattachés à la doctrine de Dumoulin et ont décidé que dans tous les cas où autrefois la subrogation pouvait être requise, elle aurait lieu de plein droit.

Nous ne trouvons donc plus dans le Code civil que deux espèces de subrogation. La subrogation, nous dit on, dans l'art. 1249 est : ou conventionnelle ou légale.

a. Conventionnelle : lorsqu'elle est consentie, soit par le créancier sans que l'intervention du débiteur soit né cessaire, soit par le débiteur sans que l'on ait besoin du concours de la volonté du créancier (1) (1250).

b. Légale, dans les cas expressément spécifiés par la loi. Ces cas sont au nombre de cinq (V. art. 1251 C. c, et 159, 187 C. com.) :

(1) On peut remarquer en lisant l'article 1250 qu'il reproduit les conditions auxquelles l'arrêté de 1690 avait soumis la validité de la subrogation consentie par le débiteur (V. p. 148). Il faut aujourd'hui encore que l'acte d'emprunt soit notarié et mentionne le but de l'emprunt, et que la quittance, également notariée, constate que le paiement a été fait des deniers empruntés. Une seule des dispositions de l'arrêté de 1690 n'est pas reproduite, c'est celle qui exigeait que l'acte d'emprunt fût « d'une date antérieure à celle du paiement ou au moins de même date. » Nous croyons cependant que malgré le silence du Code à cet égard, cette exigence doit être maintenue : Le Code, à notre avis, ne l'a pas reproduite comme étant évidente et résultant de la marche des idées dans l'article 1250 2°.

1° Celui du *jus offerendæ pecuniæ* ;

2° L'hypothèse du tiers acquéreur qui emploie son prix d'acquisition à désintéresser les créanciers ayant hypothéque sur l'immeuble ;

3° Le cas où celui qui a payé la dette avait intérêt à l'acquitter comme en étant tenu avec d'autres ou pour d'autres : formule qui comprend au moins les trois cas dans lesquels le·droit Romain accordait le *beneficium cedendarum actionum*, et l'ancien droit, la subrogation forcée ;

4° Le cas où l'héritier bénéficiaire a payé de ses deniers les dettes de la succession ;

5° L'hypothèse, du paiement par intervention d'une lettre de change ou d'un billet à ordre.

Comme on le voit, il n'y a guère de différence entre ce tableau des causes actuelles de subrogation et celui que nous avons présenté pour l'ancien droit (pp. 147 et suiv.) Notons seulement que la confusien entre le bénéfice de cession d'actions et la *successio in locum* est encore plus nettement accusée dans le Code, puisque nous trouvons réunis dans un même article (1251) des cas dont les uns (1251-3°) appartenaient autrefois à la première, et les autres (1251 1° et 2°) à la seconde de ces deux institutions.

Nous n'avons pas à nous arrêter sur les questions nombreuses auxquelles donne lieu l'étude des causes et des conditions du paiement avec subrogation ; nous allons donc aborder immédiatement la partie de cette institution que le Code laisse plus particulièrement dans l'ombre, et rechercher dans deux chapitres différents :

1° Quelle est la nature du paiement avec subrogation ;

2° Quels en sont les effets

CHAPITRE PREMIER.

Qu'est ce que la subrogation ? Quelle est la nature de ce bénéfice ? Cette question importante a soulevé une controverse qui a pris place parmi les plus célèbres auxquelles le Code civil ait donné lieu. On peut compter jusqu'à quatre opinions sur cette question :

(*a*) D'après un premier système il n'y aurait aucune distinction à établir entre la subrogation personnelle et la cession de créance. (Delvincourt t. II, p. 159.)

(*b*) Dans un deuxième, au contraire, il n'existerait aucun lien entre ces deux institutions, le paiement avec subrogation éteignant la dette et ne transmettant au subrogé que les sûretés accessoires qui garantissaient la créance payée.

(*c*) D'après une troisième opinion, il faudrait distinguer entre les divers cas de subrogation : assimiler la subrogation consentie par le créancier à la cession, distinguer au contraire avec soin de cette opération tous les autres cas de subrogation.

(*d*) Enfin, nous soutiendrons qu'il ne faut établir aucune distinction entre les diverses causes de subrogation, et que, dans tous les cas, ce bénéfice a pour effet de transmettre au subrogé la *créance même* avec tous ses accessoires, le paiement ayant d'ailleurs éteint cette créance à l'égard du créancier primitif.

Toutefois, des quatre opinions que nous venons de

mentionner, nous ne discuterons que les trois dernières ;
la première, celle qui tendrait à assimiler dans tous les
cas la subrogation et la cession de créance, est depuis
longtemps abandonnée : elle est, en effet, contraire à
l'historique de la matière aussi bien qu'aux travaux préparatoires et au Code civil lui même. Il est donc inutile
de nous y arrêter : et nous allons immédiatement exposer
les deux autres systèmes que nous avons rangés sous les
lettres *b* et *c*, en indiquant, à mesure que nous les exposerons, les raisons qui nous forcent à les repousser. Ce
travail d'élimination effectué, nous indiquerons l'opinion à laquelle nous nous rattachons et les arguments
qui militent en sa faveur.

PREMIER SYSTÈME. — *Le paiement avec subrogation ne
transmet pas la créance même, qui s'éteint par le paiement,
mais seulement les sûretés accessoires de cette créance.*

Pour comprendre ce premier système, il faut se rappeler que selon le droit français, dans toutes les hypothèses où la subrogation peut avoir lieu, le subrogé a de
son chef, et en vertu du paiement qu'il vient de faire,
une action contre le débiteur : ce sera, selon les cas,
tantôt une action de mandat, tantôt une action de gestion
d'affaires, tantôt enfin ce que l'on est convenu d'appeler
une action de *in rem verso*.

Eh bien, dit on, c'est à cette action nouvelle que vont
se rattacher les sûretés accessoires qui garantissaient la
créance primitive, cette créance primitive étant éteinte
par le paiement.

L'importance pratique de cette doctrine est, du reste,
considérable et apparait surtout quand on recherche
les droits que la subrogation transmet au subrogé. Nos

adversaires pourront, en effet, discuter sur la portée de ces expressions « les *accessoires* de la créance, » et les interpréter plus ou moins largement, il y aura toujours certaines qualités de cette créance qui n'en sauraient être regardés comme les accessoires et dont leur théorie privera le subrogé. Tels sont, par exemple, les avantages qui résultent pour le créancier de l'existence d'un titre authentique, de la compétence spéciale d'un tribunal et du droit de contraindre le débiteur par corps. Ces trois qualités tiennent, en effet, à la nature même de la créance et ne peuvent exister sans elle : le subrogé n'en peut donc pas jouir s'il est vrai de dire qu'il n'acquiert point la créance même qu'il a payée.

Cette opinion, qui a joui autrefois d'une grande faveur, compte parmi ses défenseurs des jurisconsultes éminents. Merlin (1), le premier, lui prêta l'importante autorité de sa parole, et, depuis, MM. Bugnet (2) et Marcadé (3) l'ont embrassée ; mais elle a surtout trouvé un défenseur convaincu dans M. Grappe, ancien professeur de la Faculté de Paris. Interrogé à l'occasion d'un procès dans lequel se trouvait intéressé M. de Talleyrand, cet éminent jurisconsulte écrivit une consultation (4) qui est restée célèbre à juste titre, car elle offre, selon l'expression de M. Bugnet (5) « un traité complet sur la matière. »

(1) Merlin. Répertoire de Jurisp. Vᵒ Subr. de Personne, sect. 2, § 1.

(2) Bugnet. Sur Pothier, t. I, p. 661, nᵒˢ 2 et 3; t. II, p. 299 n. 1 et p. 300 n. 2.

(3) Marcadé. Explication du Code civil. Sur l'art. 1236 (t. 4 p. 549 et suiv.)

(4) Cette consultation remarquable est rapportée en entier par Merlin, dans ses *Questions de droit*, Vᵒ Subrogation, § 1ᵉʳ.

(5) Sur Pothier, t. 2, p. 299, n. 1.

Voici par quels arguments les auteurs que nous ve
nons de citer, cherchent à établir leur système :

Le Code, disent ils, ne se prononce pas sur la nature de la subrogation, il faut donc, pour la déterminer,
se référer aux principes généraux et aux précédents historiques.

Or, que s'est-il passé ? Il y a eu un paiement, ce paiement a éteint la créance, on ne peut donc songer à la re-
trouver entre les mains du subrogé ! « On se demande,
dit M. Grappe, comment la subrogation pourrait transmettre un droit, une action anéantis, » et si on l'admettait, ajoute ingénieusement M. Marcadé, « il s'ensuivrait
que les mots *paiement avec subrogation*, qui se trouvent
fréquemment dans la loi, signifieraient : *extinction avec
continuation, anéantissement avec maintien*, et ne formuleraient dès lors qu'une absurdité. » Voilà pour les principes.

Si l'on passe aux précédents, nos adversaires croient
trouver jusque dans le droit romain la confirmation de
leur système. Voyez, nous dit-on, la loi 2 C. *de his qui in
pr. loc.*; elle se garde bien de dire que le subrogé acquiert
l'action du créancier payé, elle dit seulement : « Ejus
locum cui pecuniam numerasti, consecutus es ». De
même, dans la loi 36 *De fidej.*, Paul ne dit pas que le
le créancier, en consentant la subrogation, ait fait une
vente réelle, il dit seulement « *quodammodo vendidit.* »

Et telle est bien, ajoute t on, la doctrine qui s'est
transmise par l'intermédiaire de nos anciens auteurs jusqu'au Code civil. On rappelle, en effet, que Loyseau,
dans son *Traité des offices* (liv. 3, ch. 2, n° 9), observait
que « les lois qui parlent de l'action du second créancier
ne disent pas que «secundus creditor succedit in actionem

primi, » mais disent communément «*in locum primi*, id est in ordinem hypothecæ, » et que Dumoulin faisait la même observatiou dans son traité *De Usuris* (quest. 49) : « Licet creditor, disait il. dicat se cedere jus suum, tamen hoc non intelligitur fieri ad transferendum dominium, sed solum hypothecam in cessionarium, quia non censetur emere et pecuniam dare dominii acqui rendi causa, sed gratia servandi pignoris. » Enfin, cette doctrine, si solidement établie au seizième siècle, paraît bien à nos adversaires s'être conservée jusqu'à nous, car ils la retrouvent postérieurement à Renusson et jusque dans les œuvres de Pothier : postérieusement à Renusson, car on lit dans les *Additions* faites à son Traité des subrogations par Sérieux (1) « qu'il faut bien prendre garde de confondre la cession proprement dite avec la subrogation..... car la cession transfert la dette même, *la subro tion en transmet seulement quelques prérogatives* » (2) ; dans les œuvres de Pothier, car il nous déclare (Int. T. xx, Cout. d'Orl. nᵒ 67) que « lorsqu'un créancier d'une rente en a reçu le rachat, quoiqu'il ait subrogé à ses droits celui qui a fourni les deniers, néanmoins *la rente est véritablement éteinte,* » et il ajoute : « Les droits d'hy pothèque que les créanciers de ce créancier avaient dans cette rente, le sont aussi ; en cela, la subrogation diffère du transport. »

(1) Tel est du moins le nom donné par M. Gauthier, n. 1, p. 63, à l'auteur de ces additions.

(2) M. Grappe qui cite ces paroles les attribue à Merlin : mais l'illustre procureur général les avait empruntées à Sérieux. Nous avons cru devoir les restituer à leur véritable auteur, afin de rendre plus puissant l'argument qui en résulte en faveur du système que nous exposons.

L'adversaire de l'illustre client de M. Grappe invoquait,
contre ce système, les termes si explicites de l'ordonnance
de 1609, dans laquelle Henri IV déclare que, dans l'hypothèse où la subrogation aura été consentie par le dé
biteur, le subrogé succédera de droit : « Aux *droits*, hypothèques, *noms* et actions des anciens créanciers, *sans
autre cession et transport d'iceux.* » Cet argument n'arrête
pas M. Grappe. « L'ordonnance, répond-il, n'a rien fait
de nouveau, elle s'est contentée, comme elle le dit elle-
même, de faire participer les pays coutumiers aux
avantages accordés par le droit Romain ; or, nous avons
vu que les lois romaines ne conservaient dans la subrogation que les anciennes hypothèques et les anciens
priviléges. » Le mot action, dans l'ordonnance, ne peut
donc désigner, au dire de l'éminent professeur, que l'ac
tion qui résulte des priviléges, des hypothèques et des
cautionnements.

Bien plus, la déclaration de 1609 porte en elle même,
selon M. Grappe, une preuve irrésistible qu'elle ne maintient pas la dette.

On sait à quel propos fut rendue cette ordonnance :
un édit de Charles IX, de 1576, avait fixé au denier
douze (8 1⁄3 p. 0⁄0) le taux maximum des rentes consti
tuées, ce taux fut réduit, en 1601, par Henri IV, au denier seize (6 1⁄4 p. 0⁄0); dès lors, les débiteurs trouvaient
avantage à créer des rentes nouvelles pour acquitter les
anciennes, mais les anciens créanciers, tenant à con
server des créances aussi profitables, refusaient de con
sentir la subrogation, et les controverses qui existaient
sur le point de savoir s'il pouvait la consentir sans l'assentiment du créancier, ôtaient tout crédit au débiteur.
C'est pour faire cesser ces controverses que fut rendue

l'ordonnance dont nous avons rapporté les termes, qui permit expressément au débiteur de consentir seul la subrogation.

Eh bien, dit M. Grappe, ne résulte t-il pas du but même que s'est proposé le législateur de 1609, qu'il n'a pas entendu maintenir la créance au profit du subrogé ? S'il l'avait maintenue, en effet, il n'aurait accordé aucun avantage aux débiteurs, « puisque par la subrogation ils n'auraient fait que changer de créanciers, et que cette mutation ne leur eût apporté aucun soulagement..... La preuve que l'ancienne dette était anéantie, et qu'il ne restait que la nouvelle, c'est que les débiteurs, au lieu d'une rente au denier douze, n'en payaient désormais qu'une au denier seize. »

Nous ne partageons pas cette opinion, et nous allons essayer de prouver qu'on doit la repousser, en réfutant les arguments qu'elle invoque.

Nos adversaires, se plaçant d'abord sur le terrain des principes, nous objectent que l'on ne peut céder ce qui est éteint : mais leur système va, lui aussi, contre ce principe, car ils admettent que la subrogation transfert au subrogé les sûretés accessoires de la créance primitive, et cependant, si le paiement a éteint cette créance, les sûretés accessoires qui la garantissaient sont tombées avec elle ! M. Grappe a prévu l'objection et a tenté d'y répondre : sans doute, a t il dit, la créance est éteinte, mais grâce à une fiction, elle est *censée avoir subsisté* ; seulement cette fiction n'a d'autre but que de conserver à la nouvelle dette l'ancienne hypothèque. Ainsi, de l'aveu de M. Grappe, le subrogé est bien censé succéder à la créance même de celui qu'il vient de désintéresser ; comme nous, le jurisconsulte admet cette fiction, mais il ne lui fait produire ses conséquences naturelles que juste autant qu'il le faut pour établir sa doctrine : le subrogé est censé acquérir la créance même, tout comme il est censé en acquérir les sûretés accessoires, mais la première fiction n'a d'autre but que de soutenir la seconde.

Cette réponse suffirait, ce nous semble, à condamner le système de son auteur. Est il, en effet, rien de plus arbitraire et de plus illogique ! Et, dans tous les cas, peut on comprendre que le défenseur d'une opinion aussi singulière, reproche à notre doctrine d'être : « en opposition manifeste avec les vrais principes » ?

Si nous passons à l'argument invoqué par M. Marcadé, nous verrons aisément que, bien que très-spirituellement présenté, il est loin d'établir ce qu'il faudrait prouver. Sans doute, en effet, si nous assimilions entièrement la subrogation et la cession de créance, les expressions du Code : « Paiement avec subrogation » ne formuleraient qu'une absurdité, mais il n'en est pas ainsi ; le paiement avec subrogation est, selon nous, un acte mixte, et les expressions du Code, telles que les traduit M. Marcadé : «Extinction avec continuation », sont très-heureusement choisies pour caractériser cette opération, puisqu'elle consiste à notre avis en un *paiement*, c'est à dire en une *extinction*, vis à vis du créancier, en une *cession*, c'est à dire en une *continuation*, à l'égard du débiteur et du subrogé, et, à coup sûr, il n'y a rien d'absurde à ce que la dette, disparaissant à l'égard d'une des parties, continue à exister à l'encontre de l'autre.

Au point de vue des principes, on le voit, la doctrine que nous combattons n'offre aucun avantage sur la nôtre :

comme la nôtre, elle déroge à ces principes et d'une façon bien autrement étrange.

Si nous passons aux arguments historiques, nous ne les trouvons guère plus solides.

·La loi 2, C. *De his qui in pr.* que M. Grappe cite en tête de sa consultation, n'a aucune valeur, car elle vise un cas de *successio in locum*, et nous avons vu que cette institution avait disparu, absorbée par celle du bénéfice de cession d'actions. Quant à cette dernière, nous avons déjà suffisamment établi quelle était sa véritable nature en droit Romain, pour n'avoir pas à réfuter le prétendu argument que M. Grappe cherche à tirer de la loi 36, D. *de fidej*.

Mais c'est surtout dans les œuvres de nos anciens jurisconsultes que la doctrine que nous combattons a cherché un appui. On nous cite Loyseau, Dumoulin, Sérieux et Pothier, et certes si leur théorie était telle qu'on nous la présente dans le camp opposé, il faudrait nous incliner et reconnaître que le silence du Code vaut acquiescement à leur doctrine. Mais il n'en est pas ainsi, nous allons le montrer.

Loyseau, nous dit on, constate que les lois romaines disent seulement du subrogé qu'il succède : « in locum primi, id est in ordinem hypothecæ. » Cela est vrai, mais on commet une grave erreur en appliquant à tous les cas de subrogation cette remarque de Loyseau, et l'étude historique que nous avons présentée sur la subrogation dans l'ancien droit, va nous permettre de réfuter cette erreur. Il est facile de se convaincre, en effet, que Loyseau, dans le passage indiqué, ne s'occupe que du cas où la subrogation est consentie par le débiteur ; or, nous avons vu qu'à son époque, cette cause de subrogation se distinguait des autres en ce qu'elle ne transmettait pas la créance même, mais seulement un *jus si mile et æque potens*, garanti par les mêmes prérogatives. M. Grappe devrait donc, tout au moins, s'il fonde sa doctrine sur celle de Loyseau, la restreindre à cette hypothèse spéciale de la subrogation consentie par le débiteur. Encore aurait il tort de la maintenir dans ces limites restreintes.

Nous avons, en effet, établi par des preuves qui ne nous paraissent pas contestables (voir notamment Pothier, Intr. T. XX Cout. d'Orl., n° 80), qu'après la déclaration de 1609, et en présence des termes remarquablement explicites de cette déclaration, les jurisconsultes avaient abandonné la manière de voir de leurs prédécesseurs et reconnu que dans le cas où elle était consentie par le débiteur, comme dans les autres, la subrogation opérait le transport de la créance même.

M. Grappe, il est vrai, s'il ne conteste pas le fait même de cette interprétation de la déclaration de 1609, en nie la légitimité : faisons d'abord observer qu'alors même qu'il aurait raison sur ce point, notre adversaire n'y gagnerait rien, car les rédacteurs du Code ont évidemment dû se reporter, moins au texte même de l'ordonnance, qu'à l'application qu'en avait faite la jurisprudence. Mais il y a plus, et la critique même de M. Grappe nous paraît dénuée de fondement.

Que nous dit il en effet? Que le mot action employé par l'ordonnance se réfère à l'action résultant des hypothèques, des priviléges et des cautionnements : cela est contestable, mais admettons le. Comment expliquera-t-on dans ce système cette autre expression de la déclaration d'Henri IV : « Le subrogé succède aux *noms* de l'ancien créancier »? Car chacun sait que ce mot est la tra-

duction française la plus littérale du mot latin « *nomen* »
qui signifie créance !

Mais, nous dit on encore, qu'importent les termes dont
se sert l'ordonnance, si sa décision même répugne à
votre système ? Or, n'est il pas évident que la créance
même n'a pas passé au subrogé, puisque sous le régime
de l'ordonnance, le débiteur, au lieu d'une rente au denier douze, n'en payait plus, après la subrogation, qu'une
au denier seize ? Cet argument serait péremptoire s'il
était opposé au système qui prétend assimiler entièrement
la subrogation à la cession; dirigé contre notre opinion,
il est dénué de toute valeur juridique, car dans notre
système comme dans celui de M. Grappe, les principes
fondamentaux de notre institution ne permettent pas que
le subrogé réclame au débiteur plus qu'il n'a payé pour
éteindre la dette à l'encontre du créancier primitif.

Nos contradicteurs sont-ils plus heureux lorsqu'ils
invoquent en faveur de leur doctrine l'autorité de Dumoulin ? Nous ne le pensons pas, car nous avons établi
(p. 162), en rapportant de nombreux fragments à l'appui
de notre assertion, que le grand jurisconsulte professait
une opinion diamétralement opposée. Comment donc
expliquer que M. Grappe puisse nous présenter à l'appui
de sa thèse, un passage des œuvres de Dumoulin ? Nous
sommes-nous trompé, ou le jurisconsulte s'est-il contredit ? Ni l'un ni l'autre : M. Toullier (t. VII, p. 146, n. 1) a
parfaitement répondu à cette objection, en faisant remarquer que le passage cité ne représente pas la doctrine
de Dumoulin, mais, au contraire, celle de ses contradicteurs, et qu'il ne l'expose que pour la réfuter ensuite.
C'est en effet après avoir longuement énuméré, selon son
habitude, les arguments que l'on aurait pu invoquer

contre lui, que l'auteur du traité *De Usuris* nous dit :
« *Sed his non obstantibus*.... concludo pro priori parte af-
« firmativa, quia veritas juris est, quod is cui ex præfata
« necessitate juris fieri debet et fit cessio, succedit *in*
« *omne et tale jus, quod et quale competebat cedenti* » (1).

Nos adversaires sont mieux inspirés lorsqu'ils invoquent la doctrine émise par Sérieux dans ses *additions*
au traité de Renusson, et nous reconnaissons en effet,
que de tous les fragments cités par M. Grappe, celui-là
est le seul qui ait réellement, dans l'esprit de son auteur,
le sens et la portée qu'il lui assigne. Mais que peut-on
en conclure ? Que la question souffrait encore difficulté
en 1694 (date de l'arrêt critiqué par Sérieux)? Nous ne le
contestons pas, mais, que pouvaient ces résistances
partielles contre une doctrine triomphante en jurisprudence et enseignée par les maîtres de la science : par
Renusson, par Domat et par Pothier ?

Il est vrai que nos contradicteurs cherchent à attirer
vers eux Pothier, et croient trouver dans ses œuvres, la
confirmation de leur théorie. Mais il suffit de lire la
phrase qui précède immédiatement celle qu'ils emprun-
tent au grand jurisconsulte, pour voir que leur citation
est tronquée, et qu'elle ne rend aucunement compte de
la vraie doctrine de Pothier. Pothier vient, en effet, de
dire (Int., t. XX, Cout. d'Orl., n° 67) : « Le paiement
avec subrogation est un vrai paiement, et ce n'est que
par une fiction que celui qui est subrogé au créancier
est censé avoir plutôt acheté de lui sa créance que l'avoir

(1) Il est intéressant de faire observer que M. Grappe n'a pas été
le premier à commettre cette erreur: Déjà Renusson, comprenant
mal la pensée de Dumoulin, l'accusait de s'être contredit. (V. Renusson, Traité de la Subrog. Ch. II, n° 24.)

payée ; *laquelle fiction ne doit profiter qu'à lui.* » C'est alors que, commentant ce dernier membre de phrase, il ajoute qu'en conséquence, la fiction ne profitera pas aux ayants cause du créancier payé, et que si, par exemple, il s'agit d'une rente, les droits d'hypothèque qui pourraient grever cette rente du chef du créancier primitif, seront éteints. Il n'y a là rien, comme on le voit, qui soit en opposition avec notre système, bien au contraire.

Le système de M. Grappe ne trouve donc pas plus d'appui dans les précédents historiques qu'il n'en a rencontré dans les principes généraux du droit. Est-il besoin d'ajouter que ce système est également contraire à l'intérêt social qui veut que les procès soient rares ? Il suffit pour s'en assurer, de constater la difficulté qu'éprouvent nos adversaires eux mêmes à se mettre d'accord sur la portée de ces expressions : « Les sûretés acces soires de la créance primitive. »

Nous n'hésitons donc pas à repousser ce premier système, passons à l'examen du second.

Second système : *La subrogation ne diffère en rien de la cession, lorsqu'elle est consentie par le créancier. Elle doit, au contraire, en être distinguée avec soin dans tous ses autres cas d'application.*

Ainsi, on établit une distinction entre les divers cas de subrogation : s'agit il de la subrogation consentie par le créancier, on l'assimile au contrat de cession de créance; s'agit il de la subrogation légale ou consentie par le débiteur, on lui reconnaît un caractère propre, soit, d'ailleurs, qu'on ne lui attribue, avec nos premiers adversaires, d'autre effet que la transmission des accessoires de la dette primitive, soit qu'on lui assigne avec nous une nature mixte, tenant à la fois du paiement et de la cession.

Ce système, proposé par M. Toullier, a rencontré de savants défenseurs dans MM. Duvergier (Continuation de Toullier, t. XVII, n°s 92 et suiv.) et Championnière et Rigaut (Traité des droits d'enregistrement, t, II, n°s 1246 et suiv.).

Quelle est exactement la portée de cette doctrine? Que veut on dire quand on affirme que la subrogation consentie par le créancier ne diffère point de la cession? Nous l'avons déjà dit, et il est important de le répéter ici : Nier toute distinction entre la subrogation consentie par le créancier et la cession, c'est, en réalité, nier que cette cause de subrogation existe, c'est nier que le cré ancier puisse passer avec l'étranger qui le paie, une convention qui place ce dernier dans la même situation que s'il recevait la subrogation du débiteur ou de la loi.

Si l'on examine, en effet, la subrogation dans les cas où, de l'avis de tous, elle diffère de la cession, on verra, quelle que soit l'opinion que l'on adopte sur sa nature, qu'elle engendre alors des effets que la seule volonté des parties n'arriverait pas à produire. Et pour n'en donner qu'un exemple : que l'on regarde cette subroga- tion comme transférant au subrogé les accessoires seuls de la créance payée, ou que l'on pense, avec nous, qu'elle lui fait acquérir cette créance elle même; il n'en est pas moins vrai, dans les deux cas, qu'il y a un paiement à l'égard du créancier et de ses ayants cause, et que dès lors les formalités des art. 1689 et 1690, ne sont pas nécessaires pour que le subrogé soit ensaisiné à l'égard de ces ayants cause. Or, ces formalités, la volonté des parties, c'est à-dire du créancier cédant et du cessionnaire. ne pourrait sûrement en supprimer la nécessité dans une cession ordinaire de créance. Eh bien, de même, selon M. Toullier, les parties, ayant voulu faire une su- brogation (c'est à dire un simple transfert des accessoires selon nos premiers adversaires, un acte mixte selon nous), et dispenser dès lors, le subrogé des formalités des art. 1689 et 1690, elles ne l'ont, pas pu, car la subrogation consentie par le créancier n'existe pas.

En un mot, de trois choses l'une :

1° Ou le créancier a employé le mot de subrogation, sans que rien autre chose dans l'acte indique qu'il ait donné un sens spécial à ce mot. M. Toullier assigne en ce cas à l'opération, les caractères d'une cession ordi naire, et lui en fait produire *tous les effets sans restriction* (t. VII, n° 119).

2° Ou il résulte de l'acte, des circonstances, etc., que le créancier a entendu céder sa créance, mais la céder avec des restrictions telles que : la dispense de garantie, la réduction des droits du créancier dans les limites de ses déboursés, etc., alors, d'après M. Toullier, on devra interpréter l'acte, quel que soit d'ailleurs le terme em ployé, cession ou subrogation, dans le sens d'une cession ordinaire, mais en tenant compte des restrictions que nous venons d'indiquer; et, en effet, ces restrictions les parties étaient en droit de les faire, et les règles géné- rales de l'interprétation des conventions (art. 1158, C. c.) veulent que l'on recherche avant tout quelle a été la commune intention des parties contractantes (Toullier, n° 122).

3° Ou bien enfin, les parties ont exprimé, ou il résulte des faits, qu'elles ont eu l'intention de faire non pas une cession ordinaire plus ou moins restreinte dans ses effets,

mais une subrogation telle que nous l'entendons, c'est
à-dire cet acte spécial, sur la nature duquel on discute,
mais qui à coup sûr, contient dans ses effets des dérogations au droit commun sur la cession de créance (1).
Elles n'ont pas pu le faire, dit M. Toullier, car la *subrogation* ainsi entendue, engendre des effets dont un créancier cédant et le cessionnaire n'auraient pu valablement
convenir : pour leur permettre une telle convention, il
faudrait une autorisation expresse de la loi, or, M. Toullier ne pense pas que le Code, en parlant de subrogation
consentie par le créancier, ait eu en vue autre chose que
la cession telle qu'il la comprend et l'autorise dans les
art. 1689 et suiv. (2).

Tel est le système proposé par M. Toullier, voyons
comment on l'établit.

On part de ce principe qu'il y a deux espèces de subrogation : l'une consentie par le créancier seul et sans
le concours de la loi; l'autre établie *par la loi*, soit de
plein droit, par le seul fait du paiement, soit à la suite
d'une convention avec le débiteur. Eh bien, dit-on avec
Basnage : « Comme la subrogation légale s'acquiert par

(1) V. p. 187.
(2) Nous nous demandons ce que M. Toullier deciderait dans
cette troisième hypothèse qu'il n'a pas expressément prévue? Dirait il qu'en ce cas, il faut maintenir le paiement et donner à la
convention de Subrogation les effets d'une cession restreinte dans
ses conséquences autant que le droit commun permet aux parties
de la restreindre ? Ou, au contra re, annulerait il toute l'opération,
le paiement ayant évidemment eu pour *cause* la convention de su
brogation, c'est à dire, une cause illicite selon M. Toullier? Nous
n'hésiterions pas, si nous avions à prendre parti, à nous prononcer
pour la seconde de ces deux alternatives.

d'autres moyens que la conventionnelle, elle peut bien avoir des effets différents. »

Et en effet, dit on, voyez qu'elle différence profonde sépare les deux subrogations que nous venons de distin guer : Dans l'une, le créancier n'intervient pas, tout se passe à son insu, au besoin malgré lui, rien de plus juste alors que de le considérer, non pas comme un cédant ordinaire, mais bien comme un créancier payé ; dans l'autre, au contraire, c'est lui qui agit, qui s'entend avec le tiers pour recevoir la somme moyennant laquelle il transmet ses droits et ses actions : pourquoi prétendrait-il, en pareil cas, n'être pas un vendeur de créance? A t il fait autre chose qu'un négoce !

Il est vrai que le Code parle expressément de la *subrogation consentie par le créancier*; mais nos adversai res ne croient pas qu'il y ait là un argument sérieux contre leur opinion. Ce mot, disent ils, quand il s'appli que à l'hypothèse où tout se passe entre le créancier et l'étranger intervenant pour payer, ce mot n'est qu'un synonyme de *cession*, et l'étude des précédents le prouve aisément. En droit Romain, en effet, on distinguait déjà avec soin le cas où le créancier consentait de son plein gré à transmettre ses droits, de celui où la loi effectuait elle même ce transport. Au premier cas on disait qu'il y avait : *venditio, cessio nominis*; au second, l'opération s'appelait une *succession à la place de l'ancien créancier*. Cette succession fut appelée, par nos anciens auteurs, du nom de subrogation, et ce mot aurait dû conserver le sens tout spécial du mot *successio in locum* en droit Romain, mais l'abus qu'en firent les notaires en l'employant même dans les actes de cession ordinaire, fut tel, qu'on finit par l'employer indistinctement au lieu du mot cession. Telle est la confusion que les rédacteurs du Code ont reproduite, de sorte que l'expression de subrogation a, sous leur plume, divers sens parfaitement distincts. S'agit il de la subrogation légale ou de la subrogation consentie par le créancier, elle affecte alors un sens tout spécial ; s'agit il de la subrogation con sentie par le créancier, elle est synonyme de cession (Toullier, t. 7, n° 117).

On ajoute que cette théorie a toujours triomphé. C'est elle que Dumoulin enseignait lorsqu'il disait : « Cessio habet eumdem effectum ac si nomen cessum cuivis vendidisset » (*De Usuris*, quest. 89, n° 670) ; c'est elle aussi que Renusson partageait, puisqu'il déclarait que la subrogation consentie par le créancier contient réellement vente de la créance et que le créancier est obligé à garantir (Toullier, t. 7, n° 122). MM. Cham pionnière et Rigaut vont même plus loin et croient trouver dans Domat le modèle qui aurait guidé les ré dacteurs du Code civil dans la rédaction des quatre articles qu'ils ont consacrés à la subrogation personnelle (Championnière et Rigaut. Loc. cit., n° 1250).

Enfin les partisans de ce système pourraient (1), à notre avis, trouver dans le Code même des traces de la théorie qu'ils défendent, car la rédaction de l'art. 1236 paraît bien trancher la question en leur faveur. Voici en effet les termes de cet article : « Une obligation peut être acquittée par toute personne qui y est intéressée,

---

(1) Nous disons « pourraient », car nos adversaires font exacte ment le contraire · Ils se servent bien de leur théorie pour expliquer la rédaction ambiguë de l'art. 1236, mais nous ne croyons pas qu'aucun d'eux ait jamais invoqué les termes de ce même article à l'appui de sa doctrine.

telle qu'un coobligé ou une caution. L'obligation peut même être acquittée par un tiers qui n'y est pas intéressé, pourvu que ce tiers agisse au nom et en l'acquit du débiteur, ou que, *s'il agit en son nom propre, il ne soit pas subrogé.* » Ainsi, pourrait on nous dire, le Code prévoit trois hypothèses : 1° Ou le paiement est offert par l'un de ceux qui, en l'opérant, ont droit à la subrogation légale ; 2° Ou il est offert par un tiers au nom du débiteur, qui a évidemment pu consentir à ce tiers la subrogation telle que vous l'entendez. Dans ces deux premières hypothèses le Code reconnaît qu'il y a vraiment un paiement et que la dette est éteinte ; mais 3° S'agit il du cas où le paiement est offert dans des conditions telles que la subrogation, si elle a lieu, ne peut être consentie que par le créancier, alors on nous déclare qu'il n'y a paiement et extinction de la créance qu'à la condition qu'il n'y ait pas de subrogation. Qu'est ce à dire, sinon que la subrogation consentie par le créancier n'est qu'une cession, qu'une vente de la créance?

Nous ne croyons pas ce système acceptable, et des trois propositions qui le composent, deux nous paraissent devoir être rejetées. Sans doute, en effet, nous reconnaissons avec M. Toullier que l'opération, bien que qualifiée de subrogation par les parties, devra être traitée comme une cession ordinaire, s'il ressort des circonstances qui l'ont accompagnée que les parties ont eu cette intention ; c'est une grande règle de notre droit que le fond l'emporte sur la forme, et tout le monde sera d'accord avec nous sur ce point. Mais nous nous séparons du système que nous venons d'exposer en ce que nous pensons : 1° Que le créancier peut consentir une subrogation produisant les effets que nous assignerons plus tard à la subrogation légale ou consentie par le débiteur ; 2° et que par ce seul fait que le Code a permis cet acte, on devra présumer que les parties qui auront employé cette expression de subrogation, ont voulu faire non pas une cession, si restreinte dans ses effets qu'on la suppose, mais bien une subrogation, c'est à dire un acte parfaitement distinct de la cession. Au reste, cette dernière proposition découle immédiatement de celle qui la précède, et nous l'aurons évidemment justifiée dès que nous aurons établi que le créancier peut consentir une subrogation telle que nous l'entendons.

Nous pouvons, pour répondre aux arguments de nos adversaires, les diviser en deux classes :

1° Les uns tendent à prouver que le Code n'a pu donner au créancier le droit de consentir une subrogation, parce que ce droit n'aurait aucune raison d'être ;

2° Les autres cherchent à établir que les précédents ont toujours été contraires à notre doctrine, et que l'on retrouve dans le Code des traces certaines de la théorie de nos anciens auteurs sur ce point.

Nous contestons l'une et l'autre de ces deux argumentations.

Et d'abord il est facile de démontrer que le droit de consentir une subrogation telle que nous la comprenons, peut avoir entre les mains du créancier une grande utilité, car la subrogation a sur la cession d'actions cet avantage qu'elle conserve à l'opération (dans les rapports du créancier et du subrogé) son caractère de paiement, et qu'elle réalise ainsi beaucoup mieux l'intention des parties lorsqu'elles ont précisément voulu effectuer un paiement.

B.   13

Mais, répond M. Toullier, je reconnais que les par
ties peuvent avoir eu cette intention (v. n° 122); on peut
supposer, par exemple, que, Primus étant créancier de
son ami Secundus, un ami commun, Tertius, intervienne
et offre d'effectuer le paiement, sauf à acquérir les droits
du créancier primitif, et si Secundus est absent, il faudra bien que ce soit Primus qui opère ce transfert de
ses droits au tiers qui le paie : sans aucun doute l'opération n'a pas, en pareil cas, les caractères d'un négoce.
Mais, ajoute notre adversaire, en quoi la subrogation
est-elle nécessaire pour dénouer cette situation? Il suffira aux parties de faire une cession, en apportant à ses
effets toutes les restrictions qui dépendent de la volonté
des parties !

En un mot, M. Toullier comprend l'existence de la
subrogation en tant que bénéfice accordé par la loi sans
le concours de la volonté du créancier, mais, dès que
le créancier intervient, la subrogation devient inutile ;
la cession d'actions suffit, car elle est susceptible de se
plier aux exigences de toutes les situations qui peuvent
se présenter.

Il semble, à première vue, que le tempérament apporté à sa doctrine par M. Toullier en corrige suffisamment la rigueur, et elle ne paraît plus différer de la
nôtre que par deux conséquences peu importantes :
l'obligation pour le subrogé de remplir les formalités
des art. 1689 et suivants pour s'ensaisiner et le droit
pour l'enregistrement de percevoir un droit de cession
au lieu d'un droit de quittance.

Mais, en réfléchissant, on s'aperçoit bientôt que le système de nos adversaires repose sur un abus évident de
la cession, et que c'est faire jouer à cette institution un

rôle tout différent de celui que le Code lui a assigné que d'en faire une sorte de succédané de la subrogation.

Nous pouvons en donner la preuve en proposant à nos adversaires les deux hypothèses suivantes :

1° Primus, créancier d'un mineur, poursuit son débiteur et menace de le faire saisir ; au dernier moment, le tuteur intervient et offre de payer la dette de son pupille à la condition de succéder aux droits du créancier poursuivant. Il pourrait, il est vrai, faire nommer par le conseil de famille un tuteur *ad noc* qui lui consentirait la subrogation au nom du pupille ; mais le créancier, impatient, refuse de retarder les poursuites jusqu'à l'accomplissement des formalités nécessaires pour obtenir une autorisation qui, en définitive, peut être refusée. Que fera le tuteur ? Selon nous, il s'adressera au créancier qui, n'ayant aucun intérêt à s'y refuser, lui accordera la subrogation. Dans le système de M. Toullier, au contraire, il n'y a aucun moyen d'arrêter la saisie : car le savant auteur ne peut plus nous dire ici qu'une cession limitée dans ses effets rendra les mêmes services que la subrogation : l'art. 450 défend, sans aucune distinction, au tuteur d'accepter « la cession d'aucun droit ou créance contre son pupille ! »

2° Prenons l'hypothèse inverse et supposons que ce soit le créancier qui, capable de recevoir un paiement et de donner bonne et valable quittance, soit au contraire incapable de consentir une vente de créance : il en est ainsi, comme on sait, du cocréancier solidaire et du mari relativement à la créance personnelle de sa femme commune. Nous n'hésiterons pas, quant à nous, à permettre à ce cocréancier solidaire, à ce mari, de recevoir d'un étranger le paiement de la créance, sauf à subroger le tiers payant dans ses droits et actions. M. Toullier lui refuse ce droit, et que lui donne-t-il en compensation? Rien ; car quelques limites que l'on puisse apposer aux effets d'une cession de créance, c'est toujours une cession et notre créancier est incapable d'en consentir une.

Eh bien! nous le demandons : en présence de ces deux solutions, auxquelles sont réduits nos adversaires, peut-on douter que les rédacteurs du Code aient eu sur la cession des idées tout à fait contraires à celles de M. Toullier? Car s'ils avaient admis comme lui que cette institution pût servir tantôt à effectuer un négoce et tantôt à *assurer un recours tout d'équité à un gérant d'affaire,* ils auraient dû, en posant les prohibitions que nous venons de signaler, établir des distinctions ; ils ne l'ont pas fait, nous devons donc penser qu'ils n'ont vu dans la cession qu'un acte de négoce dangereux dans certains cas, et dès lors, à moins d'admettre que le Code ait manqué à sa première mission, qui est de protéger les incapables, et commis une faute de logique en refusant les moyens de se procurer le paiement de leur créance à ceux qu'il autorise à le recevoir, il faut bien admettre qu'il a placé à côté de la cession, à la disposition du créancier et du tiers qui offre de le payer, un autre acte analogue mais qui n'en présente *jamais* les caractères suspects : LA SUBROGATION.

L'opinion de M. Toullier est donc en contradiction certaine avec l'esprit du Code, est-elle mieux en harmonie avec les précédents historiques et avec le texte de notre loi actuelle? Nous ne le croyons pas.

Nous accordons bien au système que nous combattons que la subrogation consentie par le créancier ne fut connue ni en droit romain, ni même dans notre an-

cienne jurisprudence jusqu'au xviiiᵉ siècle ; nous avons
vu, en effet, que Dumoulin, Loyseau, Basnage et même
Renusson sont unanimes pour déclarer que le créancier, lorsqu'il subroge, fait une véritable cession. Mais
qu'importe l'opinion de ces auteurs, si illustres qu'ils
soient, si nous trouvons que leur doctrine avait été abandonnée à la fin du xviiiᵉ siècle ? Car si le Code s'est
référé à l'ancien droit sur les points dont il ne parle pas
expressément, c'est évidemment à l'ancien droit *dans
son dernier état* ; or nous avons vu que la question, entrée
en discussion vers la fin du xviiᵉ siècle, avait été résolue,
dans la seconde moitié du xviiiᵉ, par l'assimilation de la
subrogation consentie par le créancier aux autres cas
de subrogation. Nous avons cité, à l'appui de notre
assertion, des passages concluants tirés des œuvres de
Domat et surtout de Pothier.

Il est vrai que MM. Championnière et Rigaut invoquent dans leur sens l'autorité de Domat et déclarent que le Code, le prenant pour modèle, a reproduit
la distinction que l'auteur des *Lois civiles* établissait
entre la subrogation consentie par le créancier et les
autres causes de subrogation. A cet argument, M. Mour
lon (Traité des subrog. pers., p. 151) répondait déjà
« qu'il avait lu Domat et l'avait étudié avec soin, mais
qu'il lui avait été impossible de découvrir la prétendue
théorie qu'on lui prête » ; telle sera encore notre réponse,
car s'il est vrai que Domat, comme tous les auteurs de
son temps, distingue entre eux les cas de subrogation
au point de vue de la forme et des conditions nécessaires pour obtenir ce bénéfice, il est également certain
qu'il ne voit aucune différence dans leurs effets, car il
nous déclare qu' « il est égal pour l'effet du transport

à celui qui paie pour le débiteur, que ce soit son coobligé ou sa caution ou une tierce personne. »

Enfin, si nous passons au Code, le système de nos adversaires ne nous paraît pas moins erroné. On nous dit qu'il ne faut pas tenir compte de l'emploi par le législateur du terme « subrogation », que cet emploi est le résultat de l'ancienne confusion qui s'était opérée entre ce terme et celui de cession. Rien n'est moins évident; car si l'on admet cette explication, il faut aller plus loin et reconnaître que le Code ne s'en est pas tenu à confondre les mots, et qu'il a aussi confondu les idées. Comment, en effet, comprendre, si l'opération dont il s'agit n'est qu'une *cession*, qu'une *vente de créance*, que le Code la prévoie et la réglemente sous la rubrique du *paiement avec subrogation ?* C'est à nos adversaires que l'on peut opposer la spirituelle remarque de Marcadé, qu'attribuer au mot subrogation le sens qu'ils lui donnent, c'est faire tenir au Code un langage absurde (voy. p. 177).

Mais on nous objecte l'article 1236, et en effet, à notre avis, le système que nous combattons peut seul donner de ses termes une explication satisfaisante (1); et nous

(1) On a proposé d'entendre autrement la fin de l'art. 1236 : La loi selon M. Mourlon (p. 194) n'aurait voulu dire que ceci : Un tiers peut toujours, bien qu'en agissant en son nom propre, contraindre le créancier à recevoir le paiement ; mais il ne *peut le forcer à lui consentir la subrogation*. On invoque à l'appui de ce système les expressions qu'employait M. Jaubert lorsqu'il justifiait devant le tribunat la rédaction de l'art. 1236, et l'on fait remarquer que l'article entendu comme nous l'expliquons, présenterait une remarque absolument inutile. Nous pouvons répondre à M. Mourlon par les mêmes objections : Son système ne donne pas plus que le nôtre d'utilité pratique à la fin de l'article 1236 et il n'est pas moins contraire aux travaux préparatoires : M. Bigot Préameneu disait

avouons même que si l'on retrouvait dans les textes que
le Code consacre spécialement à la subrogation (1249-
1252) un article rédigé de la même façon, nous n'hésite
rions pas à nous ranger (mais en blamant le Code) à la
doctrine que nous repoussons actuellement. Mais nous
trouvons au contraire dans les articles 1249 à 1252 des
preuves manifestes que la doctrine définitive des rédacteurs du Code a été empruntée à Pothier, c'est-à-dire,
qu'elle ne comporte aucune distinction entre les diverses
causes de subrogation. Il suffit, pour s'en convaincre,
de comparer nos quatre articles avec les nᵒˢ 66 à 80 de
l'Int. au t. XX de la Cout. d'Orléans : et si cette comparaison ne suffisait pas, les termes de [l'article 1252
sont de nature à ne laisser subsister aucun doute. Ce
texte, en effet, s'exprime ainsi : « *La subrogation établie
par les articles précédents...* ne peut nuire au créancier lorsqu'il n'a été payé qu'en partie ; en ce cas, il peut
exercer ses droits, pour ce qui lui reste dû, par préférence à celui dont il n'a reçu qu'un paiement partiel. »
La disposition est générale, elle comprend aussi bien ce
que la loi appelle la subrogation consentie par le créancier que les autres cas de subrogation ; or, comment
comprendre la décision de l'article 1252 dans le système
de M. Toullier ? N'est-il pas de principe que le cession-

en effet, dans son *Exposé des motifs*: « Si le tiers, agissant en son
propre nom, se fait subroger aux droits du créancier, ce n'est plus
un paiement ; c'est un transport de l'obligation. » (Locré, t. XII,
p. 355.) Les deux argumentations s'annulent donc réciproque
ment ; il faut dès lors s'en tenir aux termes de la loi, et, à coup sûr,
personne n'admettra qu'on y reste fidèle en traduisant ces mots :
« pourvu que le tiers *ne soit pas* subrogé au créancier », par ceux-ci :
« pourvu que le tiers *ne réclame pas* la subrogation. »

naire partiel n'est pas plus primé par le cédant qu'il ne lui est préféré, et que les droits de l'un et de l'autre sont égaux?

Il faut donc regarder l'article 1236 comme le résultat d'une doctrine admise un instant, puis abandonnée par les rédacteurs du Code. Et d'ailleurs, il suffit, pour n'en pas douter, de rapprocher ce texte de l'article 1250 : on voit aisément par la rédaction de ce dernier, que nos législateurs, lorsqu'ils l'ont écrit, ne jugeaient plus incompatible avec un paiement la subrogation consentie par le créancier. Nous y lisons en effet : « La subrogation est conventionnelle : 1° lorsque le créancier *recevant un paiement* d'une tierce personne, *la subroge*, etc... »

Ces deux premières opinions repoussées, nous allons exposer le système que nous croyons devoir adopter.

Troisième système. *Le paiement avec subrogation est un acte mixte : Cession à l'égard du débiteur et du subrogé, il reste un paiement à l'égard du créancier désintéressé.*

Nous avons déjà, chemin faisant, soit en présentant le tableau historique de notre institution, soit en réfutant les deux opinions de MM. Grappe et Toullier, indiqué la plupart des arguments sur lesquels repose notre système. Nous nous bornerons donc à les résumer rapidement, en les complétant.

Nous avons constaté que le droit romain ne connaissait pas la subrogation consentie par le créancier et qu'il distinguait nettement l'une de l'autre les deux institutions du *beneficium cedendarum actionum* et de la *successio in locum*. Mais dans l'ancien droit, ces distinctions s'effacèrent : Par des progrès successifs, tous les cas de *successio in locum* finirent par recevoir les caractères du benéfice de cession d'actions devenu la subrogation forcée ; en même temps que la subrogation consentie par le créancier se dégageait de la cession. Du temps de Pothier tous ces progrès sont accomplis : La nature de la subrogation est la même dans tous les cas d'application de ce bénéfice, et nous avons établi que cette nature était mixte : tenant à la fois du paiement et de la cession.

Cet exposé historique nous suffirait pour maintenir notre opinion, alors même que le Code serait absolument muet sur la question ; car nous avons sur nos adversaires l'avantage de n'invoquer parmi nos anciens auteurs que l'autorité de ceux qui nous présentent l'ancien droit dans son dernier état.

Mais il y a plus, et si le Code ne s'est pas prononcé d'une façon expresse sur la nature de la subrogation, les termes qu'il emploie et les décisions qu'il présente ne laissent guère de doute sur la théorie qu'il veut appliquer.

Aux partisans du premier système, nous demanderons comment ils mettront en harmonie leur opinion avec la généralité des expressions suivantes que nous relevons dans le Code : article 1249 « La subrogation *dans les droits du créancier...* », article 1250 — 1° « Le créancier... subroge dans *ses droits, actions, privilèges et hypothèques...* », article 1250 — 2° « Le débiteur... subroge le prêteur *dans les droits du créancier...* », article 2029 « La caution qui a payé la dette est subrogée à *tous les droits* qu'avait le créancier contre le débiteur. » (Joindre art. 874 et 875, C. c. et art. 159, C. Co.).

Quant au second système, nous lui avons déjà opposé la décision de l'article 1252.

Enfin, nous trouvons dans les travaux préparatoires,

une preuve décisive en faveur de notre théorie : car, M. Bigot-Préameneu la formulait expressément dans son exposé des motifs (Locré. T. 12, p. 369) : « L'obligation, disait il, est *éteinte à l'égard du créancier* par le paiement que lui fait une tierce personne subrogée dans ses droits, *sans que cette obligation soit éteinte à l'égard du débiteur.* »

Nous pouvons donc affirmer que les rédacteurs du Code n'ont rien changé à l'ancien droit tel que Pothier nous le présente ; et nous maintenons sous l'empire de la loi actuelle les conclusions que nous présentions à la fin du chapitre précédent :

1° Il n'y a aucune distinction à établir entre des divers cas de subrogation ;

2° Dans tous les cas, la subrogation présente un caractère mixte : C'est un payement à l'égard du créancier, c'est une cession à l'égard du débiteur et du subrogé.

Toutefois, on serait amené à présenter bien des solutions inexactes, si l'on se contentait, pour fixer la nature de la subrogation, du caractère que nous venons d'indiquer. Sans doute, en effet, il y a cession entre le débiteur et le subrogé, mais il ne faut pas oublier que, selon l'expression de Renusson, « la subrogation a tout son fondement dans l'équité » ; or, l'intention des parties n'a évidemment pas été de faire du subrogé, à l'encontre du débiteur, un cessionnaire ordinaire : même entre eux, dit très bien M. Demolombe, c'est le caractère du paiement qui prédomine.

Aussi, le savant auteur propose-t il de modifier la formule du troisième système, et de dire : « Il y a bien paiement sous l'un et l'autre rapport : soit envers le créancier qui a reçu, soit envers le débiteur que ce paiement a libéré. Mais, pour assurer au tiers, qui a payé, le recouvrement de son avance, la loi met, pour ainsi dire, au service de la nouvelle créance que cette avance a produite, toutes les garanties que le créancier payé aurait eues lui même, sans distinguer entre celles qui ne sont que des accessoires, et celles qui sont inhérentes à cette créance elle-même ; laquelle est censée subsister, à l'effet de faciliter le recouvrement de la créance nouvelle, que le paiement a fait naître. » (M. Demolombe, Contrats, t. IV, n° 326, p. 277.)

Nous ne croyons pas prudent d'accepter cette formule, parce qu'elle nous paraît prêter à une confusion de notre système avec celui de M. Grappe. Elle a le tort de séparer, en quelque sorte, le système du Code des précédents historiques sur lesquels il repose, et de sa base première qui est le bénéfice de *cession* d'actions du droit Romain. Aussi, préférons nous maintenir la formule que nous avons présentée, sauf à la compléter en posant un second principe.

Nous dirons donc que la subrogation est, dans les rapports du débiteur et du subrogé, une cession ; mais, comme le dit très bien Mourlon (p. 12), une cession accordée « *à titre d'auxiliaire*, uniquement pour protéger l'action qui appartient de son chef au subrogé» (1).

(1) M. Gauthier (p. 50 n. 1) n'admet pas ce second principe qui limite les effets du premier, et il reproche à Mourlon de l'avoir posé arbitrairement et sans citer « aucun texte de loi pour le justifier ». Le reproche ne nous paraît pas fondé, car le Code étant, de l'aveu de tous, muet sur la question de la nature de la subrogation, c'est aux précédents qu'il faut en demander la solution : or, le principe

C'est en nous appuyant sur ces principes, que nous déterminerons les effets de la subrogation : mais auparavant, nous croyons nécessaire d'indiquer rapidement les conséquences immédiates qui résultent de ces principes : nous montrerons ainsi l'importance considérable de la controverse que nous venons d'exposer, et nous justifierons par là même, la longueur des développements que nous avons cru devoir lui accorder (1).

Or, notre système peut se résumer en trois propositions :

1° Le paiement avec subrogation est un paiement à l'égard du créancier et de ses ayants cause ;

2° C'est, au contraire, une cession à l'égard du subrogé, du débiteur et de leurs ayants cause ;

3° Mais une cession mitigée dans ses effets, parce qu'elle n'est accordée au subrogé qu'à titre auxiliaire, pour l'aider dans son recours contre le débiteur.

De chacun de ces trois caractères de notre opération, se dégagent des conséquences importantes que nous allons rapidement indiquer.

a) Le paiement avec subrogation restant un paiement à l'égard du créancier et de ses ayants cause, il en résulte que :

1° Celui là peut, en recevant le paiement de sa créance, consentir la subrogation, qui ne serait pas capable de consentir une cession. Nous avons déjà indiqué, en combattant le système de M. Toullier (p. 195), cette

d'équité que nous venons de présenter a toujours été admis, par nos anciens auteurs comme en droit romain.

(1) Nous nous contenterons pour le moment de mentionner sans les développer celles des conséquences que nous allons présenter qui rentrent dans les *Effets de la subrogation*.

conséquence importante de l'opinion que nous embras
sons : nous avons dit que le cocréancier solidaire, bien
qu'il ne puisse céder la créance commune, peut, en re
cevant le paiement de cette créance, consentir la subrogation ; que le mari, incapable de vendre la créance personnelle de sa femme commune, mais apte à en toucher
le montant, peut, en recevant le paiement d'un tiers,
subroger ce tiers à tous ses droits.

Rien, d'ailleurs, n'est plus justifiable que ce résultat.
Qu'importe, en effet, aux cocréanciers solidaires, à la
femme commune, que leur cocréancier, que son mari,
ait ou non consenti la subrogation. Il a reçu le paiement,
voilà ce qui les intéresse ; or ce paiement, il était capable
de le recevoir : tous leurs droits contre le débiteur sont dès
lors éteints, et ils n'ont pas à se préoccuper de ce qu'est
devenue une créance qui n'existe plus à leur égard.

Toute autre décision serait dès lors illogique, car on
ne comprendrait pas que le Code, en permettant à un
créancier de recevoir le paiement, lui ôtât un moyen de
l'obtenir qui ne cause de préjudice à personne.

2° Le subrogeant n'est point garant de l'existence de
la créance envers le subrogé : celui ci, en cas d'inexistence de sa créance, n'aurait donc qu'une *condictio indebiti*
lui donnant des droits identiques à ceux que pourrait
exercer le prétendu débiteur, s'il avait payé lui même.

3° « La subrogation…. ne peut nuire au créancier
lorsqu'il n'a été payé qu'en partie ; en ce cas, il peut
exercer ses droits pour ce qui lui reste dû, par préférence
à celui dont il n'a reçu qu'un paiement partiel » (1252).

4° Enfin, les formalités des art. 1689 et 1690 ne sont
pas exigées pour que le subrogé soit ensaisiné à l'en
contre des ayants cause du créancier.

Ces ayants cause, en effet, ne peuvent invoquer les dispositions que nous venons de rappeler, car elles sont écrites pour le cas de cession, et, à leur égard, l'opération est un paiement !

Toutefois, le subrogé agira prudemment en retirant des mains du créancier le titre de créance, car celui ci pourrait s'en servir pour consentir une cession de la créance éteinte, ou pour recevoir un nouveau paiement avec subrogation, et le cessionnaire ou le tiers subrogé en second lieu serait en droit de poursuivre en responsabilité le premier subrogé, en vertu de l'art. 1382. Ce dernier, dès lors, tenu de réparer le dommage causé par son imprudence, se verrait primé par le cessionnaire ou le second subrogé, jusqu'à concurrence du prix d'achat déboursé par le cessionnaire, ou des avances faites par le second subrogé (voir Mourlon, p. 15).

b) Du principe que notre opération est une cession à l'égard du débiteur et du subrogé, il résulte que ce dernier aura les mêmes droits que possédait l'ancien créancier, et les exercera comme celui-ci aurait pu le faire. Nous n'aurons donc point à discuter sur le point de savoir si tel ou tel avantage de la créance, passe ou non au subrogé ; le principe est que la créance reste dans ses mains aussi entière, aussi énergique, que lorsqu'elle appartenait au créancier payé.

c) Mais, notre troisième proposition va nous permettre de modérer les effets que l'on pourrait attribuer au paiement avec subrogation, en vertu de son caractère de cession à l'égard du débiteur et du subrogé. Il ne faut pas oublier, en effet, que notre bénéfice n'est qu'un *secours* accordé au subrogé, que l'action primitive ne lui est accordée *qu'à titre auxiliaire*. L'action, qui appartient

de son chef à celui qui a payé, reste donc *l'action principale*, et l'action primitive que lui fait acquérir la subrogation en devient en quelque sorte *l'accessoire.* Elle ne
peut donc conférer au subrogé un secours plus étendu
que celui qu'il a de son chef ; elle assure seulement l'efficacité de ce recours. De là, nous devons conclure que :

1° Le subrogé ne peut réclamer au débiteur plus qu'il
n'a payé pour le libérer.

2° Un tuteur peut payer de ses deniers la dette de son
pupille en obtenant la subrogation, bien que l'art. 450
lui ôte le droit « d'accepter la cession d'aucun droit ou
créance contre son pupille. »

Nous avons déjà montré les grands avantages de cette
décision, qui permettra au tuteur de venir au secours
du mineur poursuivi par son créancier (1), il nous reste
à établir en droit notre solution. Or, on pourrait nous
objecter que la subrogation étant une cession à l'égard
du subrogé, le tuteur ne peut l'accepter aux termes de
l'art. 450 : mais cet argument ne serait pas fondé, car,
outre que notre opération ne porte pas dans le Code le
nom de cession, et ne rentre dès lors pas dans les expressions de l'art. 450, cette cession, si c'en est une,
n'est accordée qu'à titre auxiliaire à celui qui a déjà une
action de son chef ; or le tuteur, par le fait même du
paiement, va devenir créancier du pupille ; on ne comprendrait pas que le législateur, en même temps qu'il
reconnaît une action en recours au tuteur, lui refusât
un bénéfice dont *le seul but* est de rendre cette action en
recours efficace. Les raisons qui ont fait écrire l'art 450
ne se retrouveraient plus, en effet, en matière de su-

(1) Voy. pp. 195 et 196.

brogation, puisqu'il n'y a pas à redouter une spéculation de la part du tuteur subrogé.

Ajoutons, du reste, que les juges devront examiner sérieusement l'opération afin de déjouer les fraudes, et de s'assurer que, sous les apparences d'un paiement avec subrogation, ne se cache pas une véritable cession.

3° Le créancier ne peut réclamer par l'action primitive, d'autre objet que celui dont il est créancier de son chef ; sauf le droit pour le débiteur de se libérer en lui remettant l'objet originairement dû.

4° Les formalités des art. 1689 et 1690 ne sont pas exigées pour que le subrogé soit ensaisiné à l'encontre du débiteur : ce dernier perdra donc, par le fait même du paiement, le droit de se libérer entre les mains du créancier primitif.

Il est bien vrai, en effet, qu'à leur égard l'opération est une cession, mais cette cession n'a lieu qu'à titre auxiliaire, et au fond il y a un véritable paiement. D'ailleurs, cette fiction d'une cession n'a été introduite que dans l'intérêt du subrogé, et le débiteur ne peut la retourner contre lui.

Si l'on rapproche cette décision de celle que nous avons présentée plus haut, comme quatrième conséquence de notre premier principe, à savoir : que les formalités de l'art. 1690 ne sont pas exigées à l'encontre des ayants cause du créancier, on voit que nous pouvons, en résumé, dire, avec M. Mourlon, que : « Pour acquérir *la propriété absolue de la créance*, le subrogé n'a pas besoin de notifier le transport au débiteur, ni d'obtenir de lui une acceptation par acte authentique » (Mourlon, p. 15) (1).

(1) Mais si nous sommes d'accord avec le savant auteur quant

Il est évident, du reste, qu'ici encore, le subrogé serait responsable de toute imprudence qui aurait pour
effet de permettre au créancier déshonnête, ou à ses héritiers induits en erreur, d'amener le débiteur à effectuer, de bonne foi, un second paiement de la créance
(1382).

5° L'enregistrement ne peut réclamer que le droit de
quittance et non celui de cession. Il y a bien, en effet, une
cession à l'égard du débiteur, mais, nous l'avons dit, une
cession à titre purement auxiliaire, qui n'empêche pas
qu'au fond les parties aient eu l'intention de faire un
paiement, et qui d'ailleurs ne présente pas le caractère
de spéculation qu'a prévu le législateur en fixant le taux
du droit de cession.

S'il s'agissait de la subrogation consentie par le débiteur, il serait dû, selon nous, deux droits à l'enregistrement : serait le droit d'obligation, résultant de l'emprunt.
et le droit de quittance résultant du paiement avec subrogation (1).

au résultat, nous ne partageons pas sa manière de voir quant à la
façon de justifier ce résultat. M. Mourlon rattache, en effet, au principe que le paiement avec subrogation reste un paiement à l'égard
du créancier, l'avantage qu'a le subrogé d'être ensaisiné de plein
droit et indépendamment de l'observation des art. 1689 et 1690,
tant à l'égard du débiteur qu'à l'égard des ayants cause du créan
cier. — Son raisonnement, juste en ce qui concerne ces derniers,
nous paraît errone quand il s'agit du débiteur : nous ne comprenons
pas comment, par ce seul fait qu'il y a paiement à l'égard du
créancier, le débiteur perd le droit de se libérer entre ses mains
alors que vis à vis de lui l'opération est une cession. Telle qu'il la
présente, la décision de M. Mourlon, en ce qui regarde le débiteur,
nous paraît donc vraie mais mal fondée, et c'est au troisième de
nos principes que nous pensons devoir la rattacher.

(1) V. Contra Mourlon p. 35   D'après le savant auteur, il ne

Nous ne pousserons pas plus avant l'exposé des conséquences de notre système, nous réservant d'en com
pléter l'indication, et de développer celles que nous nous
sommes contenté de mentionner ici, lorsque nous trai
terons des effets de la subrogation.

Indiquons seulement, parmi les conséquences que nous
venons d'exposer, celles qui sont admises et celles qui
sont repoussées par nos adversaires. Cela nous sera facile. Il est évident, en effet, que M. Grappe, ne voyant
dans le paiement avec subrogation aucun des caractères de la cession, acceptera toutes les conséquences
que nous avons déduites de notre premier et de notre
troisième principe, tandis qu'il repoussera les effets très-
étendus que nous avons, en vertu du deuxième, assi-
gnés à notre opération. Quant à M. Toullier, au con
traire (en ce qui concerne la subrogation consentie par
le créancier), il admettra tous les effets que nous faisons
produire à notre second principe et rejettera tous les
autres.

serait dû en pareil cas que le droit d'obligation : « Il y a là, dit
M. Mourlon, un résultat analogue à celui qui a lieu en matière de
novation, lorsqu'une dette est payée au moyen d'une autre dette ;
or, en matière de novation, l'enregistrement ne perçoit que le droit
d'obligation. » Nous ne croyons pas que l'on puisse assimiler ainsi
les deux hypothèses, car, tandis que dans la novation tout s'opère
par un seul et même acte, dans la subrogation il y a deux opérations
parfaitement distinctes : L'emprunt puis le paiement, et nous ne
voyons aucune raison sérieuse pour dispenser les parties du droit
de quittance.

CHAPITRE II

Nous devons, pour établir les effets de la subrogation, déterminer successivement les rapports qu'elle établit :

1° Entre le créancier primitif et les diverses personnes tenues, soit personnellement, soit hypothécairement, de la dette;

2° Entre le créancier primitif et le subrogé;

3° Entre le subrogé et les divers obligés.

De ces trois situations, la première ne nous arrêtera pas, car un seul mot peut résumer les effets de la subrogation entre le créancier primitif et les obligés : Le paiement avec subrogation, ayant, entre ces personnes, le caractère d'un paiement ordinaire, le rapport de créancier à débiteur, qui existait entre elles, disparaît entièrement.

Les deux autres situations méritent au contraire un examen plus attentif, et nous les étudierons dans deux sections distinctes.

SECTION I. — Rapports entre le créancier primitif et le subrogé.

Nous n'avons pas à nous occuper des devoirs du subrogé envers le subrogeant, car ces devoirs constituent
les conditions nécessaires pour obtenir la subrogation,
et nous n'avons pas l'intention de traiter cette partie de
la matière. Nous ne nous préoccuperons donc que de
déterminer les obligations qui naissent à la charge du
créancier : soit, avant le paiement, du droit qu'avait
celui qui a payé d'être subrogé, soit, après le paiement
de la subrogation qui l'a accompagné.

§ 1er *Obligations résultant, à la charge du créancier, du bénéfice de la subrogation avant le paiement duquel elle
résulte.*

Notre énoncé même indique qu'il ne s'agit ici que de
la subrogation légale : on ne pourrait comprendre, en
effet, que le créancier fût tenu, avant la subrogation,
de quelque chose envers celui qui ne pourrait obtenir
ce bénéfice que par sa volonté ou celle du débiteur.

Il n'en est plus de même, lorsqu'un débiteur trouve
dans la loi la promesse d'être subrogé au cas où il paierait la dette. Ce débiteur auquel le Code dit : Payez et
vous acquerrez, en compensation, tous les droits du créancier pour vous aider dans votre recours, ce débiteur ne
trouve t-il pas, dans le bénéfice même qui lui est accordé,
le droit d'exiger que le créancier lui conserve les avantages dont il jouit? Ne pourrait il pas dire à ce créancier, s'il avait perdu par son fait tout ou partie des sûretés

qui garantissaient sa créance : « Vous n'aviez pas le droit de me priver d'un bénéfice que la loi m'accordait, vous ne pouvez plus me réclamer le paiement de la créance » ?

Qu'il puisse le faire, dans certains cas, cela est incontestable : L'article 2037, en effet, le déclare expressément pour la caution (1) ; mais, et c'est là le point que nous examinons, ce bénéfice résulte t-il du droit même de la caution à la subrogation, ou bien a-t-il une base autre et indépendante de la subrogation ? Est-ce en un mot un bénéfice particulier, ou est ce *un effet, un corollaire naturel et nécessaire* de cet autre bénéfice que nous appelons la subrogation légale ?

Nous n'hésitons pas à regarder le droit consacré en faveur de la caution par l'article 2037, comme un bénéfice spécial, parfaitement distinct de celui que nous étudions, et telle est l'opinion généralement admise ; cependant l'opinion contraire a été soutenue et M. Dalloz lui a prêté l'imposante autorité de son nom : « Il faut, dit il, tenir pour constant que le tiers détenteur qui paie le créancier hypothécaire ou privilégié, est de plein droit, et sans qu'intervienne aucune stipulation, subrogé dans tous les droits, actions, priviléges ou hypothèques de ce créancier : *De là découlent deux conséquences :* La première est que…,etc.; la seconde, c'est que le créancier qui s'est mis, par son fait, dans l'impossibilité de céder ses droits et hypothèques au tiers détenteur, étant tenu, par voie d'action, d'indemniser celui ci du dommage qu'il en

---

(1) Art. 2037 « La caution est déchargée, lorsque la subrogation aux droits, hypothèques et priviléges du créancier, ne peut plus, par le fait de ce créancier, s'opérer en faveur de la caution.

éprouve, doit être repoussé par voie d'exception de l'action hypothécaire qu'il veut former contre lui... » (M. Dalloz, *Répert. alph. de Leg.*, *de Doc.*, et *de Jur.*, v° Priv. et Hyp., T.. 3, ch. 5, sect. 3, art. 5, n° 1975.)

Telle aussi l'opinion de M. Ponsot, qui, dans son traité du cautionnement (n° 329), déclare que : « depuis le Code le droit de l'article 2037 est devenu un corollaire du bénéfice de subrogation » après avoir été du temps de Pothier « un corollaire de l'exception *cedendarum actionum.* »

Nous croyons, au contraire, que l'article 2037 est spécial au contrat de cautionnement, et qu'il est impossible, dans le silence du Code, d'étendre sa décision à d'autres situations qu'à celle du fidéjusseur.

Il est aisé, du reste, de voir que cette divergence d'opinion sur le principe de l'article 2037 amènera des conséquences pratiques très-importantes, car, tandis que nous n'appliquerons l'article 2037 qu'à celui qui pourra se prévaloir du titre de caution, MM. Dalloz et Ponsot devront permettre de s'en prévaloir à tous ceux qui auraient droit, en payant le créancier, à la subrogation légale. Nos adversaires accorderaient donc le bénéfice de l'article 2037, non-seulement, comme nous le faisons nous-même, aux cautions ordinaires ou aux cautions solidaires, mais encore :

1° Aux tiers detenteurs, pourvu toutefois que l'acte reproché au créancier ait eu lieu depuis que le tiers a acquis l'immeuble, car jusque là, les actes du créancier n'ont pu violer un droit encore inexistant. (Dalloz, *loc. cit.*)

2° A un codébiteur solidaire, et plus généralement à tout débiteur compris dans les termes de l'art. 1251-3°, sous la condition toutefois que la qualité qui lui donne droit à la subrogation légale en cas de paiement, lui ait été acquise avant l'acte reproché au créancier.

3° Au tiers acquéreur d'un immeuble hypothéqué, si le fait qui lui nuit s'était produit après l'acquisition qui lui a donné le droit d'être subrogé légalement en payant son prix entre les mains du créancier hypothécaire.

4° Enfin, à l'héritier bénéficiaire, si le fait dont il se plaint a eu lieu depuis qu'il a accepté la succession.

5° Il nous semble même que nos savants adversaires seraient contraints d'aller plus loin, et d'admettre, contre l'opinion généralement reçue, que le bénéfice de l'article 2037 pourrait, au moins dans un cas, s'exercer *par voie d'action*. On ne voit pas, en effet, dans leur système, pourquoi l'art. 2037 ne serait pas applicable en faveur du créancier hypothécaire qui, exerçant à l'égard d'un autre le *jus offerendæ pecuniæ*, prouverait que ce dernier a amoindri par quelque renonciation les effets de la subrogation que la loi lui confère (1251 1°) (1). Il faudrait, d'ailleurs, que cette renonciation ne se fût produite que depuis que le créancier offrant est créancier hypothécaire.

Les auteurs dont nous avons cité les noms ne tirent pas, il est vrai, de leur doctrine les trois dernières conséquences que nous venons de présenter ; mais elles s'imposent logiquement à quiconque partage leur manière de voir (2).

______

(1) Cette solution n'a guère d'intérêt pratique que si l'on admet, avec la plupart des auteurs, que l'exercice du *jus offerendæ pecuniæ* fait acquérir au créancier tous les droits de celui qu'il désintéresse, et non pas seulement l'hypothèque du créancier payé sur l'immeuble déjà hypothéqué au créancier offrant.

(2) Il n'en est évidemment plus de même en ce qui concerne le

Quoiqu'il en soit, on voit combien il est intéressant de prendre parti sur la question que nous nous sommes posée : aussi regrettons nous vivement que les savants auteurs dont nous venons de signaler l'opinion, ne nous aient pas exposé les raisons qui pourraient militer en faveur de leur système. Mais ce n'est qu'en passant qu'ils ont indiqué leur sentiment sur ce point, sans s'occuper de le défendre ; et nous nous trouvons réduit à chercher nous-même comment on pourrait établir cette doctrine que nous n'approuvons pas.

Or, voici, ce nous semble, ce que l'on pourrait dire à l'appui de ce système :

La loi a concédé à certaines personnes un bénéfice, celui de succéder aux droits du créancier lorsqu'elles l'auront désintéressé ; le créancier, qui rend par son fait la subrogation impossible, porte atteinte à ce droit : il cause donc un dommage injuste à celui qui en était investi, et le principe écrit dans l'art. 1382 l'oblige à le réparer (1).

On pourrait d'ailleurs argumenter très-sérieusement en ce sens d'un passage de Pothier (obl. n° 354 ed. Bugnet) dans lequel le grand jurisconsulte, après avoir accordé l'exception *cedendarum actionum* aux fidéjusseurs et aux codébiteurs solidaires, donne pour unique fondement de ce droit : « qu'il (le créancier) s'est mis hors d'état de leur céder l'action hypothécaire qui résultait de cette hypothèque qu'il a laissé perdre, et sur laquelle action ils comptaient pour la sûreté du recours qu'ils avaient à

tiers qui paie par intervention une lettre de change ou un billet à ordre.

(1) M. Ponsot signale cet argument (loc. cit., n° 329.)

exercer en payant le total... » De cette phrase, il paraît
bien résulter que, d'après Pothier, le seul droit pour le
débiteur d'exiger la cession, suffit pour faire naître à l'encontre du créancier l'obligation de conserver ses actions.

Enfin, les travaux préparatoires pourraient fournir à
MM. Dalloz et Ponsot un argument puissant, car M. Treilhard (1) motivait ainsi l'existence de l'art. 2037 : « Nous
« avons vu que le paiement fait au créancier devait opérer une subrogation de droit au profit de la caution :
« le créancier *n'est donc plus recevable* à la poursuivre
« quand, par son fait, il s'est mis dans l'impossibilité
« d'opérer cette subrogation. »

Ces arguments, cependant, ne pourraient nous convaincre.

Le premier n'est évidemment qu'une pétition de principe ; car dire que, par ce seul fait que le débiteur a
droit à la subrogation, le créancier ne peut rien faire
qui amoindrisse ce droit, c'est résoudre la question par
la question. On ne peut, en effet, sans avoir préalablement prouvé que le débiteur a le droit d'exiger que le
créancier conserve ses actions, affirmer que celui ci en
ne les conservant pas lui cause un dommage injuste,
car s'il lui cause un dommage, c'est en usant, de bonne
foi, de ses droits de créancier, le débiteur ne saurait
donc se plaindre.

Quant à l'autorité de Pothier et à celle de M. Treilhard,
elles ne peuvent prévaloir contre les principes ; or, faire
découler du bénéfice même de la subrogation une obligation pour le créancier autre que celle de céder ses actions *telles quelles*, c'est violer le principe fondamental

(1) V. Fenet t. 15, p. 45.

que la subrogation ne doit pas nuire à ce créancier. C'est
ce que faisait déjà remarquer Favre (conj. L. XI, c. 15,
n° 11) : « Noceret creditori remedium de quo agimus
« (exceptio cedendarum actionum) si, quoniam nullas
« actiones cedere posset, suas quoque amitteret. » C'est
donc avec raison que M. Troplong a reproché à Pothier
« l'incohérence de sa doctrine » sur ce point ; car, en
faisant découler de l'obligation de subroger le devoir
pour le créancier de conserver ses actions, il se mettait
en contradiction manifeste avec l'idée qu'il nous présente lui-même comme fondement de la cession forcée :
« Etant obligés d'aimer les hommes, nous sommes obligés
de leur accorder toutes les choses qu'ils ont intérêt
d'avoir, *lorsque nous pouvons les leur accorder sans qu'il nous
en coûte rien.* » (Oblig. n° 556.)

Nous n'hésitons donc pas à repousser la doctrine qui
ne voit dans l'art. 2037 qu'une application du droit commun, qu'un effet naturel du droit à la subrogation légale ;
nous concevons de la subrogation légale une toute autre
idée. Elle n'est, selon nous, en droit français comme en
droit romain, qu'un pur bénéfice d'équité, destiné à
rendre service à celui qui l'obtient, mais n'obligeant le
créancier à rien, sinon à ne pas commettre de dol.

Quant à l'art. 2037, nous l'expliquerons par un second
bénéfice, accordé à la caution en considération de la faveur toute spéciale dont elle jouit aux yeux du législateur. Elle s'est en effet, engagée pour rendre service à
autrui, et l'on comprend aisément qu'ayant estimé faire
assez pour les tiers détenteurs, les codébiteurs solidaires, etc., en leur permettant d'obtenir, en payant la
dette, les actions du créancier *telles quelles,* la loi ait cru
devoir aller plus loin en ce qui regarde la caution, et l'ait

traitée avec plus de sollicitude : aussi a t-elle voulu lui assurer d'une façon plus énergique le secours qu'elle accordait à tant d'autres, et à la subrogation légale, premier bénéfice, elle en a joint un second mentionné dans l'art. 2037 ; mais ces deux bénéfices sout absolument indépendants, le second ne découle pas nécessairement du premier, et doit, dès lors, être refusé à quiconque ne peut se prévaloir du titre de caution.

En un mot, et pour nous résumer, le bénéfice de l'art. 2037 n'est pas un effet du bénéfice de la subrogation légale, c'est un effet du contrat de cautionnement (1).

(1) M. Troplong, qui repousse aussi l'opinion d'après laquelle l'art. 2037 consacrerait un effet du bénéfice de la subrogation légale, en déclarant qu' « il n'y a pas d'idée plus fausse » (Cautionnement, p. 503, n° 560), M. Troplong ne croit pas que l'exception *cedendarum actionum* soit un bénéfice spécial à la caution.

Le droit d'invoquer cette exception doit être, selon le savant auteur, regardé comme un effet naturel, nécessaire, du bénéfice de discussion. Aussi n'hésite t il pas à reconnaître ce droit au tiers détenteur, et à le refuser aux cautions solidaires (art. 2021).

Nous avons déjà repoussé cette doctrine pour ce qui concerne le droit Romain (v. pp. 63 et suiv.), nous ne l'acceptons pas davantage en droit français. Ne pouvant donner ici à cette question intéressante tous les développements qu'elle comporte, nous nous contenterons d'opposer à la doctrine de M. Troplong l'argument suivant qui nous paraît péremptoire :

Il résulte de la comparaison des articles 2037 et 2023.

Si, en effet, l'*exceptio cedendarum actionum* n'a, comme le dit le savant auteur, d'autre fondement que l'existence du bénéfice de discussion, il faut évidemment la refuser au débiteur dans tous les cas ou il ne peut invoquer ce bénéfice. Or, l'art. 2023 nous dit : « La caution qui requiert la discussion... ne doit indiquer ni des biens du débiteur principal situés hors de l'arrondissement de la Cour royale du lieu où le paiement doit être fait, ni des biens litigieux, ni ceux hypothéqués à la dette, qui ne sont plus en la possession

Aussi, ne nous arrêterons-nous pas plus longtemps sur les questions nombreuses et intéressantes que suscite la rédaction de l'art. 2037. Ce serait évidemment sortir de notre sujet.

§ 2. *Obligations incombant au créancier après le paiement avec subrogation.*

Nous rencontrons ici l'une des différences les plus caractéristiques qui existent entre la subrogation et la cession. Le cédant, en effet, véritable vendeur de créance, est tenu de toutes les obligations qui s'imposent à un vendeur ordinaire; le subrogeant au contraire n'est, en principe, soumis à aucune des obligations du vendeur.

du débiteur.» Si donc on suppose que la renonciation du créancier a eu pour objet, par exemple, une hypothèque portant sur un immeuble qui ne soit plus en la possession du débiteur, ou qui soit litigieux, ou qui soit situé en dehors de l'arrondissement de la Cour du lieu où le paiement doit être fait, il faudra évidemment dire, dans le système de M. Troplong, que la caution ne peut, en pareil cas, opposer l'*exceptio cedendarum actionum;* or, comment mettre une telle décision en accord avec les termes de l'art. 2037: « La caution est déchargée, lorsque la subrogation aux droits, hypothèques et priviléges du créancier ne peut plus, par le fait de ce créancier, s'opérer en faveur de la caution. » Ces termes excluent, en effet, toute distinction, et M. Troplong se trouve placé en face de ce dilemne : ou frapper de mort son système en refusant de lui faire produire toutes ses conséquences logiques, ou violer ouvertement les termes de l'art. 2037.

Ajoutons, d'ailleurs, que les précédents historiques ne sauraient fournir un argument sérieux à M. Troplong, car, s'il est vrai que Cujas et Pothier paraissent avoir enseigné sa doctrine, l'éminent auteur remarque lui même que « les orateurs du gouvernement et du tribunat » (et notamment M. Treilhard) n'ont pas « mis le doigt sur la source la plus reculée de l'art. 2037 » ; c'est à dire qu'ils ne l'ont pas rattaché au bénéfice de discussion.

Sans doute, il devra, la bonne foi l'y oblige, remettre au subrogé tous les titres qui sont en sa possession pour l'aider à établir l'existence de la créance, sans doute aussi, il devrait lui restituer tout ce qu'il pourrait toucher du débiteur : mais il ne saurait être tenu d'aucune des autres obligations du cédant. Le paiement avec subrogation, en effet, n'a pas, à son égard, le caractère d'une cession, mais seulement le caractère d'un paiement ordinaire : il faut donc le traiter comme tout autre créancier qui reçoit un paiement.

De ce principe tout négatif, résultent pour le subrogeant deux conséquences tout particulièrement intéressantes : 1° L'absence de l'obligation de garantie; 2° Le droit de primer le subrogé quand il n'en a reçu qu'un paiement partiel (1252 C. c.).

Examinons successivement ces deux points, en détail :

I. LE SUBROGEANT N'EST PAS GARANT. — Cette règle est de tradition, et, pour la plupart des cas de subrogation, elle se justifie aisément. Si nous supposons, par exemple, que la subrogation est acquise légalement au subrogé, on comprend aisément que ce bénéfice, purement équitable, accordé par la loi au débiteur qui exécute son obligation, ne doit pas nuire au créancier en le plaçant dans une autre situation que celle d'un créancier payé. Ce paiement qu'il a reçu, il avait le droit de l'exiger, et la loi aurait porté à ses intérêts un grave préjudice, en l'astreignant aux obligations qui incombent au cédant.

L'équité de notre décision n'est pas moins évidente s'il s'agit d'une subrogation consentie par le débiteur.

Aussi nos anciens auteurs sont ils unanimes à déclarer que, dans ces deux cas de subrogation, le créancier n'est tenu d'aucune obligation de garantie envers le subrogé, et nous avons déjà rapporté des passages de Dumoulin, de Loyseau et de Pothier qui le prouvent suffisamment. (V. pp. 153 et suiv.).

Mais cet accord disparaît quand on arrive à la subrogation consentie par le créancier. Nos anciens auteurs, jusqu'à Renusson, déclarent que le créancier subrogeant, ayant agi lui-même, s'est, par là même, engagé à garantie comme tout vendeur de créance, et, de nos jours encore, cette opinion est soutenue par MM. Touillier (t. XII, n° 164), Duvergier (vente n° 287), Delvincourt (t. II, p. 139) et Duranton (t. XII, n° 188).

Faut il s'en étonner? Evidemment non, car jusqu'à Renusson, nous l'avons vu (pp. 151 et s.), la subrogation consentie par le créancier ne se distinguait en rien de la cession transport, et ceux des auteurs modernes que nous venons de citer soutiennent qu'il en est encore de même sous le Code civil.

Quant à nous, au contraire, qui ne reconnaissons aucune différence entre ce cas de subrogation et les autres, nous n'hésitons pas à décider que le créancier, alors même qu'il a consenti lui-même la subrogation, n'est tenu d'aucune obligation de garantie; et cette décision nous paraît, beaucoup plus que celle de nos adversaires, conforme à la véritable intention des parties.

Est ce à dire, toutefois, que le créancier, au cas où il serait reconnu, par exemple, qu'en réalité la créance payée n'existait pas, pourra conserver l'argent reçu? Evidemment non! et nous devons pour régler les rapports du créancier et du subrogé, à ce point de vue, distinguer deux hypothèses :

A. La dette même n'existe pas.

B. L'un des avantages que le subrogé a compté acquérir par la subrogation, n'existe pas.

A. *Inexistence de la dette.* — Le recours du subrogé, en pareil cas, se trouve tout indiqué : il exercera la *condictio indebiti*, car y il a paiement de l'indu, fait par erreur. Il en serait encore de même, si la dette existait bien, mais à la charge d'un autre que le débiteur pour lequel le tiers a entendu payer.

Il suffit, du reste, de rappeler les différences qui existent entre le recours en garantie et la *condictio indebiti*, pour montrer combien le subrogeant est intéressé à ne se voir exposé qu'au second de ces deux moyens de recours. Tandis, en effet, que le recours en garantie l'obligerait à indemniser complètement le subrogé du tort que lui cause l'inexistence de la créance, et à lui restituer, en conséquence, outre le capital payé, les intérêts de ce capital et les frais et loyaux coûts de la quittance, la *condictio indebiti* n'obligera le prétendu créancier qu'à restituer ce dont il s'est enrichi : si bien que, le subrogé lui ayant remis un corps certain, il pourrait, s'il l'avait vendu, se libérer en lui restituant seulement le prix de la vente, quel qu'il soit (art. 1380). De même, si la dette existait réellement, mais à la charge d'un autre que le débiteur pour lequel le subrogé à cru payer, la *condictio indebiti* elle même ne donnerait aucun recours au subrogé si, de bonne foi, le créancier avait, à la suite du paiement, supprimé son titre (1377).

B. *Inexistence de l'un des avantages que le créancier a compté obtenir par la subrogation.* — Il faut, pour régler cette hypothèse, distinguer entre les diverses causes de subrogation :

1° Supposons le paiement fait par un tiers étranger à la dette, qui acquiert la subrogation, soit légalement, soit du consentement du créancier.

L'erreur dont nous parlons est facile à concevoir en pareil cas : Je vous ai payé, croyant acquérir par la subrogation que vous m'accordiez, une hypothèque qui, en réalité, n'existait pas à votre profit ; je paie par intervention une lettre de change, croyant que le remboursement en est garanti par des sûretés qui n'ont jamais existé ; second créancier hypothécaire je vous désintéresse, croyant que votre hypothèque tient le premier rang, alors qu'elle ne vient qu'en troisième ordre.

Dans ces divers cas, je ne puis, d'après les principes rappelés précédemment, vous actionner en garantie, mais n'aurai je contre vous aucune action ?

La question doit, selon nous, être résolue par une distinction. Je ne puis avoir contre vous aucun recours, si l'erreur dont je me plains n'a pas eu pour effet de déterminer mon consentement ; mais si, au contraire, je puis prouver que sans cette erreur je n'aurais point payé, si j'établis que la croyance où j'étais que la subrogation me ferait obtenir les sûretés dont nous avons parlé, m'a seule déterminé à vous désintéresser, il n'en sera plus de même. Nous croyons qu'en pareil cas, le subrogé peut faire annuler le paiement, car ce paiement, qu'il a fait pour autrui, ne saurait être valable sans son consentement, et doit par conséquent tomber s'il est prouvé que ce consentement n'a été donné que par erreur (1).

Mais, hâtons-nous d'ajouter que cette première déci-

---

(1) V. à l'appui de notre opinion M. Troplong, Priv. et Hyp., t. 1, no 353.

sion doit être corrigée par l'intervention d'un second principe. L'erreur, en effet, où je me suis laissé entraîner, constitue de ma part une faute à votre égard ; et s'il est juste que vous ne vous enrichissiez pas à mes dépens, il est équitable aussi que mon erreur ne vous soit pas préjudiciable. En conséquence : je ne pourrai vous réclamer ni les intérêts du capital payé, ni les frais et loyaux coûts de la quittance ; je ne pourrai même rien vous demander si, par suite du paiement, vous avez supprimé votre titre ; je ne pourrai, au cas où vous auriez vendu le corps certain que je vous ai livré, vous réclamer que le prix de la vente ; enfin je serai responsable du dommage que pourrait vous avoir causé le retard apporté dans vos poursuites par mon intervention maladroite, de sorte que si, par exemple, au moment où je suis intervenu, vous étiez sur le point de poursuivre votre débiteur encore capable de vous payer la moitié de la dette, et, qu'à l'époque où je fais annuler le paiement, ce débiteur soit devenu complètement insolvable, je ne pourrai vous réclamer ce que je vous ai payé, que déduction faite de la moitié du montant de la dette.

Ces solutions devraient, d'ailleurs, être maintenues, alors même que le créancier m'aurait affirmé l'existence de l'hypothèque, du cautionnement, etc..., pourvu qu'il l'ait fait de bonne foi. Il n'a eu, en effet, l'intention de me donner qu'un simple renseignement, dont j'ai eu tort de me contenter : pour qu'il fût tenu de garantie, il faudrait que cette obligation lui eût été imposée par une clause expresse.

2° Si la subrogation est consentie par le débiteur à un tiers qui lui avance des deniers pour payer la dette, il est bien évident que le subrogé ne peut se retourner contre le créancier pour faire annuler le paiement, car il n'a pas fait de paiement. Sans doute, son erreur lui permettra, si elle est suffisamment caractérisée, de faire annuler l'opération à laquelle il n'a donné qu'un consentement vicié, mais cette opération, c'est le contrat de prêt et non pas le paiement : c'est donc contre le débiteur qu'il devra diriger son recours, et non contre le créancier qui n'a eu aucun rapport avec lui.

3° Enfin, si le paiement a été fait par une personne tenue, soit personnellement, soit hypothécairement de la dette, et à laquelle la loi accorde la subrogation légale, il est encore plus évident que l'erreur où s'est trouvée cette personne ne saurait lui permettre de faire annuler le paiement. Comment, en effet, le subrogé prétendrait il, en pareil cas, n'avoir payé qne parce qu'il comptait sur une hypothèque ou un cautionnement qui n'existe pas ? Le créancier pouvait le forcer à payer !

Sans doute, la caution pourra prétendre que, sans l'erreur dans laquelle elle s'est trouvée, elle aurait opposé le bénéfice de discussion ou celui de division (1), mais ce sont là des bénéfices qui n'empêchent pas qu'elle soit débitrice, et pour la restituer contre l'omission qu'elle a commise en ne les invoquant pas, il faudrait un texte de loi qui n'existe pas.

II. — Droit pour le créancier de primer le subrogé dans l'hypothèse d'un paiement partiel. — Ce droit de préférence est accordé au créancier par l'art. 1252 : « La subrogation, dit ce texte..., ne peut nuire au créancier

____

(1) Il en serait de même du tiers détenteur en ce qui regarde le bénéfice de discussion.

lorsqu'il n'a été payé qu'en partie; en ce cas il peut exercer ses droits, pour ce qui lui reste dû, par préférence à celui dont il n'a reçu qu'un paiement partiel. »

Ainsi : Primus, créancier hypothécaire de Secundus pour la somme de 20,000 fr., reçoit d'un tiers le paiement de la moitié de sa dette, et le subroge à ses droits; plus tard l'immeuble est vendu, pour 15,000 fr. par exemple. Le tiers subrogé ne peut prétendre à un partage égal de ces 15,000 fr. entre lui et Primus; il doit laisser Primus passer le premier, et se payer des 10,000 fr. qui lui restent dus, sauf au subrogé à se faire ensuite attribuer les 5,000 fr. qui resteront sur le prix de l'immeuble. Cette décision n'est d'ailleurs pas nouvelle, elle existait dès l'époque de Dumoulin (quest. 89, n° 670, *de Usuris*), et elle n'a fait que s'affermir par la suite (v. Renusson, ch. XV et Pothier. Int. t. XX, Cout. Orl., n° 87).

Pour étudier, comme elle le mérite, cette importante disposition du Code, nous examinerons successivement trois questions :

A) La règle de l'art. 1252 2° doit elle être approuvée en législation?

B) Quels sont les cas ou elle s'applique?

C) Le droit de préférence accordé au subrogé est-il transmissible à un second subrogé?

A) *La règle de l'art. 1252-2° doit-elle être approuvée en législation?* — Nous n'hésitons pas à nous prononcer pour l'affirmative. Cette règle nous parait être, en effet, la conséquence logique et équitable du principe que la subrogation ne change pas, à l'égard du créancier, la nature de l'opération : c'est toujours un paiement qu'il a voulu recevoir et qu'il a reçu, on doit donc le placer dans la situation où il se trouverait s'il avait reçu un paiement sans subrogation; or, en pareil cas, la partie de la dette qui lui a été payée serait éteinte, et l'hypothèque continuerait à garantir le reste de sa créance.

La décision de l'art. 1252 a cependant fait l'objet de vives critiques : MM. Aubry et Rau (t. IV, § 322, p. 191, n. 89) pensent que si la règle *nemo contra se subrogasse censetur*, est de toute justice, la conséquence qu'en tire l'art. 1252 dans sa dernière disposition « n'est pas rigoureusement exacte », M. Larombière (t. III, art. 1252, n° 25 *in fine*) juge cette disposition « injuste et irréfléchie », enfin Marcadé déclare que notre article « sous prétexte de ne pas nuire au créancier, lui accorde un avantage monstrueux. »

Voici par quelle argumentation ces savants auteurs justifient leurs critiques :

La loi, dit on, a dépassé le but qu'elle devait se proposer : que voulait elle, en effet? Empêcher que le paiement avec subrogation pût devenir nuisible au créancier; eh bien, il suffisait pour arriver à ce résultat de mettre sur le pied de l'égalité le créancier primitif et le subrogé. Plaçons-nous en effet, dit M. Larombière, dans l'espèce suivante : « Paul doit 10,000 fr. à Pierre, sous la garantie d'une hypothèque. Je paie 5,000 fr. à ce dernier, aux droits duquel je suis subrogé. Pierre n'a reçu qu'un paiement partiel : plus tard Paul est exproprié, le résultat de son expropriation donne 5,000 fr. à distribuer entre Pierre, subrogeant et moi subrogé. Pierre prendra ces 5,000 fr., et moi je n'aurai rien... Ne serait-il pas plus équitable de nous admettre tous les deux, Pierre pour ce qui lui reste dû, moi pour ce que je lui ai payé, concurremment et sur la même ligne, dans la distribution du gage commun, puisque nous avons des droits identiques, fractions d'une seule et même créance? Pierre... aurait, en définitive, 7,500 fr. et moi 2,500 fr. Ce résultat n'est-il pas empreint de la plus parfaite équité? Le créancier n'y gagne-t il pas, puisqu'il a 2,500 fr. de plus qu'il n'aurait eu sans la subrogation? N'est ce pas assez que le subrogeant et le subrogé, partageant entre eux la créance, partagent également désormais les chances d'insolvabilité? » (V. M. Larombière, t. III, art. 1252, n° 25.)

L'argument est ingénieux, nous le reconnaissons, mais son point de départ nous paraît erroné. Il ne s'agit pas, selon nous, d'empêcher que le *paiement partiel* nuise au subrogeant, il faut aller plus loin et dire que la *subrogation* elle-même ne doit pas lui préjudicier : de sorte que, selon les expressions de M. Colmet de Santerre (t. V, n° 197 bis 14), il ne faut pas, comme le font nos adversaires : « comparer la situation que ferait au créancier un concours avec le subrogé, à celle qu'il aurait s'il n'avait pas reçu de paiement partiel », mais bien « comparer la situation qu'aurait le créancier s'il concourait avec son subrogé, et celle qu'il aurait s'il avait reçu un paiement partiel sans subrogation. » Or, s'il avait reçu un paiement partiel sans subrogation, il n'aurait pas à craindre le concours de celui qui l'a désintéressé pour partie.

B) *Cas d'application du droit de préférence accordé au créancier par l'art.* 1252. — 1° Le cas le plus simple, et qui n'est contesté par personne, est celui où la créance payée jouissait déjà, par elle-même, d'un droit de préférence, d'une hypothèque ou d'un privilége. Il n'est pas douteux, en pareil cas, que le subrogé doive se laisser primer, dans l'exercice de cette hypothèque ou de ce privilége, par le subrogeant. Mais, il est important de remarquer que l'art. 1252 ne produit cet effet que dans les rapports du créancier et du subrogé, et non pas dans ceux du subrogé et des autres créanciers ayant hypothèque sur le même immeuble. Vis-à-vis de ces derniers, le subrogé peut faire valoir l'hypothèque ou le privilége pour la partie de la dette qu'il a payée, absolument comme le créancier peut s'en prévaloir pour ce qui lui reste dû. De là une situation intéressante qui pourra se présenter :

Supposons, en effet, trois créanciers ayant pris inscription hypothécaire à la même date, sur un même immeuble, savoir : Primus pour 60,000 fr., Secundus pour 18,000 et Tertius pour 12,000. Primus reçoit d'un tiers Paul le paiement d'une partie de sa créance, soit 40,000 fr., et le subroge à ses droits ; puis, l'immeuble est vendu et produit 30,000 fr. Comment s'opérera la répartition de ces 30,000 fr. entre nos quatre créanciers? La difficulté vient de ce que Paul doit être primé par le subrogeant Primus et mis sur le même rang que Secundus et Tertius, alors cependant que les droits de ces derniers sont égaux à ceux de Primus.

Voici comment le partage devra être effectué, selon nous :

On commencera par faire la part de Primus en partageant le montant du prix de vente comme s'il n'y avait que trois créanciers hypothécaires : Primus pour 36,000 fr., Secundus pour 18,000 fr. et Tertius pour 12,000 fr. On aura dès lors 30,000 fr. à partager entre des créances dont le total s'élève à 60,000 fr.; chacun devra donc recevoir la moitié de ce qui lui est dû : Primus prendra, en conséquence, 15,000 fr. Ce calcul est évidemment équitable, car, vis-à-vis de Primus, le droit hypothécaire de Paul est inexistant.

Quant à la part de Secundus et de Tertius, elle se fixera en tenant compte des quatre hypothèques, et en les plaçant sur le même rang. On aura donc 30,000 fr. à répartir entre 90,000 fr. de créance ; chacun devra supporter une perte des deux tiers de son droit. Secundus recevra donc 18,000 fr. et Tertius 12,000.

Il restera alors 3,000 fr. qui seront attribués à Paul. (V. Mourlon, p. 17).

2° L'art. 1252 doit-il s'appliquer également dans le cas où la créance payée en partie est une créance chirographaire ? Le créancier pourra t-il, en pareille hypothèse, prétendre qu'il doit être payé de ce qui lui reste dû, par préférence au subrogé ?

Si la créance chirographaire n'est pas garantie par un cautionnement, il ne nous paraît pas douteux que la prétention du créancier doive être rejetée ; et tel est en effet l'avis unanime des auteurs. Le créancier, en pareil cas, ne peut prétendre que la subrogation lui nuit, car celui qui a payé possède de son chef un recours contre le débiteur : ce recours lui donne un droit égal à celui du créancier (2092), et la subrogation ne saurait lui enlever ce droit, car c'est un bénéfice auquel on est toujours libre de renoncer.

Bien plus, nous permettrions, dans cette hypothèse, au subrogé de requérir l'égalité, alors même qu'il se servirait, non pas de l'action qu'il a de son chef, mais de l'action primitive acquise par la subrogation. Même en ce cas, en effet, le créancier ne pourrait prétendre que la subrogation lui cause un préjudice, car ce n'est pas pour arriver à concourir avec lui que le subrogé invoque la subrogation, ce droit il l'a de son chef, c'est seulement pour profiter des autres avantages attachés à l'ancienne créance, tels que la compétence du tribunal de commerce, la contrainte par corps, etc..., avantages dont l'exercice est indifférent au créancier.

M. Mourlon, qui admet en principe les solutions que nous venons de présenter (pp. 17, 18 et 19), croit devoir y faire exception lorsque le subrogé est une caution : En pareil cas, dit il, le concours doit être écarté, bien qu'il s'agisse d'une créance chirographaire, non pas sans doute que l'art. 1252 y fasse obstacle, mais en vertu de la nature spéciale de l'engagement contracté par la caution. La caution d'après M. Mourlon, étant garante de la solvabilité actuelle et future du débiteur, ne peut pas, en se présentant à la distribution, augmenter l'insolvabilité de ce débiteur au préjudice du créancier. Aussi le savant auteur n'hésite-t il pas à critiquer vivement l'art. 538 C. Com. (aujourd'hui 544) qui, en cas de faillite du débiteur, permet expressément à la caution qui a payé un à-compte, de concourir avec le créancier. Cette disposition lui paraît « inexplicable » et, dès lors, il se refuse à en étendre l'application au cas de déconfiture. (V. Mourlon, p. 20, note 1.)

Cette opinion nous paraît inadmissible, car son point de départ est inexact. Il est faux, en effet, de dire que la caution soit obligée de tout faire pour rendre efficace l'action du créancier contre le débiteur, et nous ne pouvons que nous rattacher à la judicieuse critique dirigée contre cette opinion par M. Labbé : « Le créancier ga-

« ranti, écrit notre savant maître, ne peut pas empêcher
« ce concours en disant à la caution : vous devez me pro-
« curer le paiement, vous ne devez rien faire qui diminue
« mes chances de paiement. L'obligation de la caution
« est, *non pas d'assurer par tous moyens l'efficacité de*
« *l'action du créancier contre le débiteur principal, mais*
« *simplement de payer au cas où ce dernier ne paierait*
« *pas*..... Ses droits ne s'évanouissent pas devant la
« créance, objet du cautionnement, ils subsistent, donc
« ils s'exercent dans leur énergie primitive. » (V.
M. Labbé sur un arr. de cass. du 6 déc. 1872, Dev. p. 51,
note 5.)

L'intérêt de cette décision est, d'ailleurs, facile à
trouver. Sans doute, en effet, le créancier imparfaite-
ment désintéressé pourra se retourner contre la caution
et lui enlever ce qu'elle vient de se faire remettre dans
la contribution : mais si cette caution est elle-même insolvable, le créancier devra subir le concours des créan
ciers de la caution, qui dès lors ont le plus grand intérêt
à ce qu'elle puisse produire concurremment avec le
créancier qu'elle a payé en partie.

3° Supposons maintenant que la dette qui a été payée
en partie soit chirographaire mais garantie par un cautionnement. Le créancier pourra-t-il, en pareil cas, invoquer le droit de préférence de l'art. 1252-2°? Deux opi
nions sont en présence : M. Duranton refuse, dans cette
hypothèse, au tiers qui a fait le paiement partiel, le droit de
concourir avec le créancier sur les biens de la caution
(t. XII, n° 186), malheureusement le savant auteur n'exprime son opinion que d'une façon incidente et sans
nous indiquer les motifs sur lesquels il la fonde. D'après
un autre système, au contraire, adopté, croyons nous,

par tous les autres auteurs qui ont traité de la question, le concours devrait toujours être admis, car, dit M. Larombière (t. III, art. 1252, n° 27), décider autrement, ce serait se mettre en contradiction avec le principe « que le tiers qui paie autant en l'acquit de la caution que du principal obligé, a un recours pour gestion d'affaires contre la caution elle même. »

Ces deux opinions nous paraissent l'une et l'autre trop absolues, et nous proposerons la solution suivante : On devra, selon nous, admettre le concours toutes les fois que le subrogé aura de son chef une action contre la caution, on devra, au contraire, appliquer l'art. 1252 chaque fois qu'il n'aura pas d'action de son chef.

Deux hypothèses mettront en lumière notre pensée :

Supposons que Primus soit créancier de Secundus pour 20,000 fr. et que Tertius ait cautionné cette dette ; un tiers, ami commun de Secundus et de Tertius, les sachant l'un et l'autre menacés de poursuites de la part du créancier, intervient et offre à Primus un paiement partiel sauf subrogation ; Primus accepte. Plus tard le débiteur principal et la caution tombent en déconfiture et le créancier produit aux réglements de comptes : le subrogé pourra venir en concours avec lui, et cela aussi bien sur le patrimoine de la caution que sur celui du débiteur principal, car, dans l'hypothèse que nous avons supposée, il est évident qu'il a de son chef une action de gestion d'affaires, aussi bien contre la caution que contre le débiteur principal.

A bien plus forte raison déciderions nous de même, si la subrogation avait été consentie par la caution à la suite d'un prêt *à elle* fait par un tiers, puisque ce tiers aurait de son chef contre elle l'action née de ce prêt.

Mais supposons, au contraire, que le débiteur principal Secundus, pressé par le créancier et sur le point d'être saisi, emprunte à un de ses amis les deniers nécessaires pour opérer un paiement partiel et obtenir ainsi un délai du créancier : permettra-t-on encore au prêteur subrogé par le débiteur de venir en concours avec le créancier sur les biens de la caution? Nous ne le croyons pas, parce qu'à notre avis il ne peut poursuivre la caution qu'en vertu de la subrogation. Il nous semble, en effet, qu'il y a erreur à supposer que le subrogé aura toujours, de son chef, une action contre la caution; et dans l'espèce que nous venons d'indiquer nous ne croyons pas qu'on puisse lui en reconnaître aucune : nous lui refuserions même l'action *de in rem verso*, car, s'il est vrai que la caution a profité du prêt, c'est d'une façon tout à fait indirecte, et sans qu'il y ait eu de la part du subrogé aucune innovation dans les affaires de cette caution dont il ne connaît peut-être même pas l'existence !

4° Faisons remarquer enfin, que l'art. 1252 n'accorde le droit de préférence au créancier contre le subrogé que dans le cas d'un paiement partiel : il en résulte qu'on ne peut étendre sa décision au cas où le créancier ayant deux créances, garanties l'une et l'autre par une hypothèque sur l'immeuble A, le tiers n'aurait payé que celle d'entre elles qui est garantie par l'hypothèque du premier rang. Les rédacteurs du Code ont sans doute pensé que la réunion de deux créances dans une même main ne pouvait empêcher ces deux créances de rester indépendantes l'une de l'autre, et qu'il fallait, en conséquence, donner dans l'hypothèse que nous avons suppo sée la même solution que si le titulaire de la seconde créance était un étranger.

C) *Le droit de préférence de l'art. 1252 2° est-il transmissible à un second subrogé?* — On n'a jamais mis en doute la transmissibilité de notre droit de préférence par voie de cession (1), et il serait bien difficile en effet de justifier une pareille rectriction apportée aux droits du créancier. Mais les auteurs sont, au contraire, loin d'être d'accord quand il s'agit de la transmissibilité de ce même droit au moyen d'une seconde subrogation.

Primus, créancier hypothécaire de Secundus pour 20,000 fr., reçoit de Pierre un premier paiement partiel de 10,000 fr., et le subroge à ses droits. Plus tard Primus reçoit de Paul le paiement des 10,000 fr. qui lui restent dus, en consentant à Paul une seconde subrogation : Paul pourra t il prétendre exercer, à l'encontre de Pierre, le droit de préférence qui appartenait au créancier ?

La question est vivement discutée, et nous devons reconnaître que la plupart des auteurs la tranchent dans un sens contraire à la solution que nous nous proposons de défendre. On repousse généralement la prétention du second subrogé, et l'on décide que Pierre et Paul doivent venir en concours, sans qu'il y ait à tenir compte des dates des subrogations.

Ce système se fonde, d'abord et avant tout, sur l'autorité de la tradition ; et en effet, si l'on excepte Bretonnier (V°. Sub., t. II, p. 279), tous nos anciens auteurs

(1) C'est à tort, que l'on a cru trouver la doctrine contraire dans Toullier (t. 4 n° 170).

sont unanimes pour admettre dans notre hypothèse le concours des deux subrogés. Pothier déclare même que : « La raison de cette maxime est évidente » (Int. t. XX, Orl. n° 87) (1).

D'ailleurs, ajoute-t-on, cette solution n'est elle pas « la conséquence logique du principe sur lequel la subrogation est fondée ? » Pourquoi, dit M. Demolombe (Contrats, t. IV, p. 614, n° 667 2°), le créancier, qui n'a été payé qu'en partie, a-t-il ce droit de préférence sur le subrogé ? Parce que la partie de la créance qui a été payée est éteinte, tandis que la partie de la créance qui n'a pas été payée subsiste encore dans ses mains. Mais vienne un second paiement, qui éteigne cette seconde partie de la dette ! Il n'en restera plus rien... la cause efficiente du droit de préférence aura disparu, et avec elle nécessairement aussi le droit de préférence lui-même.

Enfin, on insiste sur les dangers que pourrait présen ter l'opinion contraire, car, ainsi que le disait déjà l'additionnaire de Renusson (1re addition) : « Si la dernière subrogation était préférable à la première, rarement un débiteur pourrait il commencer à recevoir son paiement. »

Nous ne partageons pas cette opinion, et nous croyons avec notre excellent maître M. Duverger (2), que le second subrogé pourra exercer les hypothèques ou privi léges qu'il tient de la subrogation par préférence au premier subrogé

Faisons de suite remarquer, en réponse au dernier ar

(1) Aj, Renusson. Ch. XVI et première addition à son traité des subrogations.

(2) M. Duverger à son cours.   Aj. MM. Mourlon (p 39 et s.) et Colmet de Santerre (t. 5, n° 197 bis, 15)

gument présenté par nos adversaires, que le premier subrogé ne saurait se plaindre de la transmissibilité de ce droit de préférence, puisqu'il reste dans la situation même qu'il a volontairement acceptée. Il a consenti à ce que le créancier soit payé avant lui de ce qui reste dû de la créance, que lui importe que ce soit le créancier lui même ou un tiers qui le prime !

L'argument qui consiste à dire que la cause du droit de préférence disparaît par le fait du second paiement, ne nous paraît pas non plus convaincant, car, si à l'égard du créancier la dette est entièrement éteinte, il n'en est pas de même à l'égard du second subrogé. Les principes de la subrogation veulent en effet qu'en ce qui le concerne, on regarde la seconde partie de la dette comme subsistante, et la première comme entièrement éteinte.

D'ailleurs, il est facile de voir que l'argument présenté par M. Demolombe revient, au fond, à regarder le droit de préférence de l'art. 1252 comme un bénéfice pure ment personnel au subrogeant ; or le savant auteur lui-même (loc. cit.) reconnaît que ce droit est transmissible par voie de cession !

Enfin notre opinion nous paraît beaucoup mieux que celle que nous combattons en harmonie avec le principe que la subrogation ne doit pas nuire au subrogé. La pre mière subrogation lui nuirait en effet s'il ne pouvait con férer au second subrogé des droits aussi entiers que ceux qu'il pourrait lui transmettre s'il n'avait pas ac cordé la première subrogation ! Cette restriction à ses pouvoirs lui rendrait, en effet, beaucoup plus difficile à obtenir le paiement de la seconde partie de sa créance.

Quant aux arguments historiques que l'on nous oppose, nous ne pensons pas, quelle que soit leur valeur, qu'ils puissent nous faire accepter, dans le silence du Code, un système contraire aux principes les mieux établis de notre matière.

SECTION II. Rapports entre le subrogé et les diverses personnes tenues, soit personnellement, soit hypothécairement de la dette.

L'étude de ces rapports comprendra deux parties : dans la première nous chercherons quels sont les droits du subrogé contre les divers débiteurs ; dans la seconde, nous déterminerons les droits de ces débiteurs contre le subrogé.

PREMIÈRE PARTIE.

DROITS DU SUBROGÉ CONTRE LES DIVERS OBLIGÉS.

Cette première partie se divisera elle-même en deux paragraphes : le premier sera consacré à rechercher ce que peut réclamer le subrogé ; dans le second, nous examinerons les moyens dont il peut user pour obtenir son remboursement.

§ 1er. *Que peut réclamer le subrogé ?*

La subrogation, avons-nous dit dans notre premier chapitre, est un acte mixte qui présente, dans les rapports du subrogé et du débiteur, le caractère d'une cession. Si nous nous en étions tenu là, si tel était abso lument le caractère de notre opération entre le subrogé et le débiteur, la réponse à notre question serait bien simple : il faudrait dire que le subrogé peut réclamer au débiteur identiquement ce que le créancier aurait pu en exiger. Mais il n'en est pas ainsi : nous avons dit que cette première idée, que la subrogation est une cession à l'égard du subrogé et du débiteur, devait être corrigée à l'aide d'un second principe. Il faut, en effet, remarquer que cette cession n'est accordée qu'à titre purement auxiliaire, et il résulte de là qu elle doit être soumise, dans certains de ses effets, aux règles qui régissent l'action principale, celle que le subrogé possède de son chef. C'est de ce principe restrictif que nous devons faire l'application dans ce paragraphe, en cherchant successivement :

A. Quel est le *quantum* de ce que le subrogé peut réclamer ?

B. Quel est l'objet de sa créance ?

A. Quel est le quantum de ce que le subrogé peut réclamer ?

Le subrogé ne peut rien exiger au delà de ce qu'il a dépensé ; c'est, en effet, ce que lui ferait obtenir l'action qu'il a de son chef, et la créance acquise par la subrogation n'étant entre ses mains qu'un accessoire de celle qu'il a de son chef, ne peut lui permettre de réclamer plus que par cette dernière.

Il en est ainsi alors même qu'il s'agit d'un tiers auquel le créancier a consenti la subrogation, car, bien qu'il ne se soit pas mis, avant de faire le paiement, en rapport direct avec le débiteur, le seul fait de sa part de s'être contenté d'une subrogation, au lieu de réclamer une cession, prouve suffisamment qu'il a entendu faire l'affaire du débiteur principal, et dès lors, s'il y a un avantage à tirer du paiement qu'il a affectué, ce n'est pas lui qui doit en profiter mais le débiteur dont il a géré l'affaire.

Ce principe, que le subrogé ne peut réclamer plus qu'il n'a payé, reçoit son application dans deux hypothèses :

(*a*) Primus, créancier de 10,000 fr., désespérant d'être jamais payé par son débiteur Secundus, se contente du paiement de la moitié de sa créance, qui lui est offert par un tiers. Il subroge ce tiers à tous ses droits, et donne quittance du montant total de la dette. Le tiers, venant ensuite à exercer son recours contre Secundus, ne pourra lui réclamer que les 5,000 fr. qu'il a déboursés, bien qu'il se serve pour les exiger de l'action primitive qu'il a acquise par la subrogation, car l'action de gestion d'affaires qu'il a de son chef ne lui ferait pas obtenir davantage.

Nous ne croyons pas que cette solution ait jamais été contestée (si ce n'est, et dans le cas seulement de la subrogation consentie par le créancier, par les auteurs qui assimilent ce cas de subrogation à la cession ordinaire), et il eût été en effet bien difficile de justifier l'opinion contraire. Nous avons déjà vu que les Romains admettaient cette solution, nos anciens auteurs l'avaient également adoptée : le silence du Code ne pouvait donc être interprété que dans le sens d'un acquiescement à cette doctrine traditionnelle.

(*b*) L'accord des auteurs est loin d'être aussi parfait en ce qui touche la seconde application de notre principe. Elle a été vivement contestée, et nous aurons, après l'avoir indiquée, à nous préoccuper de la justifier.

Voici l'espèce : La dette payée par le subrogé avait été contractée par le débiteur avant la loi du 3 sept. 1807, sous l'empire du Code civil qui ne limitait pas le taux de l'intérêt conventionnel, et le créancier avait stipulé des intérêts de 10 p. 0/0, par exemple. Le paiement lui a été fait par le subrogé après la loi de 1807, le subrogé pourra-t-il réclamer des intérêts à 10 p. 0/0 ou devra-t-il se contenter, malgré la subrogation, des intérêts auxquels il a droit en vertu de la créance qui lui est propre ? (1).

De ces deux solutions, la seconde ne nous paraît pas douteuse ; elle dérive nécessairement du principe par nous posé, que le subrogé ne peut réclamer plus qu'il n'a déboursé. Comment en effet prétendrait-il avoir dépensé un capital produisant un intérêt supérieur à celui qu'autorise la loi au moment du paiement ? Cette prétention serait une violation évidente de la loi.

Cette décision a cependant été contestée. M. Gauthier la repousse sans distinguer entre les divers cas de subrogation, et M. Duranton la rejette quand la subrogation a été consentie par le débiteur. Mais leur opinion ne nous paraît pas juridique. Ces savants auteurs, en effet, se bornent à faire remarquer, qu'en définitive, la subrogation transmet au subrogé la créance même du créancier primitif ; mais qui ne voit que si l'on admettait ce raisonnement dans notre hypothèse, il faudrait également l'appliquer à celle que nous avons exposée précédemment et permettre au subrogé qui, en payant 5,000 fr. a éteint une dette de 10,000, de réclamer ces 10,000 fr. ? Car dans ce cas aussi le subrogé acquiert la créance même de celui qu'il a désintéressé !

(c) On pourrait enfin supposer l'hypothèse inverse. La

(1) On pourrait encore supposer qu'une créance commerciale produisant intérêt à 6 p. 0/0, a été payée dans des conditons telles que l'action qui résulte, au profit du subrogé, de ce paiement, soit purement civile.

créance payée ne produisait intérêt qu'à 4 p. 0/0, la créance personnelle du subrogé au contraire en produit à 5 p. 0/0 : de plein droit, s'il a agi en vertu d'un mandat, ou s'il a utilement géré l'affaire du débiteur (2001, 1372 et 1374), en vertu de la convention, s'il a reçu la subrogation du débiteur à l'occasion d'un prêt qu'il lui a fait. Que décider en pareil cas?

Il faut, à notre avis, répondre que, la subrogation ne pouvant augmenter les obligations des débiteurs, le subrogé ne pourra se servir des avantages qu'elle lui confère, pour réclamer des intérêts supérieurs à 4 p. 0/0, sauf à lui, d'ailleurs, à exiger le surplus au moyen de l'action qu'il possède de son chef.

B. Quel est l'objet de la créance du subrogé.

Le subrogé ne peut, selon nous, réclamer que l'objet auquel il a droit en vertu de l'action qu'il possède de son chef. Si l'on suppose, par exemple, que la créance primitive étant une rente aux arrérages de 2,000 fr., il en ait remboursé le capital, soit 40,000 fr., il ne pourra réclamer que le remboursement de ce capital et non pas le service de la rente. Il n'a pas, en effet, reçu la subrogation dans le but d'obtenir ce qui faisait l'objet de la créance primitive, mais seulement dans l'intention d'assurer plus énergiquement le remboursement de ses avances ; la subrogation vient renforcer et compléter son action personnelle, mais seulement au point de vue de l'efficacité de cette action, et non pas en ce qui regarde l'objet auquel il a droit (1).

(1) Cette solution aurait, d'après M. Mourlon, présenté un grand

L'argument que nous venons de présenter s'applique d'ailleurs à tous les cas de subrogation, et nous n'hésitons pas à repousser la distinction que proposait Pothier dans l'ancien droit. D'après le grand jurisconsulte, il aurait fallu distinguer entre l'hypothèse de la subrogation consentie par le débiteur et tous les autres cas de subrogation (Int., t. 20. Cout. Orl., n° 85). Il n'appliquait la solution que nous venons d'indiquer que dans la première hypothèse, et décidait au contraire que dans tous les autres cas, le subrogé « devient par la subrogation un vrai créancier de rente foncière et peut exercer contre ses codébiteurs, tous les droits qui sont propres aux seigneurs de rente foncière. » Nous ne pouvons nous expliquer cette doctrine proposée par Pothier que par l'influence de Dumoulin; or, si au XVIᵉ siècle cette distinction était logique, alors que la subrogation, dans tous les cas où elle n'était pas consentie par le

intérêt dans l'ancien droit, à l'époque ou les rentes pouvaient être grevées d'hypothèques aussi bien que les immeubles corporels, car, dit-il, « le remboursement, quoique fait avec subrogation, ayant éteint la rente, les hypothèques que les créanciers du subrogeant avaient sur elle, s'éteignaient également par l'effet du paiement, de la même manière qu'elles s'éteignent par la perte de l'immeuble qui en est grévé. Cette théorie, ajoute le savant auteur, peut encore aujourd'hui recevoir son application par suite de la disposition de l'art. 665 du Code de procédure qui maintient les hypothèques anciennement consenties sur les rentes. » (Mourlon, p. 33.)

Cette observation nous paraît erronée, car le savant auteur admet, comme nous, que la subrogation laisse à l'opération le caractère d'un paiement dans les rapports du subrogé avec le créancier et ses ayants cause. Il suffit, en effet, pour faire perdre aux ayants cause du créancier leurs droits sur la rente, qu'il y ait à leur égard un paiement, et ils ne sauraient se prévaloir de ce que la rente est censée subsister à l'égard du débiteur et du subrogé.

débiteur, était assimilée à la cession-transport (v. pp. 151 et suiv.) il n'en était plus de même au XVIIIe siècle, et Pothier, qui reconnaissait à tous les cas de subrogation la même nature mixte, aurait évidemment dû présenter, pour tous, la solution qu'il n'applique qu'à la subrogation consentie par le débiteur.

Mais, cette question résolue, il s'en présente une seconde qui nous paraît plus délicate à résoudre. Sans doute, en effet, le subrogé ne pourra réclamer, même en usant de la subrogation, que l'objet de sa créance personnelle, mais le débiteur ne conservera-t il pas le droit de se libérer en lui payant l'objet de sa créance primitive? On le décide généralement, en faisant remarquer que cette solution découle nécessairement du principe que la subrogation ne doit pas augmenter l'obligation du débiteur.

Nous croyons cependant qu'il faut repousser cette doctrine, et, en effet, le subrogé sera toujours en droit de répondre au débiteur que, s'il exerce l'action primitive, ce n'est pas pour arriver à lui réclamer le capital de la rente au lieu des arrérages, puisqu'il a déjà ce droit de son chef, mais uniquement pour profiter des avantages accessoires attachés à cette action primitive, et le débiteur ne saurait s'en plaindre, puisque la créance personnelle du subrogé n'est jamais plus lourde que la créance primitive.

En résumé, nous pensons que, par le paiement avec subrogation, l'objet de la dette est changé, sans que le débiteur conserve la faculté de se libérer en payant l'objet anciennement dû.

Mais cette solution, dont l'application ne saurait faire difficulté à l'égard du débiteur principal, nécessite au contraire une distinction en ce qui regarde les cautions et les tiers détenteurs.

Primus, créancier d'une rente aux arrérages de 2,000 fr., a exigé de son débiteur Secundus l'engagement d'une caution ; Tertius, un tiers, intervient qui rembourse le capital de la rente, 40,000 fr., et est subrogé aux droits du créancier. Plus tard, il s'adresse à la caution à l'aide de l'action acquise par la subrogation. Que peut-il lui réclamer ?

Il faut, à notre avis, distinguer deux hypothèses :

Si, en effet, le tiers a payé Primus dans des conditions telles qu'il ait de son chef une action en recours tant contre la caution que contre le débiteur principal, l'objet de la dette sera, à l'égard de la caution comme à l'égard du débiteur principal, le capital de 40,000 fr. avancé par le tiers, et la caution n'aura pas plus que le débiteur principal la faculté de se libérer en faisant le service de la rente. Le raisonnement que nous avons présenté au sujet du débiteur principal, s'appliquerait en effet, tout aussi bien, à la caution.

Mais, si le tiers a payé Primus de telle façon qu'il n'ait de son chef aucun recours contre la caution (1), il ne faut pas hésiter à dire qu'il ne peut réclamer à cette dernière que le service de la rente, car la subrogation n'a pu augmenter l'obligation de la caution, et ce n'est qu'en vertu de la subrogation que le créancier peut la poursuivre. Toutefois, nous reconnaîtrons à la caution le droit de payer, si elle le préfère (art. 2013), les 40,000 fr. avancés par le tiers, ce second objet devant être regardé comme étant, à son égard, *in facultate solutionis*.

(1) Nous avons présenté déjà (p. 234, *in fine*, et 235) une hypothèse où, pensons nous, ce résultat se produit.

La distinction que nous venons de proposer s'appliquerait également aux rapports du subrogé avec les tiers détenteurs.

§ 2. *De quels moyens le subrogé peut se servir pour obtenir son remboursement.*

Le paiement avec subrogation affectant, selon nous, le caractère d'une cession, dans les rapports des débiteurs et du subrogé, nous devons poser en principe que le subrogé pourra se prévaloir de tous les avantages qui appartenaient à l'ancien créancier.

Mais l'application de ce principe pouvant donner lieu à des difficultés sur quelques points spéciaux, il est nécessaire d'examiner rapidement les divers avantages qui peuvent s'attacher à une créance.

Nous permettrons d'abord, et sans difficulté, au subrogé de profiter de l'existence d'un titre authentique (1), du droit de contraindre le débiteur par corps, de la solidarité ou de l'indivisibilité de la dette, de l'élection de domicile et de la compétence du tribunal (Mourlon, p. 37). Il pourra également, si la dette est garantie par un cautionnement, poursuivre la caution, dans les cas même où il n'aurait de son chef aucune action contre elle. L'art. 1252 a fait cesser la controverse qui divisait, sur ce point, nos anciens auteurs : « La subrogation établie par les articles précédents, déclare t-il, a lieu tant contre les cautions que contre les débiteurs » (2).

(1) Sauf, bien entendu, à signifier préalablement le paiement avec subrogation au débiteur dont il voudrait poursuivre l'expropriation (art. 2214).

(2) L'opinion contraire, approuvée par Dumoulin, Renusson,

Ces divers points ne sauraient être contestés, si l'on partage notre opinion sur la nature de la subrogation, mais il n'en est plus de même de ceux qu'il nous reste à examiner.

Et d'abord, on a nié que la subrogation put avoir effet contre les tiers détenteurs, en faisant remarquer que le Code, lorsqu'il s'occupe des effets de ce bénéfice, ne parle jamais que du débiteur principal et des cautions (art. 1252 et 874) (1). Mais cette opinion est aujourd'hui généralement abandonnée. Il est, en effet, bien facile de s'assurer que les rédacteurs du Code, lorsqu'ils ont parlé, dans les articles précités, du débiteur et des cautions, n'ont eu nullement l'intention d'indiquer par *a contrario* que la subrogation n'aurait pas effet contre les tiers détenteurs. Si l'art. 1252 ne parle que des cautions, c'est qu'il était urgent de terminer à leur égard, par une déclaration expresse, une controverse que Pothier lui-même signalait encore (2), tandis que la question n'était plus discutée relativement aux tiers déten-

Basnage... avait longtemps triomphé dans notre ancien droit, car Renusson, après avoir cité (Ch. 13) plusieurs arrêts contraires à sa doctrine, nous apprend que : « c'est une nouveauté qui s'est introduite depuis vingt années, et que cela est contraire à l'ancienne jurisprudence et à ce qui s'était observé auparavant. »

La raison principale invoquée par ces auteurs était que la caution est intéressée à ne pas changer un créancier tolérant contre un autre dur et exigeant. Mais ce droit de la caution n'est pas absolu, puisque le créancier peut, par une cession, lui imposer un créancier sur lequel elle n'a pas compté, et l'on s'explique aisément que le Code n'ait pas tenu compte de l'intérêt que nous venons de signaler, en présence des avantages qu'assure au crédit la possibilité d'une su brogation énergique.

(1) V. M. Bugnet sur Pothier, t. I, p. 666 n. 2.

(2) V. Pothier Obligations nᵒ 560 (Ed. Bugnet).

teurs (1). Quant à l'art. 874, il n'a eu d'autre but que
d'assurer au légataire particulier, qui aurait acquitté la
dette dont l'immeuble à lui légué était grevé, le droit
de recourir pour le tout contre les héritiers, et d'exclure
ainsi l'application à cette hypothèse de l'art. 875 qui
oblige, en pareil cas, l'héritier qui a payé la dette à
diviser son recours contre ses cohéritiers ou contre les
légataires universels.

M. Toullier, qui repousse, en principe, l'opinion que
nous venons de combattre, croit devoir s'y rattacher
dans le cas où la subrogation est consentie par le débiteur. Reprenant, en effet, l'ancienne définition que pré
sentait Dumoulin de cette espèce de subrogation, le
savant auteur prétend qu'elle ne transfère pas le droit
même de l'ancien créancier, mais seulement un « *jus
simile et œque potens* », et, en conséquence, il déclare que le
débiteur ne peut subroger dans l'hypothèque du créancier payé « s'il a vendu le fonds hypothéqué, parce que
l'hypothèque est éteinte avec le droit de ce dernier (le
créancier), et que la subrogation faite par le débiteur
ne pouvant conférer qu'un droit nouveau, il se trouverait conférer une hypothèque sur la chose d'autrui » (2).

Mais les développements que nous avons présentés,
au début de ce travail, sur l'histoire de la subrogation,
ont réfuté d'avance cette opinion. M. Toullier, lorsqu'il
prend pour base de son raisonnement la définition de
Dumoulin, ne tient compte, ni des termes de l'acte légis-

(1) Renusson ne la traite même pas et Pothier déclare, sans men
tionner aucune controverse, que « le subrogé peut exercer toutes
les actions contre... les tiers détenteurs des biens hypothéqués par
l'ancien créancier. » (Int. t. 20 C. Orl. n° 80).

(2) V. Toullier, t. IV, n° 136.

latif de 1609, ni de l'interprétation donnée à cet acte par notre ancienne jurisprudence. Nous avons dit, en effet, que, dès le milieu du xviie siècle, il n'existait plus aucune différence entre les diverses causes de subrogation, et nous avons montré que cette doctrine avait passé dans le Code civil. Nous n'hésiterons donc pas à reconnaître au subrogé le droit de profiter des hypothèques que le débiteur a pu concéder au créancier, sans distinguer si les immeubles hypothéqués sont ou non restés aux mains du débiteur. La solution serait la même à l'égard d'une hypothèque concédée par un tiers (caution réelle).

Supposons, maintenant, que la dette payée par le subrogé soit un prix de vente et cherchons à déterminer les droits auxquels il pourra succéder.

Nous lui reconnaîtrons évidemment le droit de se prévaloir du privilége du vendeur, alors même que la subrogation lui aurait été consentie par le débiteur. On ne peut, en effet, nous objecter que la convention ne saurait créer un privilége, puisque nous n'admettons pas, comme le fait M. Toullier, que la subrogation transfère, en pareil cas, un droit nouveau.

Le droit de rétention (1612) et le droit de revendication (2102 4°) ne sauraient non plus lui être refusés, s'il s'agit d'une vente de meubles faite dans les conditions nécessaires pour que le créancier jouisse de ces avantages. Mais, comme le débiteur a le plus grand intérêt à ce que le meuble soit détenu par telle personne plutôt que par telle autre, nous lui permettrions, au cas où le subrogé ne présenterait pas, à cet égard, toutes les garanties nécessaires, de faire ordonner, par justice, le dépôt du meuble en mains tierces. Cette mesure, d'ailleurs, devrait être plus difficilement ordonnée par le juge, si la subrogation avait été consentie par le débiteur.

Arrivons enfin au droit de résolution pour défaut de paiement du prix. Ce bénéfice sera-t il transmis au su brogé ? On pourrait en douter sérieusement, car ce droit de faire résoudre la vente paraît bien être personnel au créancier primitif, et semble, au premier abord, peu conciliable avec toute autre qualité que celle de vendeur. Par le paiement, pourrait on dire, la condition même dont la réalisation est essentielle à l'exercice du droit de résolution fait défaut : comment, en effet, ce subrogé prétendrait il faire résoudre la vente pour défaut de paiement du prix, alors que lui même a payé le prix? D'ailleurs, l'opinion contraire ne se heurterait-elle pas au principe que nous avons précédemment développé, d'après lequel l'objet de la créance n'est plus le prix de vente, mais seulemeut le remboursement des avances du subrogé?

Ces arguments ne sauraient cependant nous convaincre. Le premier n'a pour nous aucune valeur, car, s'il est vrai que le paiement rend impossible l'exercice de l'action résolutoire, ce paiement est censé n'avoir pas eu lieu dans les rapports du débiteur et du subrogé. Le second ne nous arrête pas non plus, car si l'objet de la la créance primitive disparaît, tous les moyens de coercition qui étaient attachés à cette créance subsistent et passent au subrogé ; or, la résolution de la vente n'était pas l'objet de la créance, quand cette dernière appartenait au créancier, il n'y avait, dans le droit de demander cette résolution, qu'un moyen de coercition qui doit se transmettre au subrogé comme lui est acquis le droit d'exercer la contrainte par corps.

Supposons donc l'action en résolution exercée par le subrogé, celui ci deviendra évidemment propriétaire de la chose ; mais de qui sera t il l'ayant cause ? Sera-ce du créancier ou du débiteur ? La question ne saurait faire difficulté s'il tient la subrogation du créancier ; il sera, en pareil cas, l'ayant cause de ce créancier. Mais, nous allons plus loin, et nous croyons qu'il faut dire de même dans tous les autres cas de subrogation. Comment, en effet, le débiteur, alors même que ce serait lui qui aurait consenti la subrogation, pourrait il être regardé comme le vendeur d'un bien dont il est réputé, par l'effet de la résolution, n'avoir jamais été propriétaire ?

De là résulte, que le créancier n'aura jamais à tenir compte des droits réels qui auraient pu frapper la chose du chef du débiteur, dans l'intervalle de la vente à la résolution, tandis qu'il serait tenu de respecter les droits réels concédés par le vendeur, dans le même laps de temps, si ces droits avaient été inscrits avant que lui-même eût fait transcrire l'acte contenant la convention de subrogation (1). Il n'aurait d'ailleurs, en pareil cas, de recours contre le vendeur de mauvaise foi, qu'autant que les concessions de droits réels émanant de celui-ci, se-raient postérieures à la convention de subrogation ; quant à celles qui l'auraient précédée, il ne pourrait s'en plain-dre, puisque le créancier lui a cédé ses droits tels qu'il les avait.

Supposons enfin, la créance primitive garantie par

______

(1) La convention de subrogation transfère, en effet, en pareil cas, au subrogé, un droit de propriété sous condition suspensive ; elle tombe donc sous le coup de l'art. 1er de la loi du 23 mars 1855 : « Sont transcrits... 1° Tout acte entre-vifs translatif de propriété immobilière... »

une clause pénale, passera-t-elle au subrogé munie, de cette qualité ? M. Mourlon soutient l'affirmative (p. 37), mais sa solution ne nous paraît pas exacte, au moins en principe, car le montant de la clause pénale est toujours déterminé eu égard à un intérêt spécial au créancier. Deux exemples éclairciront notre pensée :

Vous m'avez promis de démolir votre maison, en ajoutant que, si vous n'exécutiez pas cette obligation, vous me paieriez 20,000 francs ; à l'époque où je réclame l'exécution de votre engagement, vous êtes absent; un ami intervient et vous rend le service de faire exécuter les démolitions ; je le subroge à mes droits : jouira t-il du bénéfice de la clause pénale? Évidemment non ! car le montant de cette clause a été fixé eu égard à l'intérêt que j'avais à la disparition de l'obstacle qui obstruait mes vues ; cet intérêt ne se retrouve pas chez le subrogé. On pourrait, d'ailleurs, ajouter que la clause pénale, dans cette hypothèse, est intervenue beaucoup moins pour me rassurer contre votre insolvabilité que pour me permettre d'obtenir l'*objet* même de ma créance ; or, cet objet, le subrogé ne peut pas le réclamer !

Il en sera encore de même, à notre avis, dans l'espèce suivante : Primus promet à Secundus de lui fournir une somme de 20,000 francs pour tel jour, et à raison de l'intérêt tout spécial qu'a Secundus à recevoir la somme au jour fixé, il est dit que Primus, au cas de retard dans l'exécution de son obligation, devra payer 10,000 francs de dommages et intérêts. Au jour déterminé, Primus est incapable de faire honneur à son engagement, un tiers intervient, qui avance les 20,000 francs et se fait subroger : nous n'hésitons pas à lui refuser le bénéfice de la clause pénale, car le motif qui en a fait déterminer le montant est absolument personnel au créancier primitif.

Nous refuserons donc, en principe, au subrogé, le bénéfice de la clause pénale. Tout au plus, accorderions-nous au juge le droit de reconnaître, dans certaines circonstances abandonnées à son appréciation, et à la condition que la subrogation ait été consentie par le débiteur, ou que le subrogé ait payé sur son mandat exprès, le droit de reconnaître que les parties ont eu l'intention que le subrogé succédât au bénéfice de la clause pénale; mais encore doit-on remarquer, qu'en pareil cas, il y aurait moins subrogation à l'ancienne clause pénale, que création au bénéfice du subrogé d'une clause nouvelle, analogue à la première.

Est-il besoin de faire remarquer que le subrogé ne pourra profiter des divers avantages que nous venons d'énumérer qu'autant qu'ils existeront encore aux mains du créancier (1).

Il pourrait, du reste, profiter des droits futurs de ce créancier comme dans l'espèce suivante que nous empruntons à M. Larombière : « Un adjudicataire sur surenchère paie son prix au vendeur privilégié; il est par là subrogé à ses droits contre l'adjudicataire primitif, dont l'adjudication est plus tard maintenue par suite de l'annulation de la surenchère. Il peut, en conséquence, poursuivre contre lui la folle enchère, à défaut de paiement du prix et d'inexécution des charges de l'adjudication. » (2).

Tels sont les principes généraux qui doivent servir à déterminer les droits du subrogé : mais l'application de ces principes donne lieu, quand on arrive à l'examen

(1) Sauf l'application de l'art. 2037.
(2) M. Larombière t. III, art. 1251 n° 15.

des diverses situations qui peuvent se présenter, à des difficultés très-sérieuses qu'il nous faut résoudre.

Nous supposerons donc successivement :

A. Que la subrogation est consentie par une des personnes tenues de la dette ;

B. Qu'elle a lieu au profit d'un acquéreur qui paie son prix aux créanciers hypothécaires.

C. Que le subrogé est un codébiteur principal.

D. Que le subrogé est une caution.

E. Que le subrogé est un tiers détenteur.

F. Que le subrogé est un héritier.

A. La subrogation est consentie par une des personnes tenues de la dette.

S'il n'y a qu'un débiteur principal et que la subrogation soit consentie par lui, aucune difficulté spéciale ne se présente, et il nous suffit de renvoyer aux règles générales que nous venons d'exposer. Rappelons seulement que c'est plus particulièrement à ce cas de subrogation que quelques auteurs prétendent refuser tout effet contre les cautions et les tiers détenteurs (v. p. 149).

Il n'y a pas non plus de difficulté sérieuse à résoudre si l'on suppose que c'est un codébiteur solidaire qui emprunte pour payer la dette, en subrogeant le prêteur aux droits du créancier. Le subrogé succédera à ces droits, de telle façon qu'il pourra demander le montant total de son prêt à chacun des codébiteurs solidaires, sans avoir à déduire la part virile de l'emprunteur. Si, d'ailleurs, c'était sur ce dernier que le choix du subrogé fît, plus tard, tomber le poids de la dette, celui-ci acquerrait, en payant, la subrogation légale, alors même que, pour le poursuivre, le subrogé n'aurait usé que de l'action personnelle née du prêt; l'emprunteur, en effet, pourrait, même dans ce cas, se prévaloir des termes de l'art. 1251-3°, qui subroge de plein droit celui qui : « étant tenu avec d'autres... au paiement de la dette, avait intérêt à l'acquitter. »

Les mêmes solutions s'appliqueraient, pensons nous, au cas où l'emprunt avec subrogation serait effec tué par une caution; le prêteur succéderait à tous les droits du créancier, et si, plus tard, il contraignait la caution à lui rembourser ses avances, celle ci serait subrogée légalement. La seconde partie de cette décision résulte des termes de l'art. 1251 3°, et quant au droit de la caution de subroger le tiers prêteur, nous ne croyons pas qu'on puisse le contester en présence des termes de l'art. 1250 2°, car la caution est incontestablement *débitrice*.

La question devient beaucoup plus délicate, au contraire, lorsque le prêt est contracté et la subrogation consentie par un tiers détenteur. La difficulté s'est présentée en pratique dans une espèce où le tiers détenteur était un acquéreur qui avait emprunté pour payer son prix entre les mains des créanciers hypothécaires.

Voici l'hypothèse : Primus ayant hypothéqué son immeuble A à deux créanciers hypothécaires, soit à Pierre pour 100,000 francs, et à Paul pour 50,000 francs, le vend plus tard à Secundus, moyennant 100,000 francs qu'il le charge de payer à Pierre, créancier hypothécaire du premier rang. Secundus emprunte ces 100,000 francs à Tertius, en remplissant toutes les conditions nécesaires pour le subroger : le prêt est donc fait par acte notarié, sous la condition que les deniers seront

employés à désintéresser le premier créancier hypothécaire, et ce paiement ayant, en effet, lieu plus tard, l'o-
rigine des deniers est déclarée dans la quittance notariée
que Pierre délivre à Secundus.

Ces conditions remplies, il est certain que Tertius est
subrogé (1250 2°), mais quel effet produira cette subrogation ? Le prêteur sera t il subrogé seulement aux droits
du vendeur, ou seulement aux droits du créancier hypothécaire désintéressé, ou enfin tant aux droits du vendeur
qu'aux droits du créancier hypothécaire ? La solution de
cette question présente un intérêt considérable ; car si,
plus tard, l'immeuble est vendu à la requête de Paul le
second créancier hypothécaire, Tertius ne primera ce
créancier qu'à la condition d'avoir succédé aux droits de
Pierre.

La solution de la difficulté dépend du parti que l'on
adopte sur une autre question dont l'examen rentre dans
la théorie des causes de subrogation. Avant de pouvoir
dire, en effet, quels sont les droits auxquels Secundus a
subrogé le prêteur, il faut évidemment savoir à quels
droits il pouvait le subroger.

Or, il existe sur ce second point trois opinions différentes (1).

---

(1) Cette question rentrant dans la théorie des causes de subro
gation, nous ne pourrions, sans compromettre l'harmonie de notre
plan, lui donner dans le texte les développements qu'elle comporte.
Toutefois, comme nous n'avons trouvé dans aucun ouvrage le troisième système exposé tel que nous le comprenons, il nous paraît
indispensable de justifier les propositions que nous présenterons
bientôt sous la lettre c, et, par conséquent, d'entrer dans la discussion de la question · c'est ce que nous ferons en indiquant en note
les arguments invoqués en faveur des divers systèmes qui se sont

a). Dans un premier système (M. Gauthier, en note d'un arrêt de la Cour de Nîmes du 29 janvier 1861. *J. Palais*, 1863, p. 82, note 1), le tiers acquéreur peut subroger aux droits du vendeur; mais, en aucun cas, il ne saurait subroger aux droits des créanciers hypothécaires (1). Il est bien

fait jour sur la question, à mesure que nous en présenterons l'énoncé sommaire dans notre texte.

(1) Voici comment le savant annotateur établit les deux propositions qui composent son système :

1re *Proposition*. — L'acquéreur peut subroger le prêteur aux droits du vendeur, car, dit M. Gauthier, «il ne faut pas perdre de vue que le véritable créancier de l'acquéreur c'est le vendeur, de même que sa véritable dette, c'est son prix de vente » : il est bien vrai qu'il a effectué le paiement entre les mains de Pierre, créancier hypothécaire, mais celui-ci l'a reçu comme mandataire du vendeur. Il s'ensuit que l'acquéreur ayant payé en réalité le vendeur son créancier personnel, a pu, conformément à l'art. 1250 2º, subroger le prêteur aux droits de ce vendeur.

2e *Proposition*. — Mais comment prétendrait il le subroger aux droits de Pierre ? Sans doute il a, par le paiement, éteint (en même temps que sa dette du prix) l'action hypothécaire de ce créancier, mais cela ne suffit pas, car, pour pouvoir subroger aux droits d'une personne que l'on paie, il faut être le *débiteur* de cette personne (art. 1250-2º), or, l'existence de l'action hypothécaire ne saurait nous autoriser à considérer Secundus comme le débiteur de Pierre.

D'ailleurs, ajoute M. Gauthier, l'acquéreur, en consentant une telle subrogation, violerait la loi du contrat qui est intervenu entre lui et le vendeur : « Son devoir en effet, lorsqu'il paie le premier créancier hypothécaire, est de libérer par ce paiement son vendeur Primus, or, s'il pouvait, au lieu de subroger le prêteur dans les droits du vendeur, lui transmettre les droits du créancier de celui ci, il ne lui aurait pas procuré sa libération, et conséquemment ne serait pas lui même libéré de son prix. » Il est vrai que s'il ne peut subroger le prêteur dans les droits de Pierre, il y sera subrogé lui même (1251-2º), mais cette subrogation ne lui donnera le droit de recourir contre Primus que si plus tard il est évincé par Paul le second créancier hypothécaire, tandis qu'entre les mains du prêteur, la subrogation produirait immédiatement son effet, et celui

évident, dès lors, que les partisans de cette opinion ne feront produire à la clause que nous avons supposée, que les effets d'une subrogation aux droits du vendeur, de telle sorte que si, plus tard, l'immeuble était vendu à la requête de Paul, le prêteur serait inévitablement primé par ce créancier hypothécaire du second rang.

b. Dans un deuxième système (M. Labbé, en note d'un arrêt de cassation du 28 avril 1863, rendu sur l'arrêt précité de la Cour de Nîmes. *Journ. Pal.*, 1864, p. 579, note 3), on distingue deux hypothèses :

Le tiers acquéreur n'est-il tenu envers Pierre qu'à titre de tiers détenteur, il n'a pu subroger valablement Tertius qu'aux droits du vendeur.

Est-il, au contraire, devenu débiteur personnel de Pierre, le tiers acquéreur a pu à son choix :

1° Ou subroger le prêteur aux seuls droits du vendeur;

2° Ou ne lui transmettre que les droits du premier créancier hypothécaire;

3° Ou enfin le subroger cumulativement, et dans les droits du vendeur et dans les droits de l'ancien créancier hypothécaire Pierre (1).

ci pourrait actionner de suite le vendeur, absolument comme au rait pu le faire le créancier Pierre. Il est donc bien impossible de dire, en pareil cas, que le subrogé s'est libéré de sa dette du prix envers le vendeur.

Enfin, M. Gauthier fait remarquer que telle était déjà, dans l'ancien droit, l'opinion de Renusson (Ch. 15, n° 14) et de plusieurs autres auteurs qu'il cite ; mais nous répondrons de suite, avec M. Demolombe, que la tradition n'est pas aussi certaine que le dit M. Gauthier car Renusson (*loc. cit.*) signale lui même un arrêt rendu par le Parlement de Paris, le 10 avril 1677, contrairement à son opinion.

(1) Des deux arguments juridiques présentés par M. Gauthier. notre savant maître, comme on le voit, n'accepte que le premier.

Dès lors, si nous revenons à la clause que nous avons supposée, la solution différera selon que le tiers acqué reur ne sera tenu envers Pierre qu'à titre de tiers déten teur, ou qu'il sera devenu débiteur personnel de Pierre. Au premier cas, on devra dans le silence des parties donner à la clause les effets d'une subrogation aux droits du vendeur; au second cas, au contraire, il nous semble qu'il faudrait déclarer le prêteur subrogé tant aux droits du vendeur qu'aux droits du créancier Pierre, car celui qui se contente de déclarer qu'il accorde la subrogation

M. Labbé ne croit pas qu'il doive résulter, de l'obligation où est l'acquéreur de libérer le vendeur en payant son prix, une impossibilité pour cet acquéreur de subroger le prêteur aux droits du créancier hypothécaire, mais il reconnaît que l'existence de l'action hypothécaire dont est tenu l'acquéreur, ne saurait suffire pour qu'on voie en lui un débiteur de Pierre aux termes de l'article 1250 2°.

Ce principe admis, M. Labbé était amené logiquement à établir la distinction que nous venons d'indiquer au texte, et à permettre la subrogation aux droits du créancier hypothécaire dans tous les cas où, par un événement quelconque, l'acquéreur se trouvera obligé personnellement envers le créancier hypothécaire. Or, ce résultat se produit dans plusieurs hypothèses: « Il en est ainsi, dit notre savant maître, lorsque l'acquéreur s'est rendu adjudicataire sur saisie ou sur surenchère du dixième, car, en réalité, ce sont les créanciers qui ont vendu; ce résultat est encore atteint, dans une vente amiable, lorsque le vendeur a délégué le prix aux créanciers et que ceux-ci ont accepté la délégation ; enfin lorsque l'acheteur, en vertu d'une vente volontaire, a fait offre de son prix aux créan ciers inscrits, par des notifications non suivies de surenchères. » Dans ces divers cas, M. Labbé permettra à l'acquéreur de subroger le prêteur, soit aux droits du vendeur, soit à ceux du créancier hy pothécaire, soit même, cumulativement, tant aux droits du vendeur qu'aux droits du créancier hypothécaire; dans toute autre hypo thèse, au contraire, la subrogation aux droits du vendeur lui parai trait seule valable.

doit être présumé l'accorder aussi complètement qu'il peut le faire.

c). Nous croyons, quant à nous, que dans tous les cas, c'est-à dire, sans distinguer si le tiers acquéreur est ou non devenu débiteur personnel de Pierre, ce tiers acquéreur peut à son choix : ou subroger Tertius aux droits du vendeur, ou lui faire acquérir les droits du créancier hypothécaire (1) ; mais nous ne croyons pas qu'il puisse lui accorder cumulativement ces deux subrogations (2).

(1) M. Demolombe qui enseigne cette première proposition (Contrats, T. 4, p. 348, n° 403) la justifie à l'aide de l'argument suivant : « Lorsque, dit le savant jurisconsulte, l'acquéreur paie le prix de son acquisition aux créanciers premiers inscrits…, il est subrogé aux créanciers qu'il paie… : or, c'est le bénéfice de cette subrogation légale, qu'il peut, conformément à l'art. 1250 2°, transmettre, par la subrogation conventionnelle, au prêteur, qui lui fournit les fonds à l'effet de payer ces créanciers. »

Nous ne croyons pas devoir accepter cette argumentation, parce qu'elle nous paraît en contradiction absolue avec les termes de l'article 1250 2°. Ce texte, en effet, permet au débiteur de subroger le prêteur, non pas aux droits qu'il peut acquérir par le paiement, mais, au contraire. aux droits qu'avait, tant contre lui que contre d'autres, le créancier qu'il va payer !

(2) Etablissons les deux propositions qui composent notre système.

1ʳᵉ Proposition. — L'acquéreur peut dans tous les cas subroger aux droits du créancier hypothécaire qu'il désintéresse. Nous devons reconnaître que les termes de l'article 1250 2° ne paraissent pas, à première vue, favoriser notre système : l'expression *débiteur*, employée par ce texte, paraît exclure du bénéfice qu'il accorde les tiers détenteurs. Cependant, si l'on analyse les rapports qui s'établissent entre le tiers acquéreur et les créanciers hypothécaires, on reconnaît qu'il est bien difficile de repousser l'application à ces rapports de l'article dont nous parlons. C'est ce que la Cour de Nîmes exprimait parfaitement, lorsqu'elle disait, dans ses considérants. « Vainement alléguerait on que la propriété du prix appartient au vendeur, dont l'adjudicataire (ici l'acquéreur) ne serait que le délé

Si donc on suppose, comme nous l'avons fait, que la clause ne précise pas ce que le tiers acquéreur a voulu faire, comment devra t on interpréter cette clause? A qui le prêteur sera-t il subrogé? Sera-ce aux droits de Primus vendeur, sera ce aux droits de Pierre créancier hypothécaire désintéressé?

gué ou le mandataire, pour faire arriver les sommes à qui de droit: cette appréciation, quel qu'en soit le mérite, ne saurait empêcher que les créanciers inscrits ne soient en possesion, vis à vis de l'adjudicataire, d'un droit propre résultant de leur créance hypothécaire; ce droit est énergique, il a sa sanction dans l'obligation de celui ci d'abandonner l'immeuble s'il ne désintéresse pas les porteurs de bordereaux, et lorsqu'il existe entre deux personnes un lien dont il résulte que l'une peut exiger de l'autre le paiement d'une somme ou le délaissement d'un immeuble, *ce serait jouer avec le sens des mots que de se refuser à caractériser un lien de cette nature par ceux de* CRÉANCIER *et de* DÉBITEUR. »

Cet argument prend une force plus grande encore quand on s'attache au résultat poursuivi par la loi. La subrogation, en effet, n'a d'autre but que de permettre à un débiteur de trouver plus aisément les deniers dont il a besoin pour se libérer, or, pour garder l'immeuble hypothéqué, le tiers acquéreur ne doit il pas se *libérer* envers les créanciers hypothécaires aussi bien qu'envers le vendeur? Pourquoi lui aurait on refusé les moyens d'y parvenir.

M. Gauthier nous objecte, il est vrai, que nous allons ainsi permettre à l'acquéreur de violer le contrat qu'il a passé avec son vendeur (v. p. 258 n. 1), puisque ce dernier ne sera pas, comme il devrait l'être, libéré vis à vis du créancier hypothécaire premier en rang. Nous répondrons qu'il y a dans ce résultat non pas *violation* du contrat, mais simplement *non exécution* de ce contrat. Il nous paraît incontestable, en effet, que le vendeur ne sera pas payé, que l'acquéreur restera débiteur du prix à son égard, mais il ne résulte pas de là que l'acquéreur ne puisse pas, s'il y a intérêt, faire l'opération dont nous parlons. Et on comprend fort bien qu'il puisse y trouver un intérêt : Pierre réclame peut être impérieusement son paiement et menace de saisir l'immeuble, Secundus s'adresse à un ami pour emprunter les deniers nécessaires au paiement de Pierre; sans doute il désirerait, en faisant ce paiement, se libérer à la fois et à

Nous n'hésitons pas à répondre qu'il faut considérer Tertius comme subrogé aux seuls droits du vendeur, car, pour qu'il succédât aux droits du vendeur, il aurait,

l'égard du vendeur Primus, et à l'égard du créancier Pierre, mais pour cela il faudrait que le prêteur Tertius consentît à ne recevoir que la subrogation aux droits du vendeur, tandis qu'il réclame, au contraire, la subrogation (beaucoup plus avantageuse pour lui) aux droits du créancier hypothécaire. Que fera Secundus ? Il consentira cette subrogation, sachant que son ami n'exercera pas de suite son recours contre le vendeur ; il paiera Pierre qui le menace, et s'efforcera de rembourser Tertius avant que la saisie de l'immeuble soit provoquée.

Il n'y a dans toute cette opération aucune manœuvre dolosive et nous ne comprendrions pas qu'on lui refusât le droit d'agir ainsi.

2e *Proposition.* — Seulement, et c'est là notre seconde proposition, le paiement ayant été fait à Pierre dans les conditions que nous venons d'indiquer, il est bien évident que Secundus n'est pas libéré envers le vendeur de la dette du prix. Le vendeur reste son créancier, et de là nous concluons que le tiers prêteur n'a pas pu être subrogé aux droits du vendeur en même temps qu'aux droits du créancier hypothécaire. Ces deux subrogations nous paraissent incompatibles : Le tiers acquéreur peut subroger aux droits du vendeur *ou* aux droits du créancier hypothécaire, mais il ne peut subroger aux uns *et* aux autres.

Tel est notre système, et nous ferons remarquer que la convention même des parties ne saurait le renverser. On pourrait penser, en effet, que tout obstacle tomberait, si le prêteur, en stipulant la subrogation aux droits du créancier hypothécaire, renonçait à poursuivre le vendeur, en le tenant pour libéré: mais cette combinaison est impossible, car ainsi que le dit Pothier: « Nous ne connaissons point la solennité de l'acceptation.... lorsqu'un créancier a convention avec le débiteur de ne point exiger de lui la dette, cette convention, d'après la simplicité de notre droit Français, libère de plein droit le débiteur.... la libération du débiteur entraîne nécessairement celle des cautions, » ajoutons « et des tiers détenteurs. » Le prêteur, donc, qui, après avoir stipulé la subrogation aux droits du créancier hypothécaire Pierre, promettrait de tenir le vendeur pour libéré, détruirait par cette seconde partie de la convention

selon nous, fallu que le tiers acquéreur renonçât à se libérer, par le paiement qu'il a fait à Pierre, de son obligation envers son vendeur (1), or, on doit plutôt présumer que s'il a emprunté de l'argent, c'est pour acquitter, en payant Pierre, la dette du prix qu'il a contractée envers Primus.

Nous venons de dire que le tiers acquéreur peut, à son choix, subroger le prêteur : ou dans les droits du vendeur, ou dans ceux du créancier hypothécaire qu'il paie des deniers empruntés. Examinons successivement chacune de ces deux hypothèses :

1° *Subrogation aux droits du vendeur.* Nous n'avons pas à chercher auxquels des droits du vendeur le subrogé pourra prétendre. Cette question a déjà été résolue (V. p. 250), mais nous devons nous préoccuper de combiner la subrogation du prêteur dans le privilége du vendeur avec la subrogation accordée par la loi à l'acquéreur que paie les créanciers hypothécaires (2).

Reprenons notre hypothèse : Primus a hypothéqué son immeuble A à Pierre pour la somme de 100,000 fr. puis à Paul pour 50,000 : il le vend ensuite à Secundus à charge pour celui ci de payer à Pierre les 100,000 fr. qui lui sont dus. Secundus, pour opérer ce paiement, emprunte 100,000 fr. à Tertius et le subroge aux droits du vendeur.

l'effet de la première. (V. Pothier. Oblig. n° 380, p. 205 de l'éd. Bugnet.)

(1) Voir les développements de la note précédente.

(2) Nous croyons, en effet, avec M. Labbé (*Journ. Pal.* 1864, p. 579, note 3), que cette subrogation ne saurait être refusée au tiers acquéreur sous le prétexte qu'il n'a pas payé de ses deniers mais de deniers empruntés.

Plus tard Paul, le second créancier hypothécaire, fait vendre l'immeuble A qui est adjugé pour la somme de 125,000 fr. : Quelle sera la situation du prêteur Tertius?

Sans aucun doute, il peut, en vertu de l'art. 1166, profiter de la subrogation légale accordée à l'acquéreur par l'art. 1251 (1), et ce moyen lui suffira s'il se trouve être le seul créancier de l'acquéreur; mais cela sera bien rare. le plus souvent l'acquéreur sera chagé de dettes, et le moyen que nous indiquons ne protégera que bien faiblement le prêteur, puisqu'il devra partager le bénéfice de la subrogation légale avec les autres créanciers de l'emprunteur !

Nous croyons que Tertius est beaucoup mieux protégé. Son privilége (le privilége du vendeur qu'il a acquis par la subrogation), primera, selon nous, l'hypothèque que l'emprunteur prétend exercer comme subrogé aux droits de Pierre.

Plaçons-nous, en effet, pour un instant, dans l'hypothèse suivante : Primus a vendu l'immeuble A, sous la condition que Secundus remboursera aux deux créanciers hypothécaires Pierre et Paul, le montant de leurs créances (soit 150,000 fr.), et lui paiera en outre 25,000 fr. Secundus désintéresse de ses deniers les deux créanciers hypothécaires, et acquiert leurs droits en vertu de la subrogation légale, mais il ne paie pas à Primus les 25,000 fr. qu'il lui doit encore ; Primus fait vendre l'immeuble qui est adjugé pour la somme de 150,000 fr. Permettra t on à Secundus de primer, à l'aide de la subrogation légale, le privilége du vendeur? Evidemment non! Car, ainsi que le dit très-justement M. Labbé : « L'acquéreur ne saurait

(1) V. en ce sens M. Labbé. (Journ. Palais. *loc. cit.*).

se faire une arme de la subrogation aux droits des créanciers hypothécaires par lui payés, contre son vendeur
qui demande, non la résolution de la vente, mais le paiement du prix. » Ainsi, tant que le vendeur n'est pas entièrement payé, son privilége prime les hypothèques que
l'acquéreur a obtenues par la subrogation.

Revenons maintenant à notre espèce. Que s'est-il
passé? Secundus, obligé par le contrat de vente de payer
Pierre le premier créancier hypothécaire, a eu recours
à un emprunt et a subrogé son prêteur aux droits du
vendeur. Or, subroger le prêteur aux droits du vendeur
n'est ce pas lui dire : « Prêtez moi les 100,000 fr. dont
j'ai besoin et je vous mettrai à la place de mon vendeur,
je vous regarderai comme mon vendeur non payé. » Dès lors
quand, plus tard, l'immeuble sera vendu, Tertius se pré-
sentera et, invoquant cette qualité de vendeur non payé
que la subrogation lui a transmise, il fera passer son privilége avant l'hypothèque que la subrogation à mise aux
mains de Secundus.

En résumé, voici comment nous procéderons :

Pour fixer les droits du second créancier hypothécaire
Paul, nous regarderons l'immeuble comme grevé de trois
droits réels dans l'ordre suivants :

1° L'hypóthèque de Pierre (aujourd'hui de Secundus)
qui sera colloquée pour 100,000 fr.;

2° Celle de Paul qui lui fera obtenir les 25,000 fr. qui
restent;

3° Le privilége du vendeur.

Pour déterminer les droits du prêteur, au contraire,
nous regarderons l'hypothèque de Pierre comme n'oc
cupant que le troisième rang. En premier ordre nous
colloquerons celle de Paul pour 50,000 fr., puis viendra

le privilége du vendeur qui fera obtenir au subrogé Tertius le reste du prix : 75,000 fr.

Nous donnerons donc, en définitive : 25,000 fr. à Paul second créancier hypothécaire, 75,000 fr. à Tertius le prêteur subrogé, enfin les 25,000 fr. qui restent à Secundus l'acquéreur subrogé. Le prêteur pourra, du reste, à l'égard de ces 25,000 fr. attribués à son emprunteur, user du droit que lui confère l'art. 1166, ainsi que nous l'avons indiqué précédemment.

2° *Subrogation aux droits du créancier hypothécaire.* — Cette subrogation transmettra au prêteur les droits du créancier hypothécaire payé, aussi complets que lorsqu'ils se trouvaient entre les mains de ce créancier. Il pourra, en conséquence, poursuivre de suite, non seulement l'emprunteur, mais le vendeur lui même : nous trouvons donc à ce point de vue une différence importante entre la subrogation conventionnelle et la subrogation légale à laquelle l'acquéreur aurait eu droit s'il n'avait pas subrogé le prêteur, car l'acquéreur subrogé, nous l'avons déjà dit, ne peut exercer les droits que la subrogation lui a donnés à l'encontre du vendeur, que s'il est évincé ou si la vente est résolue.

Il existe encore, entre ces deux subrogations, une autre différence qu'il importe de signaler :

Supposons, de nouveau, que Primus ait vendu à Secundus son immeuble **A**, à la charge pour Secundus de payer les deux créanciers hypothécaires Pierre et Paul (soit 150,000 fr.), et de lui remettre en outre à lui même 25,000 francs. Secundus emprunte 150,000 fr. pour payer Pierre et Paul et subroge le prêteur Tertius dans les droits de ces créanciers. Plus tard, le vendeur fait vendre l'immeuble pour être payé des 25,000 fr. qui lui sont encore dus. Son privilége primera t il les deux hypothèques de Pierre et de Paul qui sont aujourd'hui dans la main du prêteur subrogé ?

Nous n'hésitions pas à le colloquer en premier ordre lorsque nous supposions, il y a un instant, que, l'acquéreur ayant désintéressé de ses deniers les deux créanciers hypothécaires, les hypothèques de ces derniers se retrouvaient en sa possession par l'effet de la subrogation légale. Mais il en est tout autrement dans l'hypothèse actuelle. Tertius est subrogé conventionnellement aux droits de Pierre et de Paul; il les acquiert tels qu'ils les avaient, or Pierre et Paul, s'ils étaient encore créanciers hypothécaires, primeraient incontestablement le vendeur dans la distribution du prix. Il n'y a d'ailleurs pas à argumenter en sens contraire de l'art. 1252 2°, car le droit de préférence établi par cet article, n'est accordé qu'au créancier subrogeant, et cette qualité appartient, dans notre hypothèse, non pas au vendeur, mais bien à chacun des deux créanciers hypothécaires payés (1).

B. Subrogation de l'aquéreur qui paie son prix aux créanciers hypothécaires.

Primus achète l'immeuble A et paie son prix entre les mains du premier créancier hypothécaire : l'art. 1251 2°, le déclare subrogé aux droits de ce créancier. Quels seront les effets de cette subrogation ?

En droit Romain, nous l'avons vu, l'acquéreur en pa-

---

(1) Nous ne saurions mieux faire que de renvoyer aux excellents développements présentés sur cette question par M. Larombière Oblig. t. III, art. 1252, n° 39, pp. 414 et suiv.) et par MM. Gauthier et Labbé en note des arrêts précités.

reil cas avait droit, non pas à la cession d'actions forcée,
mais à la *successio in locum* . il obtenait donc, d'après l'o-
pinion que nous avons essayé d'établir, non pas l'hypothèque même du créancier payé, mais le rang de cette
hypothèque, son droit de propriété jouant, dans ce but,
le rôle d'une hypothèque ordinaire (1). Il est, dès lors.
bien évident que cet acquéreur ne pouvait se prévaloir de la
successio in locum, ni à l'égard du vendeur pour le poursuivre à l'aide de l'action personnelle du créancier payé,
ni à l'encontre de créanciers ayant sur d'autres immeubles
des hypothèques inférieures à celles que pouvait posséder
sur ces mêmes immeubles le créancier désintéressé.

En est-il encore de même aujourd'hui ? Nous ne
croyons pas qu'on l'ait soutenu en ce qui concerne les
rapports du tiers acquéreur subrogé avec son vendeur.
On s'accorde à reconnaître que cet acquéreur pourra se
prévaloir de la subrogation à l'égard du vendeur, soit
pour le poursuivre à l'aide de l'action personnelle de
celui qu'il a désintéressé, au cas où il serait évincé de
l'immeuble, soit pour primer son privilége au cas de saisie
de l'immeuble ou de résolution de la vente.

Mais quelques auteurs ont refusé de reconnaître au
tiers acquéreur le droit de profiter des hypothèques que
le créancier payé possédait sur d'autres fonds que l'immeuble par lui acheté, et le grand argument de ce système était tiré de la tradition. (V., en effet, Renusson,
Ch. v. n° 41). Mais cette opinion est aujourd'hui abandonnée, car, outre qu'elle priverait le tiers acquéreur d'un
bénéfice qui peut lui être extrêmement utile, elle ne saurait se concilier avec les dispositions du Code. Sans
parler, en effet, de l'article 1251 2°, dont on conteste,

(1) Voy. pp. 89 et suiv.

bien à tort, l'application à notre hypothèse, l'acquéreur peut invoquer deux autres textes, pour obtenir la subro_ gation à tous les droits du payé : l'article 1251-1° qui subroge à tous les droits du payé le créancier (même simplement chirographaire) (1) qui en paie un autre « qui lui est préférable à raison de ses priviléges ou hypothèques ›, et l'article 1251-3° qui accorde le même bénéfice à celui qui, étant tenu pour d'autres au paiement de la dette, avait intérêt à l'acquitter. L'acquéreur se trouve à la fois dans ces deux situations, car, « il est créancier chirographaire du vendeur, pour le cas où il viendrait à subir une dépossession (2), » et il est tenu pour le vendeur au paiement de la dette de celui-ci envers le premier créancier hypothécaire.

Les mêmes raisons devraient faire reconnaître une subrogation entière dans ses effets au profit de l'acquéreur qui, après avoir payé son prix au créancier, se verrait contraint de désintéresser l'un des créanciers hypothécaires.

Toutefois, M. Demolombe, qui adopte en principe les deux solutions que nous venons de présenter, apporte dans un cas, une exception à la seconde (3). Voici l'hypothèse dans laquelle se place l'éminent auteur :

Deux immeubles A et B, valant chacun 100,000 francs, sont tous deux grevés d'une hypothèque générale du premier rang pour une créance de 100,000 francs au profit de Primus. Puis, l'immeuble A est grevé, pour une

(1) Au moins dans l'opinion commune.
(2) Cet argument, présenté à Toullier par un savant magistrat, M. Nicod, le décida à abandonner le système contraire (Toullier, t. 7, n° 145, p. 188, n. 2). V. *Contrà*, M. Delvincourt, p. 360. n. 7.
(3) V. M. Demolombe, Contrats, t. 3. n. 303, n° 534.

créance de 100,000 francs au profit de Secundus, d'une hypothèque spéciale du second rang, et l'immenble B d'une hypothèque spéciale, aussi du second rang, pour 100,000 francs dus à Tertius.

J'achète l'immeuble A 100,000 francs, et je paie mon prix au vendeur. Puis, pour décharger mon immeuble des deux hypothèques qui le grèvent, j'ai recours à la purge. Aucune surenchère n'ayant été portée, les 100,000 francs que je me suis déclaré prêt à acquitter sont naturellement attribués à Primus l'hypothécaire général, et Secundus ne venant pas en ordre utile, son inscription est rayée.

Mon immeuble A est donc purgé; mais j'ai avancé 100,000 francs dont je veux obtenir le recouvrement. Pour y arriver, j'invoque la subrogation légale aux droits de Primus payé de mes deniers, et j'exerce son action hypothécaire sur l'immeuble B. Cette prétention est-elle fondée?

Non, répond M. Demolombe, et voici par quels arguments il le prouve :

1° Le subrogé ne peut acquérir par la subrogation plus de droits que n'en avait le subrogeant; or, celui-ci n'aurait pu ruiner à la fois les deux hypothèques spéciales : la prétention du subrogé doit donc être repoussée puisqu'elle tend à faire périr les deux hypothèques spéciales sans que ni l'une ni l'autre soit satisfaite !

2° Cette prétention est également contraire au principe que la même créance ne peut être payée deux fois, car la créance de Primus a été remboursée sur le prix de l'immeuble A, et c'est encore elle que l'acqué reur veut faire colloquer sur le prix de l'immeuble B.

3° Enfin, le système contraire produirait « cette conséquence aussi étrange qu'intolérable, que ces deux immeubles, qui valent ensemble 200,000 france et qui sont grévés d'un passif hypothécaire de 300,000 fr. ne fourniraient aux créanciers qu'un paiement de 100,000 fr.!»

Après de longues hésitations nous avons cru devoir repousser ce système, car, malgré leur valeur incontestable, les arguments que nous venons d'exposer ne nous paraissent pas suffisants pour autoriser une dérogation au principe posé dans l'article 1251 3°.

D'après ce texte, en effet, quiconque a payé la dette dont il était tenu pour d'autres, succède *à tous les droits* du créancier payé : l'acquéreur, dans l'hypothèse que nous supposons, peut incontestablement se prévaloir des termes de cette disposition, il faut donc lui en accorder le bénéfice. Pour le lui refuser, il faudrait s'appuyer sur des arguments péremptoires et nous ne croyons pas tels ceux que nous venons d'énumérer.

On nous objecte d'abord que le subrogé, ne pouvant avoir plus de droits que le subrogeant, ne saurait ruiner à la fois les deux hypothèques spéciales, puisque Primus n'aurait pu anéantir que l'une des deux. Mais il nous paraît inexact de poser en principe que le subrogé ne peut arriver à faire plus que n'aurait fait le subrogeant : ce qui est vrai, c'est qu'il ne peut *au moyen de la subrogation* obtenir que ce que le subrogeant aurait lui-même obtenu. Or, c'est bien à l'aide de la subrogation que le subrogé prétend ruiner l'hypothèque de l'immeuble B, mais quant à celle de Secundus sur l'immeuble A, c'est à l'aide de la purge, *privilége à lui spécial et dont on ne peut le priver*, qu'il est arrivé à l'anéantir.

Mais, nous dit-on, l'acquéreur ne peut cumuler les bénéfices de la purge et de la subrogation, parce qu'une

même créance ne saurait être payée deux fois ! l'ordre
ouvert pour la distribution du prix de l'immeuble A a eu
pour effet d'éteindre la créance hypothécaire de Primus,
« elle ne peut donc être reproduite dans un autre ordre
puisqu'elle n'existe plus. »

Mais il y a là, ce nous semble, une pétition de principes :
on ne peut dire, en effet, que la purge éteint la créance et
rend ainsi la subrogation impossible, qu'à la condition de
prouver d'abord qu'il n'y a point de subrogation, puisque
la subrogation, si elle a lieu, aura précisément pour effet,
de supprimer, à l'égard du tiers acquéreur, l'effet ex-
tinctif du paiement.

Quant au dernier argument invoqué par M. Demolombe, il nous paraît beaucoup plus grave : on ne peut,
en effet, que condamner le résultat produit par la combinaison des deux bénéfices accordés à l'acquéreur par la
loi. Mais cela ne saurait nous autoriser à repousser une
solution imposée par les textes et par les principes.

Ajoutons, d'ailleurs, que le créancier Tertius pourra
toujours invoquer l'action Paulienne pour faire annuler
la vente, s'il arrive à prouver qu'il y a eu collusion frau-
duleuse entre le vendeur et l'acheteur et que la vente de
l'immeuble A n'a eu lieu dans les conditions que nous
avons supposées que dans le but d'arriver à le dépouiller
de son hypothèque sur l'immeuble B.

C. Le subrogé est un codébiteur principal.

Il faut, pour comprendre qu'un débiteur principal qui
paie la dette, soit subrogé, supposer que cette dette a
été contractée solidairement par plusieurs codébiteurs.
Celui d'entre eux qui désintéresse le créancier, paye

une dette dont il est « tenu avec d'autres » et peut en con
séquence invoquer le bénéfice de la subrogation légale.
(1251 3°.)

Pour déterminer les avantages que lui procurera ce
bénéfice, nous supposerons successivement que le codébiteur subrogé exerce son recours : 1° contre un de
ses codébiteurs ; 2° contre une caution ; 3° contre un
tiers détenteur.

1° *Recours du débiteur solidaire subrogé contre ses codébiteurs.* — Deux situations pourront se présenter :

a) Supposons d'abord que, de trois codébiteurs solidaires, l'un, Primus, soit seul intéressé à la dette. Si c'est
lui qui la paie, il est évident qu'il n'aura aucun recours
contre ses codébiteurs : il ne peut même pas se préva
loir, en pareil cas, de la subrogation puisqu'il n'a aucune
action en recours de son chef.

Si c'était au contraire l'un des deux autres codébiteurs
qui désintéressât le créancier, ce codébiteur pourrait recourir pour le tout contre Primus : l'action *mandati*, qu'il
a de son chef, suffisant déjà pour lui donner ce droit.

b) Supposons maintenant que les trois codébiteurs
solidaires soient également intéressés à la dette : Primus
la paie en entier, que pourra t il réclamer à chacun des
deux autres ?

Si nous appliquions ici, purement et simplement, les
principes de la subrogation tels que nous les avons exposés précédemment, nous devrions permettre à Primus
de réclamer à chacun de ses codébiteurs le montant
total de la dette (sauf déduction de sa part confuse),
comme ayant acquis la créance avec tous ses avantages
et notamment avec la qualité de créance solidaire. Cette
solution serait cependant erronée, et tous les auteurs

s'accordent à reconnaître que celui des codébiteurs soli
daires qui a désintéressé le créancier, ne peut, malgré
le bénéfice de la subrogation, réclamer à chacun des
autres que sa part virile dans la dette, absolument
comme il pourrait le faire en vertu de l'action qu'il
possède de son chef (art. 1214). Comment expliquer
cette dérogation aux règles ordinaires de la subrogation ?

Pothier (Obligations no 281), réproduisant en cela l'argumentation de Barthole et de Renusson, (1) nous en
donne la raison suivante : L'opinion contraire, dit-il,
amènerait un circuit d'actions, « car celui de mes codébiteurs à qui j'aurais fait payer le total de la dette, ma
part déduite, aurait droit, en payant, d'être pareillement
subrogé aux actions du créancier, sous la déduction de
la part dont il est lui-même tenu, et, en vertu de cette
subrogation, il aurait droit d'exiger de moi, sous la dé
duction de sa part, ce qu'il m'aurait payé, puisque je suis
tenu moi même de la solidarité. »

Ce raisonnement qui, au premier abord, paraît décisif,
a été vivement attaqué par M. Toullier, et c'est avec
raison, car, s'il est vrai, que celui de mes codébiteurs que
j'obligerais à me payer le total de la dette, ma part déduite, jouirait à son tour de la subrogation, il faut ajouter
qu'il ne pourrait l'invoquer à l'encontre de moi son subrogeant : l'argumentation de Pothier vient, en effet, se
briser contre le principe que : *nemo contra se subrogasse
censetur*. (V. Toullier, T. 7, n° 163.)

(1) V. Barthole sur la loi Modestinus ff. de solut., n° 9, et Renusson, ch. VIII, n° 8.

Mais la doctrine enseignée par nos anciens auteurs n'en a pas moins continué à triompher en théorie comme dans la pratique, car elle s'appuie sur d'autres arguments d'une valeur plus sérieuse.

Et d'abord, on a fait remarquer que, si le système contraire n'engendre pas un circuit d'actions, tout ou moins produit-il une CASCADE de recours : Primus en effet, après avoir payé la dette, recourrait contre l'un de ses codébiteurs pour lui réclamer toute la dette, sa part déduite ; celui-ci se retournerait alors contre un troisième pour lui faire payer le montant de ses avances, sa part déduite, et ainsi de suite : on arriverait à un nombre indéfini de recours. Il est évidemment bien préférable de régler en une seule fois les droits et obligations de chacun et de ne permettre à Primus de réclamer à chaque débiteur que ce qu'il doit supporter définitivement.

D'ailleurs il n'est pas absolument impossible que le circuit d'actions se produise ; c'est ce qui aurait lieu si Secundus, après avoir été forcé de rembourser à Primus les deux tiers de la dette, trouvait le troisième codébiteur insolvable. (V. Gauthier, p. 462.)

A tous les points de vue, on le voit, il est préférable de refuser à Primus le bénéfice de la solidarité. Ajoutons que tel est certainement le système du Code. Sans parler, en effet, de l'autorité de la tradition qui, pour être appuyée sur un faux raisonnement, n'en existait pas moins, nous trouvons au Code un texte auquel l'opinion qui permettrait à Primus de réclamer toute la dette, sa part déduite, à l'un de ses codébiteurs, enlèverait toute portée pratique. L'article 1214, en effet, qui donne au codébiteur solidaire qui paie toute la dette, un recours contre ses codébiteurs, déclare qu'en vertu de ce recours ; « il ne peut répéter contre les autres que les part et portion de chacun d'eux », or, la subrogation légale étant toujours acquise à celui qui paie, l'article 1214 deviendrait un non sens si cette subrogation lui permettait de réclamer toute la dette à l'un de ses codébiteurs. (1)

M. Toullier, qui accepte en principe la solution que nous venons d'indiquer, y fait exception lorsque le codébiteur solidaire qui a payé s'est fait consentir expressément la subrogation. Le savant auteur autorise, en pareil cas, le subrogé à jouir à l'encontre de ses codébiteurs du bénéfice de la solidarité. Mais ce système n'est qu'une suite naturelle de la doctrine émise par M. Toullier, et d'après laquelle la subrogation consentie par le créancier ne différerait en rien de la cession ; en repoussant le principe nous avons repoussé les conséquences.

2° *Recours du codébiteur solidaire subrogé contre les cautions*. Le codébiteur qui a payé la dette ne peut exercer aucun recours contre la caution qu'il a donnée, ni même contre celle qui aurait cautionné tous les débiteurs solidaires, car, même dans ce dernier cas, il est son garant pour le total de la dette. (V. art. 2030.)

Mais supposons que, de trois codébiteurs solidaires Primus, Secundus et Tertius, l'un, Primus, ait fourni une caution Pierre ; Secundus payant plus tard la dette, pourra-t-il recourir, en vertu de la subrogation, contre cette caution, et, s'il le peut, pour combien ?

Il est d'abord certain que ce recours, s'il existe, ne saurait permettre à Secundus de réclamer à Pierre plus

---

(1) V. Gauthier, p. 464, n° 417. Ajoutons que l'art. 875 fournissait, au besoin, un puissant argument d'analogie.

qu'il ne pourrait exiger de Primus, puisque c'est comme caution de ce dernier que Pierre est poursuivi ; Secundus pourrait donc lui demander : toute la dette si Primus était le seul intéressé dans l'affaire, la part virile de Primus si les trois débiteurs étaient également intéressés à la dette. Mais le peut il ?

M. Gauthier (1) ne le croit pas, et il fonde sa doctrine sur l'existence, au profit de la caution, du bénéfice de discussion. Comment, en effet, dit le savant auteur, Secundus prétendrait-il recourir contre la caution ? Celle-ci lui dirait : « Si le créancier m'avait poursuivie, j'aurais pu le renvoyer à se faire payer par vous : donc ce n'est pas vous qui pouvez rien me demander. » « Je pense, ajoute M. Gauthier, que dans la bouche de la caution cette exception devrait faire repousser l'action du débiteur subrogé. »

Nous penserions de même, si nous reconnaissions à la caution de Primus le droit de renvoyer le créancier discuter les deux autres codébiteurs, Secundus et Tertius ; mais cette prétention ne nous paraît pas admissible. Le but de l'introduction du bénéfice de discussion, en effet, a été seulement d'assurer à la caution que, n'étant intervenue que pour couvrir l'insolvabilité du débiteur Primus, elle ne sera poursuivie que si Primus est réellement insolvable. Or, que fait M. Gautier ? Il permet à la caution de dire : Je ne paierai qu'autant que vous m'aurez démontré l'insolvabilité de Secundus et de Tertius ! Elle a promis de payer si Primus était insolvable, elle ne peut, sans violer les termes de son contrat, refuser le paiement

____

(1) V. Gauthier, p. 473, n° 432.

sous prétexte que d'autres personnes tenues de la dette sont restées solvables (1).

Les considérations de fait ne nous paraissent, d'ailleurs, pas moins favorables à notre système que les principes. Il est évident, en effet, que plusieurs personnes ne s'engagent pas solidairement à payer une dette sans se préoccuper de leur solvabilité réciproque, et que Secundus et Tertius, lorsqu'ils ont consenti à accepter Primus pour codébiteur solidaire, ont dû compter sur l'engagement de la caution.

Ajoutons enfin que notre système est conforme à la tradition (V. Pothier, *Oblig.*, n° 281).

Nous avons dit que Secundus pourrait réclamer à la caution de Primus tout ce qu'il aurait pu demander à Primus lui-même. Il en résulte que, si Primus est seul intéressé dans la dette et est insolvable, ce sera, en définitive, sa caution qui supportera tout le poids de la dette. Ce résultat pourra paraître étrange, et l'on a proposé (2) de le corriger en appliquant à la caution la décision de l'art. 1216, lequel déclare que les codébiteurs solidaires, non intéressés dans la dette, ne doivent être considérés, par rapport au créancier seul intéressé,

____

(1) M. Gauthier, pour établir que la caution peut user du bénéfice de discussion à l'encontre de Secundus et de Tertius, se fonde sur un passage de Pothier dans lequel nous lisons (Obl. n° 472) : « On peut dire que celui qui s'est rendu caution pour l'un d'entre plusieurs débiteurs solidaires l'est aussi, en quelque façon, des autres. » Mais nous repondrons avec M. Bugnet (*loc. cit.*, n. 2) que l'on ne peut plus maintenir sous le code cette assertion, en présence de l'article 2030 qui ne donne à la caution qui a payé le droit de réclamer à chacun des débiteurs le total de la dette, qu'autant qu'elle les a tous cautionnés.

(2) Mourlon, p. 108.

que comme ses cautions ; mais cette extension nous paraît impossible en présence des termes restrictifs de l'art. 1216, termes qui indiquent que cette disposition n'est applicable que dans les rapports des codébiteurs entre eux. D'ailleurs, la solution que nous adoptons, si elle est dure pour la caution, nous paraît, en définitive, parfaitement logique. Les engagements pris par la caution et ceux pris par Secundus et Tertius sont, en effet, très-différents. La caution s'est engagée à répondre de l'insolvabilité de Primus, il est donc tout naturel qu'elle en supporte les conséquences ; Secundus et Tertius, au contraire, ont seulement promis de payer le créancier à sa première réquisition ; ils se sont engagés, non pas en vue de l'insolvabilité possible de Primus, mais dans le but de rendre plus facile au créancier l'obtention, à jour fixe ou dans un lieu donné, du montant de la créance. Il n'y a donc rien d'illogique à ce qu'ayant payé, ils recourent contre Primus, et au besoin contre sa caution.

3° *Droit du codébiteur subrogé contre les tiers detenteurs.* Primus a donné, comme sûreté de la dette à laquelle il s'est obligé solidairement avec Secundus et Tertius, non plus une caution, mais une hypothèque sur son immeuble A. Plus tard, il vend son immeuble, devient insolvable, et Secundus est contraint de payer la dette. Secundus déchargé, pourra-t-il recourir contre le tiers détenteur jusqu'à concurrence de ce qu'il serait en droit d'exiger de Primus, si ce dernier était solvable ?

M. Mourlon l'a soutenu, en faisant remarquer que l'hypothèque garantit la solvabilité de Primus, absolument comme l'engagement d'une caution et qu'il ne peut dépendre de Primus d'enlever à ses codébiteurs leur gage futur en aliénant l'immeuble (Mourlon, p. 101). Nous partageons l'opinion du savant auteur, lorsque l'immeuble vendu est grevé d'une hypothèque spéciale ; mais s'il s'agit d'une hypothèque générale, le système de M. Mourlon nous paraît inacceptable, car son argumentation, si puissante qu'elle soit, vient se briser contre l'art. 2170. Ce texte, en effet, accorde au tiers détenteur une exception de discussion qui lui permet de renvoyer le créancier discuter tous les débiteurs principaux, c'est-à-dire aussi bien Primus que Secundus ; dès lors, on ne saurait autoriser Secundus à exercer son recours contre le tiers détenteur.

D. Le subrogé est une caution.

La caution qui paie le créancier est subrogée de plein droit, aux termes de l'art. 1251,-3°, et nous allons chercher quels sont les effets de cette subrogation : 1° à l'encontre des débiteurs principaux ; 2° à l'encontre d'autres cautions. Nous réserverons l'étude des droits de la caution subrogée contre les tiers détenteurs pour le moment où nous examinerons les effets de la subrogation accordée aux tiers détenteurs contre les cautions (v. pp. 287 et suiv).

1° *Droits de la caution subrogée contre les débiteurs principaux.*

Aucune difficulté ne se présente, si l'on suppose que la caution exerce son recours contre celui-là même qu'elle a cautionné. Elle a déjà, de son chef, une action *mandati* ou *negotiorum gestorum* qui lui permet de se faire rembourser toutes ses avances, la subrogation lui permettra d'user, pour rendre cette action plus efficace, de tous les avantages qui étaient assurés au créancier payé à l'encontre du débiteur principal (titre authentique, droit de contraindre par corps, etc.).

Il en sera de même si, la dette ayant été contractée solidairement par plusieurs débiteurs, la caution les a tous cautionnés. L'art. 2030 ne laisse aucun doute sur ce point.

La difficulté n'apparaît donc que si l'on suppose la caution fournie par l'un seulement des codébiteurs solidaires : de trois codébiteurs solidaires, Primus, Secundus et Tertius, l'un, Primus, a donné une caution ; cette caution paie la dette ; quels seront ses droits à l'égard des codébiteurs Secundus et Tertius ?

Cette question n'est évidemment que la contre-partie de celle que nous avons examinée précédemment, lorsque nous nous sommes demandé quels étaient les droits du codébiteur solidaire subrogé à l'encontre de la caution fournie par un autre codébiteur. Aussi retrouvons-nous la controverse que nous avons signalée à ce propos (1), controverse dans laquelle nous ne rentrerons pas, nous contentant d'exposer rapidement les solutions proposées par nos adversaires et celles que nous croyons devoir adopter.

La caution, d'après M. Gauthier, pourrait, en tout cas, sans qu'il y ait à distinguer si Primus était ou non seul intéressé dans la dette, réclamer le total de la dette, soit à Secundus, soit à Tertius (v. Gauthier, p. 474 et suiv.).

D'après M. Mourlon, au contraire, l'art 1216 devant recevoir son application dans les rapports de la caution avec les trois codébiteurs solidaires, il faut regarder Se-

(1) V. notre page 277.

cundus et Tertius comme les cofidéjusseurs de la cau
tion pour tout ce qui excède la part qu'ils doivent définitivement supporter dans la dette. Dès lors, si Primus
est seul intéressé à cette dette, la caution subrogée ne
pourra réclamer (2033) à Secundus et à Tertius que la
part et portion de chacun d'eux dans la dette. Si les
trois codébiteurs solidaires ont dans l'affaire un intérêt égal, la caution pourra exiger de chacun de ceux
qu'elle n'a pas cautionnés : 1° la part de ce codébiteur
dans la dette ; 2° le tiers de ce qu'elle ne peut obtenir de
Primus insolvable (v. Mourlon, p. 108).

Quant à nous, voici comment nous fixerons les droits
de la caution :

Si Primus est seul intéressé à l'obligation, elle ne
pourra rien réclamer ni à Secundus, ni à Tertius.

Si, au contraire, les trois codébiteurs ont, dans la
dette, un intérêt égal, la caution pourra réclamer à cha
cun de ceux qu'elle n'a pas cautionnés : toute la dette,
déduction faite de la part virile de Primus (1).

*2° Recours de la caution subrogée contre les autres cau-
tions obligées à la dette.*

(1) Nous devons, pour être complet, signaler une quatrième opinion sur notre difficulté. D'après M. Duranton (t. 18, n° 355), la
caution ne pourrait obtenir de son chef aucune subrogation contre
les codébiteurs qu'elle n'a pas cautionnés, parce qu'elle n'est pas
leur coobligée; elle ne pourrait donc exercer que la subrogation
du chef de son débiteur (1166), et devrait dès lors diviser son re
cours comme aurait dû le faire Primus. Mais ce système, dans le
quel M. Gauthier (p. 476 et 477) n'a pas relevé moins de quatre
erreurs, est aujourd'hui abandonné, car il est impossible de se re
fuser à reconnaître que la caution étant tenue *avec* Secundus et
Tertius du paiement de la dette, est subrogée légalement si elle
désintéresse le créancier (1251, 3°).

Supposons d'abord que les diverses cautions tenues de la dette ont été fournies par le même débiteur, celle d'entre elles qui paiera le créancier, ne pourra, malgré la subrogation, réclamer à chacune des autres, que la part de celle ci dans la dette. Cette solution, on peut le remarquer, est identique à celle que nous avons déjà présentée (pp. 274 et suiv), lorsque nous nous sommes occupé des droits du débiteur solidaire subrogé contre ses codébiteurs. Les raisons d'équité et de bon sens se retrouvent, en effet, les mêmes dans l'une et l'autre hypothèse, et l'argument que nous avons tiré de l'art. 1214 se déduirait, avec la même force, de l'art. 2033.

La question devient plus délicate si l'on suppose que les fidéjusseurs, engagés à la même dette, n'ont pas cautionné le même créancier. Soit, par exemple, une dette solidaire contractée par Primus, Secundus et Tertius; Paul a cautionné le premier, Pierre, le second et Jacques, le troisième. Plus tard, Paul est contraint de payer toute la dette, il est subrogé légalement; que pourra-t il réclamer à chacune des cautions de Secundus et de Tertius ?

Il semblerait logique de répondre que Paul pourra réclamer à chacun des autres fidéjusseurs ce qu'il pourrait exiger du débiteur cautionné par ce fidéjusseur; cependant, nous ne croyons pas qu'on puisse admettre cette solution, car il en résulterait que le créancier pourrait, dans certains cas, favoriser l'une des cautions au détriment des autres, et cela *en la poursuivant*. Si l'on suppose, en effet, que Jacques et les trois codébiteurs soli daires soient insolvables, Paul trouverait un grand avantage à être poursuivi par le créancier, puisque la subrogation lui permettrait de rejeter sur Pierre les conséquences de l'insolvabilité des autres personnes tenues de la dette. C'est là un résultat inacceptable, et l'on doit l'éviter en n'autorisant Paul à exiger de chacun des autres fidéjusseurs que la part et portion que doit définitivement supporter dans la dette le codébiteur qui a été cautionné par ce fidéjusseur. Cette part devrait, du reste, être augmentée, s'il y avait lieu, de la portion que ce même codébiteur, s'il était solvable, devrait supporter dans l'insolvabilité des autres codébiteurs et de leurs cautions (1).

Mais nous n'irons pas plus loin, et chaque fois que le danger que nous venons de signaler ne sera pas à craindre, nous reviendrons aux principes du droit commun qui veulent que la subrogation confère au subrogé les mêmes droits contre les cautions que contre les débiteurs qu'elles ont cautionnés. Si donc, on supposait que Primus fût le seul intéressé dans la dette, Pierre, caution de Secundus, contraint de désintéresser le créancier, pourrait réclamer à Paul, caution de Primus, le montant total de la dette.

E. Le subrogé est un tiers détenteur.

Cherchons successivement quels droits la subrogation transférera au tiers détenteur : 1° à l'encontre des débiteurs principaux ; 2° à l'égard des cautions ; 3° à l'encontre des autres tiers détenteurs d'immeubles hypothéqués à la même dette.

1° *Droits du tiers détenteur subrogé contre les débiteurs principaux*. La subrogation produira, au profit du tiers

______

(1) V. *Contra*, M. Gauthier, p. 479, n° 438.

détenteur, tous les effets que nous avons signalés dans nos règles générales, s'il s'en sert pour exercer son recours contre le débiteur qui lui a vendu l'immeuble hypothéqué ; car il a, de son chef, une action en garantie qui l'autorise à réclamer le montant total de ses avances à ce débiteur.

Si nous supposons que le tiers détenteur paie, pour éviter le délaissement, une dette à laquelle son vendeur était obligé solidairement avec Secundus et Tertius, nous rencontrons une controverse qui forme la contrepartie de celle que nous avons exposée (p. 280), quand nous nous sommes occupé des droits du codébiteur solidaire subrogé contre les tiers détenteurs. Sans rentrer dans ce débat, nous dirons seulement que M. Mourlon ne permet, en tous cas, au tiers détenteur de réclamer a dette à Secundus ou à Tertius que déduction faite de la part de son vendeur Primus ; tandis que nous n'admettrons cette solution que si l'immeuble est grevé d'une hypothèque spéciale. Si, au contraire, il était grevé d'une hypothèque générale, nous autoriserions le tiers détententeur à exiger, de Secundus ou de Tertius, à son choix, le montant total de ses avances.

Les solutions que nous venons de présenter devraient elles être maintenues à l'égard d'un tiers détenteur qui aurait acquis l'immeuble, non pas à titre onéreux, mais à titre gratuit ?

Nous n'hésitons pas à décider qu'à l'égard des codébiteurs solidaires du donateur, la subrogation transférera au tiers détenteur donataire les mêmes droits qu'à un acheteur, car ce donataire a évidemment enrichi ces codébiteurs à ses dépens, et il a une action de *in rem verso* qui l'autorise à exiger d'eux la restitution de ses avances.

Cela suffit pour qu'on doive lui reconnaître le droit de se prévaloir, vis à vis d'eux, de la subrogation.

Mais nous lui refuserions, au contraire, le droit de poursuivre, par la subrogation, son vendeur débiteur unique de la dette, parce qu'il est de principe que le donataire évincé n'a pas, contre le donateur, d'action en recours pour se faire indemniser, et que la subrogation ne peut être acquise à celui qui n'a, de son chef, aucune action (1).

Mais s'il s'agissait d'une dette solidaire, il n'en serait plus de même, car le donataire ayant, de son chef, une action personnelle contre les codébiteurs du donateur, rien ne s'opposerait plus à ce qu'il fût subrogé aux droits du créancier, et parmi les avantages que lui procurerait ce bénéfice, se trouverait précisément le droit de poursuivre le donateur qui, en définitive, est tenu de la dette.

2° *Rapports créés par la subrogation entre les cautions et les tiers détenteurs.* — Primus, au moment où il contracte une dette, fournit au créancier l'engagement d'une caution, Paul, en même temps qu'il lui constitue une hypothèque sur son immeuble A. Plus tard il vend son immeuble à Pierre, puis le créancier agit contre Paul et l'oblige à payer la dette. La caution subrogée peut elle diriger son recours contre Pierre le tiers détenteur ? et, réciproquement, le tiers détenteur, s'il était obligé de désinteresser

______

(1) Il faudrait du reste faire exception à ce principe si le donateur avait agi de mauvaise foi et dans le but d'entraîner le donataire à faire des impenses sur la chose, car le donataire aurait alors, de son chef, une action pour se faire indemniser.

Il en serait de même si le donataire avait payé le créancier, au lieu de le renvoyer discuter le donateur (2178), dans le but de rendre service au donateur. L'action *negotiorum gestorum* qui lui serait acquise, en pareil cas, rendrait la subrogation possible.

le créancier, pourrait-il user de la subrogation à l'encontre de la caution ?

Cette question est devenue célèbre par la controverse qu'elle a suscitée. Il s'agit, en réalité, de savoir lequel se trouve dans une situation préférable, aux yeux de la loi, du fidéjusseur ou du tiers détenteur.

On ne doit pas hésiter. selon nous, à reconnaître que c'est le fidéjusseur. Plaçons-nous, en effet, au moment où la dette a été contractée. A cette époque la caution était bien évidemment préférable au détenteur de l'immeuble, car elle était en droit de compter pour l'exercice de son recours, en cas de paiement, sur la subrogation à l'hypothèque, tandis que le détenteur de l'immeuble ne pouvait espérer être subrogé à l'encontre de la caution, puisqu'il était le débiteur principal de la dette.

Serait il juste que ce débiteur pût, en aliénant l'immeuble, priver la caution du bénéfice auquel elle était en droit de s'attendre ? Evidemment non, car la caution, n'ayant aucun moyen pour empêcher l'aliénation de l'immeuble, se trouverait à la merci de celui auquel elle a rendu service ! Il y aurait donc là une iniquité, et les rédacteurs du Code ne l'ont pas voulue. Comment admettre, en effet, qu'ils aient permis au créancier d'amoindrir à l'avance les effets de la subrogation au profit du fidéjus seur, alors que nous les voyons, dans l'art. 2037, déclarer libérée la caution à laquelle le créancier ne peut plus, par son fait, consentir une subrogation complète (1)?

Nous croyons donc que la caution subrogée pourra

(1) Conf., MM. Aubry et Rau (t. 4, § 321, n° 84); Colmet de Santerre (t. 5, n° 197, X), Gauthier, pp. 483 et suiv.; Mourlon, pp. 84 et suiv.

réclamer le total de la dette au tiers détenteur, tandis que ce dernier ne pourra, lorsqu'il aura désintéressé le créancier, rien réclamer à la caution.

Cette solution a cependant été vivement constestée par M. Troplong qui a cru trouver dans l'art. 2171 un argument irrésistible en faveur du tiers détenteur (voir M. Troplong, Hypthèques, n° 800 *bis*, et Cautionnement, n°s 427 et suiv.)

L'art. 2170 s'exprime ainsi : « ... Le tiers détenteur qui n'est pas personnellement obligé à la dette, peut s'opposer à la vente de l'héritage hypothéqué qui lui a été transmis, s'il est demeuré d'autres immeubles hypothéqués à la même dette dans la possession du principal ou des principaux obligés, et en requérir la discussion préalable... »

Il est difficile de comprendre, à la simple lecture de cet article, comment M. Troplong peut en tirer un argument pour préférer le tiers détenteur à la caution dans l'hypothèse que nous examinons. Notre texte, en effet, accorde bien (1) au tiers détenteur le bénéfice de discussion, mais il ne lui permet de l'exercer qu'à l'encontre des « principaux obligés », or ces expressions, si on leur donne le sens qu'y attachent constamment les rédacteurs du Code, ne peuvent s'appliquer aux cautions toujours désignées par les mots « débiteurs accessoires. » (V. C. c. art. 1281, 1287, 1288, 2014, etc...) (2).

M. Troplong pense cependant que les expressions « principaux obligés » n'ont pas dans l'art. 2170 le sens qu'ils affectent dans les autres textes que nous venons de

(1) Dans des cas d'ailleurs très-rares. (V. art. 2171.)
(2) Joindre les textes nombreux cités par Mourlon p. 85

citer : ils seraient ici, d'après le savant auteur, synonymes de ces mots « obligés personnellement », et s'applique raient dès lors à la caution tout comme au débiteur principal. Cette interprétation serait, à en croire M. Troplong, imposée par la tradition.

Remontant au droit Romain, notre adversaire rappelle que la Novelle 4 avait accordé aux tiers détenteurs le bénéfice de discussion tant à l'encontre des cautions qu'à l'encontre des débiteurs principaux, or, dit il, la rubrique de cette novelle était ainsi conçue : « Ut creditores primo loco conveniant *principalem* », rédaction bien si gnificative, car « voici le mot *principalem* employé tout exprès pour résumer les dispositions d'une loi qui dé clare qu'il faut passer sur le corps des fidéjusseurs avant d'arriver au tiers détenteur ! » Ce sens de l'expression « débiteur principal » se serait d'ailleurs, incontestable- ment, conservé dans l'ancien droit, car M. Troplong le retrouve dans les *Prælectiones* d'Hubérus (*de pign. et hyp.*). Enfin la doctrine dominante dans notre ancien droit re- connaissait au tiers détenteur le droit de renvoyer le créancier discuter les cautions.

Nous ne contesterons pas ce dernier point, mais nous ferons remarquer qu'il ne saurait suffire pour déterminer le sens attaché par les rédacteurs du Code aux expres- sions en litige ; or, M. Troplong, n'arrive pas, selon nous, à prouver qu'elles aient dans l'art. 2170 un sens diffé- rent de celui qu'elles affectent dans tous les autres cas où le Code les emploie.

L'argument tiré par M. Troplong de la rédaction de la rubrique de la Novelle 4, repose sur une confusion. Cette novelle, en effet, porte pour rubrique générale « De fidejussoribus et mandatoribus, sponsoribus et solutio nibus » ; elle se divise ensuite en trois chapitres dont les deux premiers seuls ont trait à l'exception de discussion. De ces deux chapitres, le premier accorde ce bénéfice au fidéjusseur à l'encontre du débiteur principal et c'est lui qui se trouve placé sous la rubrique citée par M. Troplong ; tandis que le second, qui assure le bénéfice de discussion au tiers détenteur, même contre les cautions, est intitulé : « Ut res apud alium constitutæ non possint vindicari, priusquam *Personalis* actio exercetur. » L'ar gument de notre adversaire se retourne donc contre son système qui ne reste plus appuyé que de la faible autorité du peu connu jurisconsulte Hubérus, et l'on est en droit de se demander si ce n'est pas M. Troplong qui encourt le reproche adressé par lui à ses contradicteurs : « d'oublier la signification des mots et de parler une langue à sa guise. »

Nous maintenons donc la solution que nous avons indiquée plus haut : la caution subrogée peut réclamer au tiers détenteur le montant total de son déboursé, tandis que le tiers détenteur qui a payé la dette ne peut rien répéter du fidéjusseur. Cette décision est, sans doute, rigoureuse à l'égard du tiers détenteur, mais la solution contraire ne le serait pas moins à l'égard de la caution ; or, le tiers détenteur a commis une imprudence lorsque, averti par l'inscription de l'hypothèque de l'existence de ce droit réel, il a acheté l'immeuble sans recourir aux formalités de la purge !

Les rapports de la caution et du tiers détenteur devraient être régis par les mêmes principes si l'on supposait que, de plusieurs codébiteurs solidaires, l'un ait fourni la caution, et que l'autre ait constitué l'hypothèque puis vendu l'immeuble hypothéqué.

Les solutions que nous venons de présenter ne seraient, au contraire, plus applicables dans les rapports d'une caution personnelle et d'une caution réelle, car il n'y aurait plus aucune raison plausible de préférer l'une à l'autre : toutes deux se sont obligées pour rendre service au débiteur, leur situation est égale. Qu'en résultera-t-il?

D'après M. Gauthier (p. 495 nos 456 et suiv.), il faudrait reconnaître « à celui qui se sera le premier rendu maître, par le paiement, des actions du créancier, le droit de les faire valoir contre l'autre comme aurait pu le faire ce créancier lui-même. » Le savant auteur, reconnaît du reste l'imperfection évidente d'un tel résultat, mais toute autre solution lui paraîtrait arbitraire parce qu'elle ne reposerait sur aucune disposition de la loi.

Nous croyons préférable d'appliquer dans les rapports du fidéjusseur et de la caution réelle, les mêmes règles que dans les rapports des fidéjusseurs. La situation est identique et le silence de la loi ne nous paraît pas un motif suffisant pour repousser cette solution. Le Code n'a pu prévoir toutes les espèces, et c'est le droit comme le devoir de l'interprète de résoudre les hypothèses qu'il rencontre à l'aide des solutions que la loi nous présente. Si donc les deux cautions ont été fournies par le même débiteur, nous ne permettrons au fidéjusseur, par exemple, s'il a payé la dette, de réclamer à la caution réelle que la part de celle-ci dans la dette, part qui devrait être établie en comparant la valeur de l'immeuble hypothéqué au montant total de la dette (1). Si nous supposons que, de deux

____

(1) V. l'exemple que nous avons donné p. 21, n. 1.

codébiteurs solidaires, l'un ait fourni le fidéjusseur et l'autre la caution réelle, celui des deux débiteurs accessoires qui désintéressera le créancier pourra réclamer à l'autre tout ce que doit supporter dans la dette le débiteur cautionné par ce dernier (v. pp. 284 et suiv.).

3° *Droits du tiers détenteur subrogé contre les détenteurs d'autres immeubles hypothéqués à la dette.* — Un débiteur hypothèque à la dette qu'il contracte ses trois immeubles A, B et C, puis il les vend : A à Primus, B à secundus, C à Tertius. Plus tard Primus est contraint de payer la dette : quel droit la subrogation lui transmettra t-elle à l'encontre de Secundus et de Tertius ?

Le Code n'a pas statué sur cette question et de ce silence M. Gauthier a conclu qu'il était impossible d'échapper à un résultat regrettable, sans doute, mais que les principes lui paraissent imposer. Il faudra, d'après l'opinion du savant auteur, permettre à celui des tiers détenteurs (dans l'espèce Primus), qui poursuivi le premier, sera devenu, par le paiement, maître des actions du créancier, d'exercer ces actions comme le créancier aurait pu le faire, et de poursuivre en conséquence pour le tout l'un des autres tiers détenteurs, à son choix; celui-ci, subrogé à son tour, se retournera contre le troisième qui supportera définitivement tout le poids de l'insolvabilité du débiteur principal.

Cette solution nous paraît inacceptable, et nous préférons décider que Primus, subrogé après le paiement de la dette, ne pourra poursuivre chacun des autres tiers détenteurs que pour la part contributoire de celui ci dans la dette, part qui devra être fixée proportionnellement aux valeurs respectives des trois immeubles, comparées au montant total de l'obligation (1). Il est bien vrai que nous ne trouvons dans le Code aucun texte précis sur notre question, mais nous n'hésitons à invoquer par analogie la solution que l'on s'accorde à tirer de l'art. 2033, qui règle les rapports des cofidéjusseurs. La situation des tiers détenteurs est en effet, à ce point de vue, identique à celle de plusieurs cautions engagées à la même dette : car ils sont, eux aussi, unis par un lien commun, en ce sens qu'ils sont exposés au même danger. Telle est la considération qui a fait défendre au fidéjusseur subrogé de réclamer aux autres cautions autre chose que leur part virile dans la dette; cette considération se retrouvant dans notre hypothèse, nous devons régler de la même manière les rapports des tiers détenteurs (2).

Nous pouvons d'ailleurs ajouter que le Code, s'il n'a pas consacré expressément notre doctrine, n'en a pas moins manifesté nettement l'intention de l'accepter.

L'article 875 nous dit en effet : « Le cohéritier ou successeur universel, qui, par l'effet de l'hypothèque, a payé au delà de sa part dans la dette commune, n'a de recours contre les autres cohéritiers ou successeurs à titre universel, que pour la part que chacun d'eux doit personnellement en supporter, même dans le cas où le

---

(1) V. p. 21, n. 1.

(2) M. Gauthier, il est vrai, croit trouver la raison de la solution relative aux cofidéjusseurs, non pas dans une communauté de dangers courus, mais dans « une communauté d'engagements de leur part. » Cette idée ne nous paraît pas exacte, car, si le code l'avait admise, il aurait dû faire exception à sa décision dans le cas où les cautions ne sont pas engagées en même temps à la dette; or les termes de l'article 2033 excluent toute distinction de ce genre.

V. Conf., MM. Aubry et Rau, t. 4, § 321, n. 3; Mourlon, p. 75 et suiv., et surtout M. Colmet de Santerre, t. 5, n° 197 *bis*, VI à IX.

cohéritier qui a payé la dette se serait fait subroger aux droits des créanciers... » On pourrait, il est vrai, être tenté de tirer de cet article un argument *a contrario* contre notre système, mais l'étude des précédents nous prouve au contraire, qu'il faut y puiser un *a fortiori* en sa faveur. L'ancien droit, en effet, appliquait déjà le système de la répartition entre les tiers détenteurs (V. Pothier, Int. T. 20, Cout. Orl., art 1ᵉʳ, § 5, p. 653, ed. Bugnet) (1), tandis qu'il permettait à celui des héritiers qui avait dû payer toute la dette d'en réclamer le total, sa part déduite, à celui de ses cohéritiers qui détenait un autre immeuble hypothèque à cette dette. Les rédacteurs du Code ont repoussé cette exception au principe de la ré partition, comment pourrait on admettre qu'ils n'aient pas accepté ce principe dans les cas où nos anciens auteurs l'appliquaient déjà! (2) (M. Duranton, T. 7, n° 544).

Si l'on supposait une dette solidaire à laquelle chacun des trois codébiteurs Paul, Pierre et Jacques aurait hy-

(1) Pothier, toutefois, n'admettait pas toujours l'application du système de répartition. Mais la distinction qu'il établissait à cet égard reposait sur le principe que le contrat de vente, étant près que toujours notarié, conférait le plus souvent une hypothèque générale à l'acheteur sur les biens du vendeur. Cette distinction ne saurait donc subsister sous l'empire du droit actuel.

(2) Les auteurs qui permettent au tiers détenteur d'invoquer le bénéfice de l'article 2037 devraient, évidemment, donner une toute autre solution dans le cas où les ventes auraient eu lieu à des époques distinctes, car, l'article 2037 défendant, d'après eux, au créancier de priver le premier tiers détenteur du bénéfice de la subro gation aux hypothèques constituées sur les immeubles B et C, il faudrait, par *a fortiori*, refuser ce droit au débiteur. Ce serait donc, en définitive, celui qui aurait acheté en dernier lieu l'immeuble détruit, qui devrait supporter tout le poids de la dette. Ce système

pothéqué un de ses immeubles, nous pensons qu'il faudrait encore assimiler les acheteurs de ces trois immeubles à des cautions. Si donc Primus, acheteur de l'immeuble hypothéqué par Paul, se trouvait contraint de payer la dette, voici, selon nous, quels seraient ses droits à l'encontre des deux autres tiers détenteurs Secundus et Tertius :

Si Paul était seul intéressé à l'obligation, Primus ne pourrait rien réclamer aux autres tiers détenteurs, tandis que chacun des deux autres acheteurs pourrait, s'il avait payé, répéter de lui le total de ses déboursés.

Si les trois codébiteurs avaient dans la dette un intérêt égal, Primus, subrogé, pourrait réclamer à chacun des deux autres tiers détenteurs le tiers de la dette ; et, si l'un des deux autres immeubles se trouvant être d'une valeur inférieure à ce tiers de la dette, son propriétaire, Tertius, le délaissait, le résultat de cette insolvabilité se partagerait entre Primus et Secundus proportionnellement à la valeur respective de leurs immeubles comparée au montant de la dette. (V. p. 21, note 1).

Toutes les solutions que nous venons de présenter, supposent, du reste, que tous les tiers détenteurs ont payé leur prix d'achat. Si, en effet, celui qui désintéresse le créancier ne l'avait pas acquitté, il ne pourrait poursuivre les autres que pour l'excédant de ses déboursés sur son prix ; et, réciproquement, s'il l'avait soldé, il pourrait, après avoir remboursé le créancier, poursuivre, sans être tenu à aucune déduction, ceux des tiers détenteurs qui n'auraient pas payé le prix, au moins jusqu'à

trouverait d'ailleurs, si l'on supposait les trois aliénations faites à titre gratuit, un puissant argument d'analogie dans les articles 923 et 930 C. c.

concurrence de ce prix. Dans l'une et l'autre hypothèse, notre système de répartition ne s'appliquerait que pour ce qui concerne l'excédant du prix encore dû.

F. Le subrogé est un héritier.

Nous devons, avec la loi (art. 875), distinguer deux hypothèses, car les solutions que nous avons à présenter diffèrent profondément selon que le subrogé est un héritier pur et simple ou un héritier bénéficiaire.

a) Le subrogé est un héritier pur et simple. — Une succession a été acceptée purement et simplement par Primus, Secundus et Tertius, tous trois appelés pour des parts égales. Dans cette succession se trouve une dette, d'ailleurs divisible, à laquelle est hypothéqué l'immeuble A tombé dans le lot de Primus. Primus, poursuivi par le créancier, le désintéresse : il est subrogé légalement (1251-3°), que pourra-t-il réclamer à chacun de ses cohéritiers? Il est bien évident que si aucun autre immeuble n'est hypothéqué à la dette, Primus ne peut répéter de chacun de ses cohéritiers que ce qu'il pourrait en exiger par l'action en garantie qu'il a de son chef, c'est-à-dire le tiers de ses avances si tous deux sont solvables, la moitié si l'un d'eux ne l'est pas (1220). Mais, supposons que le défunt, au moment où il a contracté l'obligation, ait constitué au créancier une hypothèque sur un second immeuble B tombé ensuite dans le lot de Secundus, la solution que nous venons de donner sera-t elle encore applicable? La loi s'est prononcée expressément dans le sens de l'affir mative : « Le cohéritier ou successeur à titre universel, dit l'article 875, qui, par l'effet de l'hypothèque, a payé au delà de sa part dans la dette commune, n'a de recours contre les autres cohéritiers ou successeurs à titre universel que pour la part que chacun d'eux doit personnellement en supporter, même dans le cas où le cohéritier qui a payé sa dette se serait fait subroger aux droits des créanciers... » (1). On ne peut, du reste, qu'approuver cette solution qui est parfaitement conforme aux principes d'équité et de bon sens qui doivent régir les rapports des cohéritiers.

Nous n'autoriserons donc Primus à réclamer de Secundus que le tiers de la dette si Tertius est solvable ; au cas contraire, les conséquences de l'insolvabilité de Tertius se partageraient entre Primus et Secundus, non pas proportionnellement à la valeur des immeubles qu'ils détiennent, mais proportionnellement à leurs parts dans la succession, c'est-à-dire par moitié dans notre hypothèse.

Ces deux solutions devraient, du reste, être maintenues, si Primus, qui a payé la dette comme détenteur de l'immeuble A, avait acquis cet immeuble, non pas par l'effet du partage, mais par contrat passé avec le *de cujus*, du vivant de ce dernier.

(1) On s'accorde, généralement, à reconnaître que la rédaction singulière de cette partie de l'article 875 : « même dans le cas où le cohéritier, etc... » n'a pas eu pour but de refuser au cohéritier qui paie la dette à laquelle l'immeuble mis dans son lot est hypothéqué, le bénéfice de la subrogation légale : cette rédaction est due à l'influence de l'ancien droit qui, on le sait, voulait que le tiers, pour obtenir la subrogation forcée, la demandât expressément. Cette idée fut abandonnée plus tard par les rédacteurs du code, et l'on oublia de mettre les termes de l'article 875 en accord avec la doctrine nouvelle.

La décision de l'article 875 s'appliquerait également, pensons nous, au cas où Primus aurait payé le total de la dette à raison de l'indivisibilité de l'obligation.

Primus, après avoir payé toute la dette, pourrait-il, en vertu de la subrogation, se retourner contre la caution Paul que le *de cujus* aurait fournie au créancier ?

Nous n'hésitons pas à lui refuser ce droit même pour ce qui excède sa part personnelle dans la dette, car, on ne peut, en ce qui concerne cet excédant, lui accorder une situation plus favorable que celle d'un tiers détenteur ordinaire, et nous avons dit (pp. 287 et suiv.) que le tiers détenteur, bien que subrogé, n'a aucun droit de recours à l'encontre de la caution.

Par contre, la caution qui aurait payé la dette pourrait réclamer : à chacun de ceux des héritiers qui ne sont tenus que personnellement de l'obligation, leur part virile dans la dette ; à Primus détenteur de l'immeuble hypothéqué A, le montant total de cette dette.

Supposons, enfin, que Primus, après avoir payé la dette, se retourne contre un tiers Paul qui n'est pas héritier, mais qui détient l'immeuble C hypothéqué à la dette. Quels droits la subrogation lui donnera t elle vis-à vis de ce tiers détenteur ?

Il est d'abord évident que Primus ne peut réclamer à Paul la portion de la dette à laquelle lui, Primus, héritier du défunt, est obligé personnellement. Quant à l'excédant de la dette sur sa part personnelle, Primus pourra, selon nous, en réclamer le remboursement à Paul, dans la même mesure que pourrait le faire un tiers détenteur ordinaire. En conséquence, nous lui per-

mettrons de contraindre Paul à supporter dans cet excédant une part proportionnelle à la valeur de l'immeuble C comparée à celle de l'immeuble A et au montant
de la dette (1) (v. p. 293 *in fine*). Réciproquement, Paul,
simple tiers détenteur, pourrait, après avoir payé la dette,
réclamer à Primus : 1º la part dont celui ci est tenu personnellement ; 2º une portion de l'excédant, proportionnelle à la valeur de l'immeuble A comparée à celle de
l'immeuble C et au montant de la dette.

Mais ce système de répartition cesserait, selon nous,
d'être applicable si l'immeuble C, détenu par Paul, était
grevé d'une hypothèque générale. En pareil cas, en effet,
Paul aurait le droit d'arrêter les poursuites du créancier
en le renvoyant discuter Primus principal obligé à la
dette et détenteur de l'immeuble A (art. 2170 et 2171),
et on doit en conclure que ce dernier ne pourrait rien
exiger de lui, malgré la subrogation. Par contre, en
pareil cas, Paul, s'il payait la dette, pourrait en réclamer
le montant total à Primus.

Nous écarterions encore l'application du système de
répartition si Paul, au lieu d'être un tiers détenteur ordinaire, était un légataire particulier, car, l'art. 1017
donnant au légataire, pour assurer l'exécution du legs,
une hypothèque sur tous les immeubles de la succession qui se retrouvent aux mains des héritiers, Primus,
s'il pouvait réclamer une part de la dette au légataire, se
verrait immédiatement contraint à lui restituer ce qu'il
en aurait reçu. Il faut donc, sous peine d'arriver à un
circuit vicieux d'actions, reconnaître que la subrogation
ne donnera aucun droit au cohéritier contre le légataire

(1) V. Contrà Gauthier, p. 526.

particulier. Réciproquement Paul, s'il payait la dette, pourrait en réclamer le total à Primus détenteur d'un ou de plusieurs immeubles de la succession (1).

Nous maintiendrions d'ailleurs ces deux solutions, au cas où un cohéritier serait en même temps légataire par préciput de l'immeuble C hypothéqué à la dette, car l'art. 1017 s'applique à ce cohéritier comme à tout autre légataire particulier (2) : il y aurait toutefois, entre cette hypothèse et la précédente, cette différence que le cohéritier légataire pourrait toujours être contraint de rembourser à son cohéritier, qui aurait payé, la part virile dont il est tenu dans la dette à titre d'héritier et que réciproquement il ne pourrait, s'il avait payé la dette, réclamer le tout à son cohéritier que sous déduction de la même part virile.

Abordons maintenant une hypothèse plus compliquée (3) :

(1) V. Contrà, Mourlon, p. 105. M. Mourlon maintient, même dans cette hypothèse, l'application du système de répartition. Il reconnaît, il est vrai, que cette solution n'offrira aucun intérêt dans les rapports du légataire et du cohéritier, à cause de l'existence de l'art. 1017 ; mais le savant auteur n'en maintient pas moins en principe que le système de la répartition doit être appliqué dans notre espèce, et, dit-il, il y a grande utilité à le décider ainsi, à l'égard des créanciers du cohéritier, et, par exemple, en ce qui regarde ceux de ces créanciers « qui ayant acquis du chef du cohéritier une hypothèque, l'auraient fait inscrire avant l'inscription de l'hypothèque de l'art. 1017. » Mais M. Gauthier nous paraît avoir victorieusement combattu cette prétention en faisant remarquer que les créanciers de l'héritier pour soutenir que l'hypothèque du créancier désintéressé par le légataire Paul ne frappe plus l'immeuble, « sont obligés d'exciper du droit de cet héritier, et conséquemment, viennent échouer, comme l'eût fait l'héritier lui-même, devant le principe de l'art. 1017. » (V. Gauthier, p. 530).

(2) V Contrà Gauthier, p. 521.

(3) Comparez à ce sujet, Gauthier, p. 522.

Paul et Pierre ont emprunté solidairement 80,000 fr., qu'ils se sont partagés par portions égales.

Paul a hypothéqué à cette dette son immeuble A et a fourni une caution. Plus tard, il meurt laissant quatre héritiers qui acceptent la succession purement et simplement, et l'immeuble A est mis dans le lot de l'un de ces héritiers, Primus.

Pierre a également hypothéqué à la dette l'immeuble B et fourni une caution. Il meurt ensuite, laissant deux héritiers purs et simples, Secundus et Tertius. L'immeuble B tombe dans le lot de Secundus.

Le créancier agit contre Primus, qui lui rembourse les 80,000 fr. qui lui sont dus. Quels droits la subrogation confère-t-elle à Primus?

Voici, selon nous, les diverses solutions qui doivent être acceptées en pareille hypothèse :

1° Primus pourra réclamer à Secundus la moitié de la dette, soit 40,000 fr., car telle est la part que doit sup porter définitivement dans l'opération la succession de Pierre (1214, C. c.).

2° Il ne pourra, au contraire, exiger de Tertius que le quart de son avance, soit 20,000 fr., puisque celui-ci n'est pas tenu hypothécairement de la dette (art. 1214 et 1220, C. c. combinés).

3° Il aura le droit de réclamer à la caution donnée par Pierre, les 40,000 fr. qui sont dus par la succession de ce dernier, car Paul, s'il avait survécu, aurait pu poursuivre la caution jusqu'à concurrence de cette somme (v. p. 278).

4° Il n'aura de recours contre ses cohéritiers que pour la part que chacun d'eux doit définitivement supporter dans la dette, c'est à-dire pour 10,000 fr. si tous sont solvables, pour 13,000 fr. si, par exemple, Primus ne peut obtenir de l'un d'eux que 10,000 fr. (art. 1214, 875 et 1220, C. c. combinés).

5° Enfin, nous lui refuserons tout droit contre la caution fournie par Paul (p. 299).

b) Le subrogé est un héritier bénéficiaire.—L'art. 1251-4° nous dit : « La subrogation a lieu de plein droit au profit de l'héritier bénéficiaire qui a payé de ses deniers les dettes de la succession. » Mais on admet généralement que l'héritier bénéficiaire n'acquiert la subrogation qu'à la condition d'avoir payé une dette pour laquelle il pouvait être poursuivi, comme détenteur d'une part de l'actif de la succession.

Nous supposerons successivement, pour déterminer les effets de cette subrogation, que l'héritier bénéficiaire a payé 1° une dette chirographaire et divisible ; 2° une dette hypothécaire.

1° L'héritier bénéficiaire a payé de ses deniers une dette chirographaire et divisible. — Plaçons-nous dans l'hypothèse suivante : Une succession échoit, par moitié, à Pierre et à Paul ; le premier se porte héritier bénéficiaire, le second héritier pur et simple. Dans la succession se trouve une dette de 100,000 fr. chirographaire et divisible. Pierre, dont la part dans cette dette n'est que de moitié, 50,000 fr., paie néanmoins, de ses deniers, le tout au créancier, soit 100,000 fr.

Sera-t il subrogé pour le tout? Evidemment non, car, s'il a payé au delà de sa part dans la dette, c'est qu'il l'a bien voulu ; au-delà donc de sa part, il n'a pas plus droit à la subrogation légale que tout étranger qui serait venu payer par intervention (1).

Il ne sera donc subrogé que pour la moitié qui formait sa part dans la dette, car pour cette moitié il pouvait être poursuivi comme détenteur de biens de la succession.

Quel sera, dans cette mesure, l'effet de la subrogation ?

Il est, d'abord, certain que Pierre n'y pourra pas puiser un droit contre son cohéritier, car il ne lui a rendu aucun service et n'a dès lors aucune action de son chef pour lui réclamer sa dépense. Il en serait ainsi, alorsmême que le paiement qu'il a fait excéderait la valeur des biens par lui recueillis dans la succession, car les conséquences de l'insolvabilité de la succession, devaient, en ce qui touche la part de l'héritier bénéficiaire, retomber, non pas sur l'héritier pur et simple mais sur le créancier. Pierre, en payant toute sa part, a donc commis une imprudence qui n'a aucunement profité à son cohéritier Paul, il ne peut, dès lors, rien lui réclamer.

Il pourra, au contraire, se retourner contre la masse de biens qu'il détient, masse qui reste affectée en gage aux créanciers. La subrogation lui permettra de produire dans l'ordre ouvert conformément à l'article 809, à la place du créancier qu'il a payé, et de se faire attribuer le dividende que celui-ci aurait obtenu. Mais il faut reconnaître que la subrogation ne lui était pas nécessaire pour arriver à ce résultat, car il a, dans la mesure du dividende qu'aurait obtenu dans la masse le créancier payé, rendu service à cette masse : il a donc contre elle une

(1) V. M. Demolombe. Contrats, t. 4, p. 567, n° 628.

action en recours de son chef, en vertu de laquelle il sera, dans les limites du service rendu, indemnisé avant toute distribution.

On peut donc, en résumé, dire que, lorsque la créance payée est chirographaire et divisible, la subrogation n'offre aucun avantage sérieux à l'héritier bénéficiaire (1).

2° *L'héritier bénéficiaire a payé une dette hypothécaire.* — Prenons de suite une espèce :

De trois héritiers appelés à une succession, l'un, Primus, l'accepte sous bénéfice d'inventaire, les deux autres, Secundus et Tertius, se portent héritiers purs et simples. La succession comprend une dette, à laquelle sont hypothéqués les immeubles A et B. Le premier de ces deux immeubles tombe dans le lot de Primus, le second dans le lot de Tertius. Plus tard, le créancier poursuit Primus et celui ci lui paie de ses deniers le montant total de la dette : Il est subrogé, que pourra t il réclamer à Secundus détenteur de l'immeuble B ?

Si les trois héritiers avaient accepté purement et simplement la succession, il faudrait répondre que Primus ne pourra réclamer à Secundus que : le tiers de la dette si Tertius est solvable, et la moitié au cas contraire (art. 875, 1ʳᵉ partie), mais la règle posée par le Code pour cette hypothèse ne s'applique pas au recours exercé par l'héritier bénéficiaire. L'article 875, en effet, après l'avoir établie, ajoute : « sans préjudice, néanmoins, des droits d'un cohéritier qui, par l'effet du bénéfice d'inventaire, aurait conservé la faculté de réclamer le paiement de

(1) Il n'en serait plus de même si cette dette était garantie par un cautionnement. V. p. 307.

sa créance personnelle, comme tout autre créancier. »

De cette disposition, il faut évidemment conclure que la situation de l'héritier bénéficiaire doit être régie par les règles de droit commun. Il s'agit donc de chercher quelle est la situation de Primus dans notre hypothèse.

On pourrait être tenté de voir en lui un tiers détenteur ordinaire, car il semble bien que, s'il a payé, c'est pour éviter le délaissement de l'immeuble A qu'il détenait : on lui permettrait donc, dans ce système, d'exercer contre Secundus un recours modelé sur celui que nous avons reconnu au tiers détenteur ordinaire à l'encontre de l'héritier détenteur d'un immeuble hypothéqué à la dette.

Cependant, après de longues hésitations, nous croyons plus exact de regarder l'héritier bénéficiaire comme un tiers étranger à la dette, auquel la loi accorde la subrogation en raison des circonstances spéciales qui moti vent son intervention. Le bénéfice d'inventaire, en effet, ayant séparé le patrimoine de l'héritier de celui du défunt, il nous paraît plus juste de regarder comme déten teur de l'immeuble A, non pas l'héritier, mais la masse des créanciers dont l'actif recueilli par Primus est le gage. L'héritier bénéficiaire, lorsqu'il a désintéressé le créancier, a agi, selon nous, comme mandataire de la masse de ces créanciers, rien ne s'oppose donc à ce qu'il jouisse, en vertu de la subrogation, de tous les droits qui apparte naient au créancier par lui payé.

Nous lui permettons, dès lors, de réclamer à Secundus le montant total de ses avances, et nous ferons observer qu'il aurait le même droit à l'encontre de la masse.

Les solutions que nous venons de présenter s'applique raient du reste également, si l'on supposait que l'héritier bénéficiaire ait payé, pour le tout, une dette indivisible.

Ajoutons enfin, en terminant, que l'héritier bénéficiaire étant dans la même situation qu'un tiers étranger à la dette auquel le créancier aurait consenti la subrogation, il faudra lui permettre de poursuivre pour le total de ses déboursés la caution fournie par le *de cujus* ou le tiers détenteur d'un immeuble hypothéqué à la dette.

DEUXIÈME PARTIE.

DROITS DES DÉBITEURS CONTRE LE SUBROGÉ.

I. Il faut poser en principe, que les divers obligés peuvent opposer au subrogé tous les moyens de défense dont ils auraient joui à l'encontre du créancier primitif. Cette assertion ne saurait être contestée si l'on admet, avec nous, que le paiement avec subrogation présente, dans les rapports des débiteurs et du subrogé, les caractères d'une cession.

Le principe que nous venons d'énoncer subit, toutefois, quelques exceptions qu'il importe de signaler.

a) Dès règles que nous avons posées (pp. 243 et suiv.) quand nous avons déterminé quel était, après le paiement, l'objet de la créance entre les mains du subrogé, il résulte, qu'après la subrogation la perte de la chose qui était due au subrogeant ne libérera jamais le débiteur principal, et qu'elle ne produira plus cet effet au profit des fidéjusseurs et des tiers détenteurs que dans les hypothèses très-rares où le subrogé n'aura contre eux aucune action de son chef.

b) Les débiteurs perdront le droit d'opposer au subrogé les exceptions dont ils ne jouissaient, vis à vis du créancier primitif, que par suite de la condition personnelle de ce dernier. C'est ainsi, par exemple, que le subrogé pourra recourir, contre un débiteur, à la voie de la contrainte par corps, alors que le subrogeant aurait été privé de ce moyen à raison de ses liens de parenté avec ce débiteur.

Ajoutons, d'ailleurs, que, par une juste réciprocité, le subrogé pourra, à raison des mêmes rapports de parenté, se trouver privé de la contrainte par corps dans des cas où le subrogeant aurait pu l'exercer.

c) Les exceptions qui naîtraient, au profit du débiteur et à l'encontre du créancier primitif, après le paiemen avec subrogation, ne seront pas opposables au subrogé, bien que celui-ci n'ait pas encore signifié la subrogation au débiteur. Nous avons dit, en effet, qu'il en était ainsi à raison du caractère de cession purement accessoire qu'affecte la subrogatiou (v. p. 208).

d) Le débiteur perdra le droit d'opposer au subrogé les exceptions qu'il aurait pu invoquer contre le subrogeant, si le subrogé a payé sur un mandat exprès de ce débiteur, ou si la subrogation lui a été consentie par ce débiteur lui-même, car le fait, de la part du débiteur, d'avoir donné le mandat ou d'avoir emprunté des deniers en consentant la subrogation, constitue une renonciation tacite aux moyens de défense dont il pouvait jouir à l'encontre du créancier primitif. Il est, du reste, évident que cette renonciation tacite ne saurait avoir effet vis à vis des autres obligés : si donc nous supposons qu'elle émane du débiteur principal, la caution conservera la faculté d'user de tous les moyens de défense qu'elle aurait pu opposer au subrogé si aucune renonciation n'avait eu lieu au bénéfice de ce dernier.

11. Ces règles générales posées, nous croyons utile

d'entrer plus spécialement dans l'étude de l'une des exceptions qui peuvent appartenir au débiteur, et de chercher quelle influence aura sur elle la subrogation : nous voulons parler de l'exception tirée de la prescription.

De la prescription. — S'il s'agissait d'une cession de créance ordinaire, la prescription serait, en principe, opposable au cessionnaire absolument comme elle l'au rait été au cédant, et nous n'aurions à signaler aucun changement, soit quant au délai, soit quant au point de départ de cette prescription. En est-il de même en matière de subrogation? Pour répondre à cette question, nous distinguerons deux hypothèses : *a*) Le cas où le subrogé a payé sur le mandat du débiteur ou a reçu la subrogation de ce débiteur lui-même; *b*) Le cas où il a payé comme un simple gérant d'affaires.

a) Si le débiteur principal a donné mandat au subrogé de payer la dette ou l'a subrogé en lui empruntant les deniers nécessaires pour la payer, il est évident que la prescription sera interrompue à l'égard de ce débiteur, car il y a, de sa part, une reconnaissance de la dette. Cette interruption produira aussi, aux termes de l'article 2250, son effet à l'encontre des cautions. Quant aux tiers détenteurs, elle ne fera que reculer l'époque où ils pourront se prévaloir de la première des causes d'extinction de l'hypothèque (« l'extinction de l'obligation principale ») énumérées par l'art. 2180 : mais la prescription qu'ils auraient pu commencer aux termes de l'art. 2180-4° (1), continuerait à courir, et ne serait interrompue que par

(1) Prescription qui leur est acquise « par le temps réglé pour la prescription de la propriété à leur profit. »

un acte d'interruption exécuté contre les tiers détenteurs par le subrogé, d'après les règles du droit commun.

Si le mandat avait été donné, ou la subrogation consentie, par une caution ou par un tiers détenteur, l'interruption de prescription résultant de ce fait ne produirait d'effet qu'à l'encontre de cette caution ou de ce
tiers détenteur.

Mais, ces règles posées en ce qui concerne l'interruption, que déciderons nous quant au délai de la prescription ? Supposons, par exemple, que la dette payée
était une dette de fermages, prescriptible par cinq ans
(2227), devrons nous dire que désormais elle ne sera
prescriptible que par trente ans ?

L'affirmative ne nous paraît pas douteuse dans les
rapports du subrogé avec le débiteur principal qui lui a
donné le mandat ou consenti la subrogation. Sa véri
table créance contre ce débiteur est, en effet, l'action de
mandat ou de prêt ; la créance de fermages n'existe plus
qu'à titre d'accessoire, et, dès lors, elle ne peut plus être
prescrite par un autre délai que celui qui est nécessaire
à la prescription de l'action principale (1).

Quant à la caution et au tiers détenteur, ils conser
veront le droit de se prévaloir de la prescription de cinq
ans, à moins qu'ils n'aient eux-mêmes donné le mandat
ou contracté le prêt avec subrogation (2).

b) ***Le subrogé a agi comme gérant d'affaires.*** — Supposons que la dette de fermages, au moment où le subrogé

(1) V. art. 2180-4° : Argument d'analogie.

(2) Ces dernières solutions se comprendront mieux lorsque nous
aurons étudié l'hypothèse où le subrogé a agi comme gérant d'af
faires

la paie, soit sur le point d'être prescrite. Elle existe, par exemple, depuis quatre ans, et aucun acte d'interruption n'a été effectué par le créancier. Si le subrogé prend soin d'interrompre, dans le cours de la cinquième année, la prescription, il pourra, sans aucun doute, se prévaloir de cette interruption à l'encontre du débiteur principal, des cautions et des tiers détenteurs, d'après les règles que nous venons de poser en nous plaçant dans l'hypothèse d'un mandat donné ou d'une subrogation consentie par le débiteur. Le nouveau délai sera également de trente ans ou de cinq ans, d'après les distinctions que nous avons proposées il y a un instant. Mais, supposons que le subrogé néglige d'interrompre, pendant la cinquième année, la prescription de la créance de fermages, le débiteur pourra-t-il alors repousser le recours que le subrogé prétendrait exercer contre lui, soit en vertu de l'action primitive, soit en vertu de l'action de gestion d'affaires ?

Nous le croyons, car le débiteur serait en droit de dire au subrogé : « Vous n'avez pas d'action de gestion d'affaires contre moi ; pour établir que vous avez droit à cette action, il faudrait commencer par prouver que vous m'avez rendu service, et, par conséquent, que je suis débiteur ; or, je ne dois rien, je suis libéré : à défaut de titre pour l'établir, j'invoque la prescription. »

Ce raisonnement nous paraîtrait irréfutable, et nous ne pouvons comprendre que M. Mourlon, après en avoir reconnu la force, croie devoir le repousser et refuser le bénéfice de la prescription au débiteur « s'il était démontré que le paiement était urgent, que le subrogé ne s'est décidé à le faire qu'en vue de l'intérêt bien entendu du débiteur absent, pour empêcher des poursuites onéreuses, par exemple une expropriation imminente » (1). Cette restriction ne nous paraît pas acceptable, car, outre qu'elle laisse la porte ouverte à l'arbitraire, elle viole ce principe que la prescription repose sur une présomption « juris et de jure », contre laquelle l'évidence même est impuissante (2).

Faisons remarquer, enfin, que le seul fait de la substitution d'un créancier à un autre, peut amener des modifications importantes dans les droits des parties. Nous en citerons deux exemples :

Si nous supposons qu'à un subrogeant mineur succède un subrogé majeur, la suspension de prescription dont jouissait le premier (2252), cessera immédiatement après le paiement ; et, réciproquement, la prescription qui courait contre le subrogeant majeur, serait suspendue en faveur d'un subrogé mineur.

De même encore, les droits du tiers détenteur pourront se trouver profondément modifiés par le fait de la subrogation. Aux termes de l'art. 2180 4°, en effet, la prescription extinctive du droit d'hypothèque qui grève son immeuble, « lui est acquise par le temps réglé pour la prescription de la propriété à son profit, » c'est à dire (en supposant qu'il ait un juste titre et qu'il soit de bonne foi) par dix ou vingt ans, date de la transcription de son titre, selon que le créancier hypothécaire habitera ou non « dans le ressort de la Cour dans l'étendue duquel l'immeuble est situé » (2265). Dès lors, si nous supposons que le créancier primitif habitait ce ressort tandis

_____
(1) V. Mourlon, p. 134.
(2) V. Cependant, *contra*, M. Demolombe, Contrats, t. 4, p. 294 et suiv., n° 338.

que le subrogé ne l'habite pas, il faudra désormais au tiers détenteur, pour prescrire : vingt ans, si la prescription a été interrompue à son égard par le subrogé, le double du temps qui manquait à sa possession pour que le droit de l'ancien créancier fût éteint, si la prescription n'est pas interrompue par le subrogé. Réciproquement, si c'était le subrogé qui se trouvât domicilié dans le ressort de la situation de l'immeuble, alors que le subrogeant n'y habitait pas, le tiers détenteur prescrirait à l'encontre du subrogé : par dix ans si ce dernier prenait soin d'interrompre sa prescription, par la moitié du temps qui lui manquait à l'égard du subrogeant, s'il ne se produisait aucun acte d'interruption de la part du subrogé.

POSITIONS

I. La nature du *beneficium cedendarum actionum* était mixte : cession à l'égard de celui qui usait de ce bénéfice, l'opération restait un paiement à l'égard du créancier (voy. pp. 10 à 14).

II. C'est à tort que M. de Savigny refuse au fidéjusseur qui est prêt à payer le créancier, le droit de réclamer la cession d'actions à l'encontre de ses cofidéjusseurs (voy. pp. 19 et 20).

III. Le tiers détenteur qui n'a pas rempli les conditions nécessaires pour obtenir la *successio in locum*, mais qui, obligé de payer le premier créancier hypothécaire, se fait céder ses actions, ne peut se prévaloir contre les créanciers hypothécaires ultérieurs de l'hypothèque de celui qu'il vient de désintéresser (voy. pp. 116 à 118).

IV. Les Romains finirent par accorder, de plein droit, aux tuteurs et aux magistrats qui avaient payé la dette dont ils étaient tenus solidairement avec leurs collègues, l'action du créancier, au moyen d'une *actio vtilis* ; mais le bénéfice de cette action utile ne leur était concédé que s'ils avaient payé sur les poursuites du créancier.

Cette *actio utilis* ne paraît avoir été accordée à aucun

autre de ceux qui jouissaient du *beneficium cedendarum actionum* (voy. pp. 44 à 58).

V. L'introduction, par Justinien, du bénéfice de discussion, n'a pas eu pour effet de donner à ceux auxquels il était accordé le droit d'opposer au créancier, qui s'était mis dans l'impossibilité de céder ses actions, l'*exceptio cedendarum actionum* (voy. pp. 60 à 65).

VI. Celui qui obtenait la *successio in locum* n'acquérait pas, par ce bénéfice, l'hypothèque même du créancier qu'il avait désintéressé; il devait avoir de son chef une hypothèque, et cette hypothèque prenait le rang de celle que le paiement venait d'éteindre (voy. pp. 80 à 102).

VII. Lorsqu'il s'agissait d'un tiers acquéreur qui avait payé son prix entre les mains des créanciers hypothécaires, son droit de propriété jouait le rôle d'hypothèque et prenait la place des hypothèques par lui éteintes (v. pp. 97 à 99).

VIII. La *successio in locum* avait toujours lieu de plein droit (voy. pp. 103 à 105).

IX. Tout créancier, soit hypothécaire, soit même chirographaire, simple ou privilégié, jouissait à l'encontre des créanciers chirographaires privilégiés du *jus offerendi et succedendi* (voy. pp. 129 à 131).

X. Si un même immeuble était hypothéqué, à la fois, en premier et en troisième ordre à un même créancier, celui qui avait sur cet immeuble une hypothèque de rang intermédiaire n'était pas obligé, pour exercer le *jus offerendi*, de payer au premier le montant de ses deux créances. Il en était autrement si les deux hypothèques du créancier contre lequel on exerçait le *jus offerendi* se suivaient immédiatement (voy. pp. 132 *in fine*, à 137).

XI. Le *Jus offerendi et succedendi* n'était pas susceptible

de s'éteindre par une prescription spéciale : on doit
seulement conclure do la loi 7, § 3, C. de Prescr. XXX
vel... (7. 39) qu'il disparaissait *lorsque* l'hypothèque du
créancier offrant était elle-ême prescrite. (voy. pp. 139
à 141.)

DROIT FRANÇAIS.

I. Le paiement avec subrogation affecte dans tous ses
cas d'application un double caractère : c'est un paiement pur et simple dans les rapports du subrogé avec le
créancier ou ses ayants cause ; c'est une cession dans les
rapports du subrogé avec les diverses personnes tenues
de la dette (voy. pp. 144 à 202 et plus spécialement
175 à 202).

II. Les conséquences de la règle, que la subrogation
est une cession fictive dans les rapports du subrogé et
des débiteurs, doivent être tempérées par un second
principe. Cette cession, en effet, n'est accordée au subrogé qu'à *titre auxiliaire*, et la créance primitive joue
entre ses mains le rôle d'*accessoire* de la créance qu'il
doit posséder de son chef (voy. pp. 202 à 204).

III. Le bénéfice de l'art. 2037, *simple corollaire du contrat de cautionnement*, ne doit être accordé qu'à ceux qui
peuvent se prévaloir du titre de caution (voy. pp. 212
à 220).

IV. Le droit de préférence établi par l'art. 1252 est
transmissible par une nouvelle subrogation (voy. p. 236).

V. Le subrogé ne peut réclamer d'autre objet que celui
auquel lui donne droit l'action qu'il possède de son chef.
Le débiteur, ne peut, du reste, prétendre se libérer en
livrant l'objet de la créance primitive.

Il en est de même, en ce qui regarde les fidéjusseurs et les tiers détenteurs, si le subrogé jouit contre eux d'une action de son chef. Au cas contraire, le subrogé ne peut leur réclamer que l'objet de la créance primitives, mais les cautions et les tiers détenteurs ont la faculté de se libérer en livrant le nouvel objet dû par le débiteur principal depuis le paiement fait par le subrogé (voy. pp. 243 à 247).

VI. Le tiers acquéréur qui emprunte les deniers nécessaires pour payer le premier créancier hypothécaire, peut, à son choix, subroger le prêteur, soit dans les droits du vendeur, soit dans les droits du créancier hypothécaire ; mais il ne peut le subroger cumulativement dans les droits de l'un et de l'autre.

Si les formalités de l'art. 1250-2° avaient été remplies sans que l'emprunteur eut indiqué expressément quels droits il a voulu transférer au prêteur, on devrait présumer qu'il a entendu le subroger aux droits du vendeur (voy. pp. 256 à 264 et les notes).

VII. Dans l'hypothèse précédente, le prêteur, s'il a été subrogé aux droits du vendeur, pourra. en invoquant le privilége du vendeur, primer l'hypothèque que la subrogation légale (1251-2°) a mise aux mains de l'emprunteur (voy. pp. 264 à 267).

VIII. Le débiteur solidaire subrogé peut réclamer à la caution fournie par l'un de ses codébiteurs tout ce qu'il pourrait exiger de ce codébiteur lui-même (voy. pp. 277 à 280).

IX. La caution qui a payé la dette, peut se prévaloir de la subrogation à l'encontre de tout tiers détenteur d'un immeuble hypothéqué à cette dette. Réciproquement, le tiers détenteur, s'il avait désintéressé le créancier, ne pourrait rien réclamer à la caution (voy. pp. 287 à 291).

X. Le tiers détenteur qui paie la dette ne peut réclamer à un autre tiers détenteur d'un immeuble hypothéqué à la même dette, qu'une part proportionnelle aux valeurs des deux immeubles comparées au montant total de l'obligation (voy. pp. 293 à 295).

XI. Le légataire particulier d'un immeuble hypothé qué à la dette peut, après l'avoir payée, se prévaloir de la subrogation pour réclamer le total de ses avances à celui des héritiers qui aurait dans son lot un immeuble hypothéqué à la dette (voy. p. 300).

XII. La prescription sera, en principe, acquise au débiteur contre le subrogé, par le même laps de temps après lequel il aurait pu repousser le créancier primitif.

Cependant, s'il avait reconnu l'existence de la dette, soit expressément, soit tacitement en donnant au subrogé mandat de la payer ou en lui empruntant sauf subrogation des deniers à cet effet, il ne pourrait plus prescrire que par trente ans, soit l'action que le subrogé possède de son chef, soit même celle qu'il possède en vertu de la subrogation (v. pp. 309 à 312).

DROIT CRIMINEL.

I. En cas de récidive, le juge doit appliquer d'abord l'aggravation de peine résultant de la récidive, et appli quer au tout la réduction résultant des circonstances atténuantes.

II. L'individu acquitté, soit par le jury, soit par le tribunal correctionnel, ne peut être de nouveau poursuivi devant l'une ou l'autre de ces deux juridictions pour le même fait différemment qualifié.

DROIT DES GENS.

I. Un État viole la neutralité quand il laisse construire dans ses ports des vaisseaux destinés à l'un des belligérants.

Le gouvernement du pays neutre ne saurait, en pareil cas, arguer pour échapper à la responsabilité qui lui incombe, de l'insuffisance des moyens mis à sa disposition par les lois intérieures de la nation.

Mais le devoir du gouvernement du pays neutre ne va pas jusqu'à l'obliger à défendre le commerce des armes et des munitions entre ses sujets et ceux de l'un des belligérants, quand, d'ailleurs, ce commerce existait en temps de paix.

II. Deviennent étrangers, au cas d'annexion :

a) Tous les originaires du territoire annexé, qu'ils y soient ou non domiciliés, si ce territoire comprend toute une nation;

b) Tous les domiciliés, qu'ils soient ou non originaires du territoire annexé (pourvu d'ailleurs qu'ils fassent partie de la nation démembrée), si ce territoire n'est qu'une portion détachée d'une nation qui continue à subsister.

Vu par le président de la Thèse.
E. LABBÉ.

Vu par le doyen.
G. COLMET DAAGE.

Vu et permis d'imprimer :
Le Vice Recteur de l'Académie de Paris,
A. MOURIER.

TABLE DES MATIERES.

DROIT FRANÇAIS.

ERRATA

<table>
<tr><td>Pages</td><td>Lignes</td><td>Au lieu de</td><td>Lisez</td></tr>
<tr><td>4</td><td>2</td><td>la traitent de» «difficilis...»</td><td>la traitent », « difficilis...</td></tr>
<tr><td>4</td><td>7</td><td>sessio</td><td>cessio</td></tr>
<tr><td>19</td><td>15</td><td>fidejusseit</td><td>fidejussit</td></tr>
<tr><td>23</td><td>1</td><td>étaint</td><td>était</td></tr>
<tr><td>29</td><td>31</td><td>n° 3 et 325 n° 1</td><td>note 3 et 325 note 1</td></tr>
<tr><td>30</td><td>7 et 8</td><td>M. Marchand</td><td>M. Machelard</td></tr>
<tr><td>32</td><td>3</td><td>cedendarium</td><td>cedendarum</td></tr>
<tr><td>36</td><td>4</td><td>juger</td><td>payer</td></tr>
<tr><td>40</td><td>27</td><td>fidecesseur</td><td>fidejusseur</td></tr>
<tr><td>44</td><td>26</td><td>satisfacienbas</td><td>satisfaciebas</td></tr>
<tr><td>50</td><td>19</td><td>loi § 13</td><td>loi 1 § 13</td></tr>
<tr><td>51</td><td>14</td><td>du Responsa</td><td>des Responsa</td></tr>
<tr><td>60</td><td>6, 11 et 20.</td><td>concessionnaire</td><td>cessionnaire</td></tr>
<tr><td>71</td><td>14</td><td>imaginer</td><td>invoquer</td></tr>
<tr><td>84</td><td>2 et 3</td><td>à l'hypothèque sur le...</td><td>à l'hypothèque établie sur le...</td></tr>
<tr><td>97</td><td>10</td><td>les deux autres où cette...</td><td>les deux autres cas où cette ..</td></tr>
<tr><td>102</td><td>4</td><td>debeti</td><td>debiti</td></tr>
<tr><td>116</td><td>26</td><td>qui, pour concéder...</td><td>qui supposent, pour concéder...</td></tr>
<tr><td>126</td><td>26</td><td>creditur</td><td>creditor</td></tr>
<tr><td>127</td><td>2</td><td>Les ont rapporté</td><td>Les uns ont rapporté</td></tr>
<tr><td>142</td><td>25</td><td>ce terme était supérieur</td><td>ce taux était supérieur</td></tr>
<tr><td>158</td><td>3</td><td>succession d'actions forcée</td><td>cession d'actions forcée</td></tr>
<tr><td>209</td><td>17</td><td>: serait le droit d'obligation...</td><td>: le droit d'obligation...</td></tr>
<tr><td>235</td><td>17</td><td>innovation</td><td>immixtion</td></tr>
<tr><td>294</td><td>3</td><td>mais nous n'hésitons à...</td><td>mais nous n'hésitons pas à...</td></tr>
</table>

Paris. Typ. A PARENT, rue Monsieur le Prince, 31